ブルーガイド
てくてく歩き ①

JN011590

北海道

目次 てくてく歩き —— 北海道

ブルーガイド

Page **Contents**

札幌・小樽・道央

函館

富良野・美瑛・旭川

釧路湿原・知床・網走

てくちゃん

てくてく歩きシリーズの案内役を務めるシロアヒル。趣味は旅行。旅先でおいしいものを食べすぎてほぼ飛ぶことができなくなり、徒歩と公共交通機関を駆使して日本全国を気ままに旅しています。

稚内・利尻・礼文

キュンちゃん

北海道観光PRキャラクター。北海道にしか生息しないエゾナキウサギのキュンちゃんは、小心者で、泣き虫。おとなしい性格だけど、好奇心は旺盛。エゾシカのかぶりものをしたフォルムの基本形と、ご当地バージョンのかぶりものも身につけながら、北海道のいろいろな場所を旅しています。

広域地図

旅の準備のアドバイス

●宿泊施設の料金は、ホテルの場合おもなタイプの部屋の室料（税・サービス料込み）です。食事付きの旅館などの場合は、平日1室2名利用で1人あたりの最低料金を載せています。Ｓはシングルルーム、Ⓣはツインルームで、ともに室料を示します。これに入湯税等が加わる場合もあります。●各種料金は、税込みのおとな料金を載せています。●店などの休みについては、原則として定休日を載せ、年末年始、お盆休みなどは省略してありますのでご注意ください。LOと表示されている時間は、ラストオーダーの時間です。●鉄道やバスについては、季節などにより運行時刻や便数が極端に変わることがありますので、必ず事前にご確認ください。●この本の各種データは2021年1月現在のものです。これらのデータは変動する可能性がありますので、お出かけ前にご確認ください。

目的地さくいん地図

宗谷岬 189

野寒布岬

206 礼文

186 稚内

クッチャロ湖
浜頓別町

利尻山
196 利尻

枝幸町

218 サロベツ原野

天塩川

音威子府村

天売島　焼尻島

羽幌町

朱鞠内湖

士別市
士別剣淵IC
和寒IC
旭川北IC
旭川鷹栖IC

留萌市

深川市
深川IC

暑寒別岳

113 美瑛

36 藻岩山

滝川IC

滝川市

38 羊ヶ丘

石狩湾
札幌

砂川市
歌志内市

芦別市

12 札幌

道央自動車道

美唄IC

美唄市

夕張

42 小樽

59 積丹半島

68

石狩市

岩見沢市

夕張岳

59 余市

札樽
自動車道

江別市

岩見沢IC

余市岳

札幌南IC

夕張IC

41 定山渓

恵庭市

占冠IC

60 ニセコ

ニセコアンヌプリ

62 千歳

千歳東IC

穂むか別IC

羊蹄山

62 支笏湖

苫小牧西IC

69 トマ

狩場山

白老IC

苫小牧東IC

むかわ町

茂津多岬

道央自動車道

伊達IC

苫小牧市

日高町

せたな町

64 洞爺湖

登別 66

室蘭IC

70 日高

八雲IC　八雲町

内浦湾

室蘭市

新ひだか町

奥尻島

落部IC

森町

森IC　駒ヶ岳

92 大沼公園

大沼公園IC

恵山岬

95 江差

江差町　北斗市

函館 72

大千軒岳

大間崎

五稜郭 90

96 松前

松前

大間崎
湯の川温泉 90

津軽海峡

白神岬

日　本　海

4

60	北海道ならではの自然を満喫できるエリア・スポット
12	ぜひ訪れたいスポット
36	この本で紹介している エリア・スポット

オ ホ ー ツ ク 海

ガリンコ号II 182

●紋別 182

旭川市
旭山動物園 120
サロマ湖 184
網走 177

旭川 118
遠軽町
能取湖

クルーズ船 170
知床五湖 172

天塩岳
網走湖
●大空町
美幌町
斜里町
斜里岳

▲羅臼岳
●知床 162
根
室
海
峡

爺爺岳▲

知床岬

国後島

色丹島

層雲峡 126
北見市
屈斜路 156
摩周 156
弟子屈町

大雪山▲
石狩岳
ニペソツ山▲

糠平湖 134
156 阿寒
雌阿寒岳
釧路湿原 142

多楽島
歯舞群島
志発島
水晶島 勇留島
秋勇留島

富良野 106
足寄町
足寄IC
ノロッコ号 155
厚岸 141

風蓮湖

納沙布岬

清水町
道東自動車道 池田IC
本別IC

160 根室

芽室岳 芽室IC
帯広市
音更帯広IC
池田町

尻羽岬

160 納沙布岬

十勝川
136 釧路

141 霧多布

帯広・十勝 128

ペテガリ岳

太 平 洋

○えりも町
襟裳岬 70

N

1:2,601,000
0   100km

ベストシーズンカレンダー

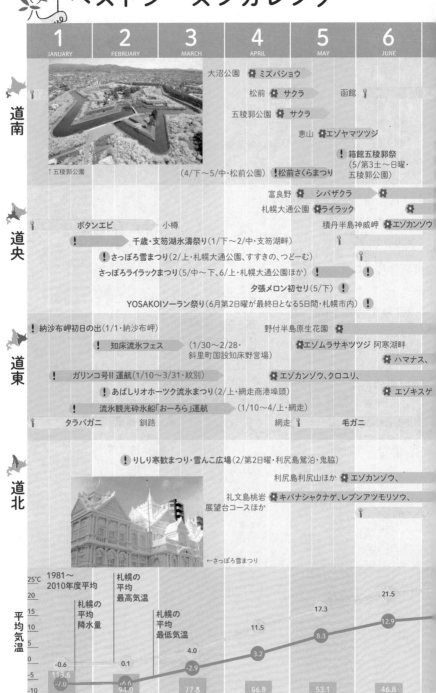

	1 JANUARY	2 FEBRUARY	3 MARCH	4 APRIL	5 MAY	6 JUNE

道南

大沼公園 ❀ ミズバショウ

松前 ❀ サクラ　　　　函館 🍴

五稜郭公園 ❀ サクラ

恵山 ❀ エゾヤマツツジ

‼ 箱館五稜郭祭
(5/第3土〜日曜・五稜郭公園)

↑五稜郭公園

(4/下〜5/中・松前公園) ‼松前さくらまつり

道央

富良野 ❀ シバザクラ

札幌大通公園 ❀ライラック ❀

ボタンエビ　　　　小樽　　　　　　　積丹半島神威岬 ❀エゾカンゾウ

‼ 千歳・支笏湖氷濤祭り(1/下〜2/中・支笏湖畔)

‼さっぽろ雪まつり(2/上・札幌大通公園、すすきの、つどーむ) 🍴

さっぽろライラックまつり(5/中〜下、6/上・札幌大通公園ほか)‼ ‼

夕張メロン初セリ(5/下)‼

YOSAKOIソーラン祭り(6月第2日曜が最終日となる5日間・札幌市内)‼

道東

‼ 納沙布岬初日の出(1/1・納沙布岬)　　　　　野付半島原生花園 ❀

‼ 知床流氷フェス　　(1/30〜2/28・斜里町国設知床野営場) ❀エゾムラサキツツジ 阿寒湖畔

❀ ハマナス、

‼ ガリンコ号II 運航(1/10〜3/31・紋別) ❀ エゾカンゾウ、クロユリ、

‼ あばしりオホーツク流氷まつり(2/上・網走商港埠頭) ❀ エゾキスゲ

‼ 流氷観光砕氷船「おーろら」運航　　(1/10〜4/上・網走)

🍴 タラバガニ　　釧路　　　　　　　　網走 🍴　　毛ガニ

道北

‼ りしり寒歓まつり・雪んこ広場(2/第2日曜・利尻島鴛泊・鬼脇)

利尻島利尻山ほか ❀ エゾカンゾウ、

礼文島桃岩 ❀ キバナシャクナゲ、レブンアツモリソウ、
展望台コースほか 🍴

←さっぽろ雪まつり

平均気温

25℃ 1981〜2010年度平均	札幌の平均最高気温					
20						21.5
15 札幌の平均降水量		札幌の平均最低気温		17.3		12.9
10			11.5	8.3		
5	0.1	4.0	3.2			
0 -0.6		-2.9				
-5						
-10 113.6 -7.0	94.0	77.8	56.8	53.1	46.8	

※イベント等の開催月日は変更になる場合があるので各HPなどで事前にご確認ください。

7 JULY	**8** AUGUST	**9** SEPTEMBER	**10** OCTOBER	**11** NOVEMBER	**12** DECEMBER

大沼公園 ✿紅葉

スルメイカ（6月〜翌1月）

はこだてクリスマスファンタジー（12/1ごろ〜25・赤レンガ倉庫群周辺）！

↓さっぽろライラックまつり

！ 函館港まつり（8/1〜5・函館市内）

！ はこだて国際民俗芸術祭（8/1〜11・元町公園ほか）

ジャガイモの花　美瑛　　　　✿　紅葉　　定山渓

ラベンダー　　富良野　　　　✿　紅葉　　層雲峡

富良野 ✿　コスモス

メロン　　　夕張

エゾバフンウニ　積丹半島

♦ ピーターコーン　　　　　　富良野

！北海へそ祭り（7/28・29・富良野）

！ おたる潮まつり　！ 登別地獄まつり（8/最終土・日曜・登別温泉）
（7/最終金〜日・小樽）

トドワラ、アヤメ、センダイハギなど

能取湖 ✿　サンゴソウ　　　　！まりも祭り（10/8〜10・阿寒湖畔）

エゾスカシユリなど　サロマ湖ワッカ原生花園

ハクサンチドリ、コケモモなど　霧多布湿原

ヒオウギアヤメなど　小清水原生花園

釧路（11/上〜2/中）♦　　タラバガニ

リシリヒナゲシ

チシマフウロ、エゾリンドウ

礼文島

エゾバフンウニ

♦ コンブ　　利尻島

→タラバガニ・ズワイガニ

	24.9	26.4	22.4			500mm
	17.3	19.1		16.2		400
			14.2			300
				7.5	8.5	200
					1.3	2.1
						-4.1
	81.0	123.8	135.2	108.7	104.1	111.7

平均降水量

7

旅行ガイドブックのノウハウで、旅のプランを作成！

ブルーガイド トラベルコンシェルジュ

旅行書の編集部から、あなたの旅にアドバイス！

ちょっと近場へ、日本の各地へ、はるばる世界へ。
トラベルコンシェルジュおすすめのプランで、
気ままに、自由に、安心な旅へ―。

ココが嬉しい！　サービスいろいろ

◎旅行情報を扱うプロが旅をサポート！
◎総合出版社が多彩なテーマの旅に対応！
◎旅に役立つ「この一冊」をセレクト！

　徒歩と電車で日本を旅する「てくてく歩き」、詳細な地図でエリアを歩ける「おさんぽマップ」、海外自由旅行のツール「わがまま歩き」など、旅行ガイドブック各シリーズを手掛けるブルーガイド編集部。そのコンテンツやノウハウを活用した旅の相談窓口が、ブルーガイド トラベルコンシェルジュです。

　約400名のブルーガイド トラベルコンシェルジュが、旅行者の希望に合わせた旅のプランを提案。その土地に詳しく、多彩なジャンルに精通したコンシェルジュならではの、実用的かつ深い情報を提供します。旅行ガイドブックと一緒に、ぜひご活用ください。

■ブルーガイド トラベルコンシェルジュへの相談方法

1. 下のお問い合わせ先から、メールでご相談下さい。
2. ご相談内容に合ったコンシェルジュが親切・丁寧にお返事します。
3. コンシェルジュと一緒に自分だけの旅行プランを作っていきます。お申し込み後に旅行を手配いたします。

■ブルーガイド トラベルコンシェルジュとは？

　それぞれが得意分野を持つ旅の専門家で、お客様の旅のニーズに柔軟に対応して専用プランを作成、一歩深い旅をご用意いたします。

ブルーガイド トラベルコンシェルジュのお問い合わせ先

Mail: blueguide@webtravel.jp

https://www.webtravel.jp/blueguide/

札幌 小樽 道央

北の大地で町歩き

小樽へ・新琴似へ

札幌競馬場

ポプラ並

西区

二十四軒2条2

札沼線・函館本線

北12西15

市立病院

地下鉄東西線

二十四軒公園

二十四軒小

札幌中央卸売市場

北十二条西

天然温泉
やすらぎの湯
北のたまゆら

JR北海道本社

札幌市立大学
（看護）

陵北中

すずらん公園

海鮮市場北のグルメ(海産物)

そうえん

イオン

A

二十四軒一条

二十四軒三条

二十四軒

北十一条西

北八条西

桑園小公

桑園小

B

二十四軒3～7

琴似営業所

日新小

西二十三丁目

桑園公園

やちだも公園

北六条西

西十七丁目

北5西13

岡本病院

北5西17

グリーン公園

西二十四丁目

西二十一丁目

北5西28

北5西24

北五条西

西十三丁目

北4西20

北四条西

北2西1

ジャンボ公園

宮の森2条6

西28丁目駅前

西28丁目

北二条西

札幌龍谷学園高

西本願寺

三岸好太郎美術館

P.22

北海道立近代美術館

M

北1西14

向陵中公

北1西27

北一条西

札幌管区気象台

北1西20

教育文化会館

E

モリエール

北海道神宮

円山小公

北一条西

西二十一丁目

社会福祉
総合センター

F

札幌市資料館

西18丁目

中村記念病院

西15丁目

円山公園

北海道神宮

円山公園駅前

大通西25

大通西

南一条西

裏参道

瑞龍寺

札幌医大病院

札幌医大公

南3西20

西15丁目

maruyama class

南三条西

北星学園公
女子中高

南3西25

森彦(喫茶) P.33

円山球場

動物園正門前

南五条西

南6西20

西線6条

中央

さっぽろ
円山動物園

円山原始林

南6西25

南七条西

幌西小

西線9条

旭山公園通

円山

札幌市円山動物園
オフィシャルショップ P.35

南9西18

南6西24

N

西友

南8西25

西線11条

啓明中公

南3西21

J

南九条西

南11西20

緑丘小

札幌
1:20,000

0   300m

周辺広域地図 P.36-37

南11西22

緑ヶ丘公園

南十一条西

西十六丁目

徒歩6分

界川

啓明ターミナル

西線14条

双子山

P.26 カレー暗 デストロイヤー(カレー

界川

10

旭山記念公園

旭丘高前

旭ケ丘

さっぽろ　　　　地図　　p.229-G

札幌

文化・経済の中心を担う熱気にあふれ
センスある街並みが美しい大都市

　人口約197万人の大都市でありながら、街中には緑豊かな公園が点在し、美しさと開放感が漂う札幌。開拓使時代の面影を残す建物、展望スポットなど見どころが多く、グルメやショッピングスポットも充実している。

 HINT

札幌への行き方

●航空機での行き方

　飛行機、列車の利用ともp.232-233を参照。飛行機の場合、本州からは新千歳空港の利用となる。空港から札幌へは、列車か連絡バスを利用。バスは1階の全日空ANA到着ロビー前か日本航空JAL到着ロビー前乗り場から出発する。道内各地からは稚内、利尻、女満別、釧路、根室中標津、函館から新千歳・丘珠へ、主にANAとJALが運航。丘珠空港から地下鉄栄町駅へは北都交通バスで所要約5分、250円。栄町駅からさっぽろ駅まで11〜12分、250円。

●鉄道での行き方

　東京からは北海道新幹線「はやぶさ」を利用して、終点の新函館北斗までは最速で3時間58分。新函館北斗駅からはJR特急「スーパー北斗」で3時間58分〜4時間24分。1日10本。

エリアの魅力

北のグルメ
★★★★★
町歩き
★★★★
夜の散策
★★★★

自然と文化と歴史が共生
味噌ラーメン＆スープカレー発祥の地
深夜まで営業、すすきのグルメ街

観光の問い合わせ

札幌観光協会
♪011-211-3341

予約・問い合わせ

※道内各地からの高速バスの問い合わせ先は各エリアガイド参照。
JR各駅
♪011-222-7111（JR北海道電話案内センター）
♪0123-45-7001（新千歳空港駅）
空港連絡バス
北都交通
♪011-375-6000
北海道中央バス（総合案内）
♪0570-200-600

航空便の問い合わせ

JAL
♪0570-025-071

札幌駅

12

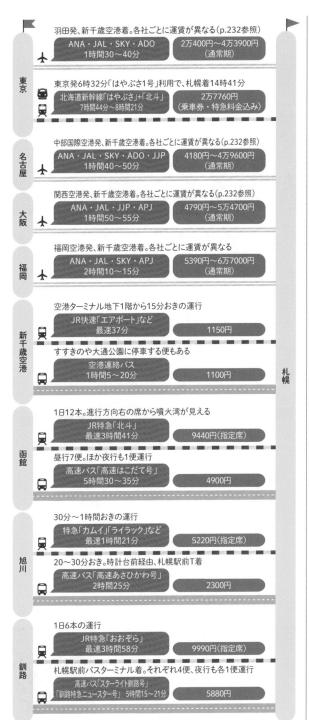

	羽田発、新千歳空港着。各社ごとに運賃が異なる（p.232参照）	
✈	ANA・JAL・SKY・ADO 1時間30〜40分	2万400円〜4万3900円（通常期）

東京

	東京発6時32分「はやぶさ1号」利用で、札幌着14時41分	
🚄	北海道新幹線「はやぶさ」+「北斗」 7時間44分〜8時間21分	2万7760円（乗車券・特急料金込み）

名古屋

	中部国際空港発、新千歳空港着。各社ごとに運賃が異なる（p.232参照）	
✈	ANA・JAL・SKY・ADO・JJP 1時間40〜50分	4180円〜4万9600円（通常期）

大阪

	関西空港発、新千歳空港着。各社ごとに運賃が異なる（p.232参照）	
✈	ANA・JAL・JJP・APJ 1時間50〜55分	4790円〜5万4700円（通常期）

福岡

	福岡空港発、新千歳空港着。各社ごとに運賃が異なる	
✈	ANA・JAL・SKY・APJ 2時間10〜15分	5390円〜6万7000円（通常期）

新千歳空港

	空港ターミナル地下1階から15分おきの運行	
🚃	JR快速「エアポート」など 最速37分	1150円

	すすきのや大通公園に停車する便もある	
🚌	空港連絡バス 1時間5〜20分	1100円

函館

	1日12本。進行方向右の席から噴火湾が見える	
🚃	JR特急「北斗」 最速3時間41分	9440円（指定席）

	昼行7便。ほか夜行も1便運行	
🚌	高速バス「高速はこだて号」 5時間30〜35分	4900円

旭川

	30分〜1時間おきの運行	
🚃	特急「カムイ」「ライラック」など 最速1時間21分	5220円（指定席）

	20〜30分おき、時計台前経由、札幌駅前T着	
🚌	高速バス「高速あさひかわ号」 2時間25分	2300円

釧路

	1日6本の運行	
🚃	JR特急「おおぞら」 最速3時間58分	9990円（指定席）

	札幌駅前バスターミナル着。それぞれ4便、夜行も各1便運行	
🚌	高速バス「スターライト釧路号」「釧路特急ニュースター号」 5時間15〜21分	5880円

札幌

ANA
☎0570-029-222
SKY（スカイマーク）
☎0570-039-283
ADO（エア・ドゥ）
☎0120-057-333
JJP（ジェットスター）
☎0570-550-538
APJ（ピーチ）
☎0570-001-292

新千歳空港

富良野〜札幌間の直通臨時列車

6月下旬〜8月31日の毎日と6月中旬、8月下旬〜9月の土・日曜、祝日に「フラノラベンダーエクスプレス」が1日1〜2往復。所要約2時間、指定席利用で5220円。→p.99参照。

速いJR特急VS安い高速バス

JR運賃はバスの倍くらいだが、往復切符なら2〜4割引になる区間がある。バスは札幌駅前バスターミナルに到着するが、一部の便は時計台や大通など市街でも下車できる。また、夜行便もあるので時間を有効に活用できる。

各地への特急が発着する札幌駅

Ⓐ北海道庁旧本庁舎

赤レンガの外観を眺められるほか、館内の見学も可能。中庭でのんびり過ごすのもオススメだ。日没から21時まではライトアップされる。

Ⓑ北大周辺

古河講堂やクラーク博士の像など、歴史ある建造物が見もの。イチョウ並木、ポプラ並木などを眺めながら、都会の中の自然散策もいい。

Ⓒ札幌駅周辺

アピア・エスタ・パセオ・札幌ステラプレイスの4つのショッピングモール、大丸も合わせ、飲食物販の拠点ゾーン。JRタワー38階には展望台も。

Ⓓサッポロファクトリー

ビール工場跡につくられた、全天候型の飲食物販施設。レンガ館ではオリジナルグッズも扱うなど、個性的なみやげを求めるならおすすめ。

Ⓔ札幌市時計台

札幌駅から徒歩で10分ほど。札幌のランドマークだけに、観光客で常に混雑する。ライトアップの時間帯も(夕方〜21:30)。

Ⓕ北海道大学植物園

市街の中心にあるとは思えないほど、園内は喧騒から離れて静かな空間。四季折々の、花を観賞できる。

Ⓖ大通公園

園内には噴水やオブジェが点在する、札幌散歩の中心的存在。ホワイトイルミネーション・雪まつりの会場もここ。

Ⓑ 北大周辺
●クラーク像

札幌駅
創成川
Ⓒ 札幌駅
JRタワー
函館本線・千歳線
バスターミナル
さっぽろ駅
札幌駅
北海道大学植物園 Ⓕ
●北海道庁
地下鉄南北線
北海道庁旧本庁舎 Ⓐ
Ⓓ サッポロファクトリー
Ⓔ 札幌市時計台
♀中央バス札幌ターミナル
さっぽろテレビ塔
地下鉄東西線 Ⓖ 大通公園
大通駅
大通駅
♀大通バスセンター
札幌市電
西4丁目停留場
地下鉄東豊線
●二条市場
Ⓗ 狸小路
狸小路停留場
札幌市電
すすきの停留場
Ⓗ すすきの

Ⓗすすきの・狸小路

道内屈指の夜の繁華街で、海鮮料理、郷土料理、寿司屋、居酒屋、バー、クラブなど、さまざまなジャンルの店舗が揃う。深夜や朝まで営業する店も多く、2つあるラーメン横丁はほとんどの店が朝2〜4時まで営業。
　狸小路は地元向けの店も多い、庶民的な商店街。観光客向けの店は21〜22時頃までは開いている。

まわり方のヒント・はじめの一歩のすすめ方

●札幌駅に着いたら

改札を出て方向を確認…札幌駅の改札は東西の2カ所あるが、どちらも正面にパセオの入口があり、どちら側の改札に出たのかわかりづらい。改札口を出てコンコースの中央に人魚姫の像があれば西口改札なので、まずは自分がどちらから出たのか確認しよう。

市内観光に必要な情報を入手する…西口改札を出て右手（北口側）北海道さっぽろ「食と観光」情報館内にある「北海道さっぽろ観光案内所」へ。市内の観光マップや各名所のパンフレット、飲食店の割引券などが置いてあるので、観光に必要な情報を確認しよう。

地下鉄に乗る…さっぽろ駅から大通公園、すすきのへは南北線と東豊線の2路線あるが、主要な見どころに近いのは南北線。JR西改札口から西通り南口通路経由でAPIA地下街を抜けさっぽろ駅まで徒歩5分。地下鉄専用1日乗車券は自動券売機や定期券売り場で販売している。

●札幌駅から移動する

地下鉄…1日乗り放題の地下鉄専用1日乗車券は830円。さっぽろ、大通、すすきの、中島公園の各駅はいずれの組み合わせも運賃は200円で、これらを4回以上利用する場合には割安。また、土・日曜・祝日、年始年末のいずれか1日乗り放題できるドニチカキップは520円。地下鉄に3回以上乗車する場合にお得なきっぷだ。

「さっぽろうぉ〜く」バス…サッポロビール園やサッポロファクトリーなど、中心部から少し離れたエリアを循環しているバス（循環88）。約20分間隔で運行されていて、料金は210円。1日乗車券750円。また7〜10月頃には大通公園、円山動物園、大倉山などをめぐる「さっぽろ散策バス」（料金、ルートは要問い合わせ）も運行。

地下鉄・市電・市バス1日乗車券・市バスファクトリー線の問い合わせ

えきバス・テル（札幌市コールセンター）
☎011-222-4894

さっぽろうぉ〜くバスの問い合わせ

北海道中央バス（札幌ターミナル）
☎0570-200-600

タクシーを上手に利用する

・近距離でもグループなら割安…札幌駅からすすきの、中島公園へは普通車で1000円以内。3〜4人なら1人あたりの料金は地下鉄とさほど変わらない。サッポロビール園や藻岩山、サッポロファクトリーなど、地下鉄では行きづらいポイントにもタクシーが便利。

・観光ハイヤーを利用…市内中心部から時計台、道庁、大通公園、宮の森ジャンプ競技場などをめぐる約2時間のコースで、普通車8800円〜程度。

札幌ハイヤー協会
☎011-561-1171

札幌

TEKU TEKU COLUMN

帰り間際のアドバイス
最後のおみやげは札幌駅で！

　大丸札幌店（地図p.16-F）地下1階のほっぺタウンには、道内の食品を扱うコーナー「道内名産品北ほっぺ」が。フロアにはテイクアウトの惣菜店も揃い、機内や車内でいただける弁当なども手に入る。また札幌駅西通り北口の、北海道さっぽろ「食と観光」情報館には、アンテナショップの「北海道どさんこプラザ」やカフェがあり、道内各地の特産品2000品目が揃う。

「どサンこパス」を
うまく利用する

　市電のループ化が完成し便利になった。市電沿線の見どころやレストランンをのんびり訪ね、散策するのに便利でお得なきっぷが市電専用1日乗車券「どサンこパス」。この乗車券1枚で大人1人と子ども1人が、1日中市電に乗り放題。ファミリーにはお値打ちものだ。料金は370円。使用できるのは土・日曜、祝日及び年末年始と限られるので、日程と上手に相談して使ってみたい。

北九条西（五）

北九条西（六）
百年記念館

経済学部
北九条西（四）

古河講堂

北九条西（七）
北九条西（八）

麻生へ

北海道大学 P.18
農学部

北区

大学本部
（事務局）

クラーク像

北九条
（三）

北大正門前

正門

北九条

東横INN札幌駅西口北大前

地下鉄南北線

南門
学術交流会館

札幌エルプラ

北八条西（八）

北八条西（七）

北八条西（六）

ホテルマイステイズ
札幌駅北口

北八条西（五）

北八条西（四）

B

札幌駅北口
ホテルアスペン
P.39 ホテルマイステイズ

北八条
（三）

クラーク会館

生協会館

農機実験室

電子顕微鏡室
北八条西（九）

A

北7西8

北8西7

北八条通

清華亭

北七条西（六）
北七条西（七）

北七条西（五）

北七条西（八）

北7西8

北洋
北七条西（四）

北七条
（三）

北七
（四）

きた未来

北七条西（九）

ホテルルートイン札幌駅前北口
新北海道ビル

北七条局

北七条通

P.30 丸海屋パセオ店（居酒屋）

PASEO

北六条西（五）

北六条西（六）

青年会館

ホテル京阪札幌

ヨドバシカメラ

サツエキBRIDGE

函館本線・札沼線

北六条西（八）

北六条西（七）

札幌駅
さっぽろ

北五条西（七）

北五条西（六）

JRイン札幌

北五条西（五）

P.18 JRタワー展望室T38

JRタワ

P.35 札幌スタイルショップ S

sapporo55

札幌センタービル

北五条中局 P.34 北菓楼 大丸札幌店 S

北五条西（九）

北五条西（八）

北五条西（四）

大丸札幌店 P.15

APIA（地下
おみやげの店はらた
みやげのやまだ

P.34 ロイズ 札幌大丸店 S

P.39 京王プラザホテル札幌

三井ガーデンホテル札幌

北5西7

北5西7

北五条手稲通

北4西8

E

北海道大学植物園 P.22

北四条西（七）

北5西7

ホテルポールスター札幌

斗南病院

北四条西（六）

センチュリー
ロイヤルホテル P.39

アスティ45
P.39 ホテルグレイスリー札幌

START

北四条西（五）

北四条西（四）

新千歳空港行き
バス乗り場

北四条
（三）

毎日新聞社
ソラリア西鉄ホテル札幌

雨の日は地下歩道
を利用してもいい

北三条西（六）

北三条西（五）

歩道は広く
歩きやすい

7
分

駅前

道庁別館

宮部金吾
記念館

博物館 M

北方民族資料室 M

正門

緑苑ビル

水産ビル

第二水産ビル

北三条西（七）

北海道庁

庁内局

花壇にカラフルな花
が咲いていることも

北三条西（四）

日生札幌ビル

5分

P.18

北海道庁旧本庁舎
（赤レンガ庁舎）

角を曲がると赤レ
ンガ庁舎が見える

赤れんがテラス

北二条西（四）

北二条

高山植物園

温室

かでる2・7 道庁本部

道議会議事堂

北二条西（七）

5分

北二条西（六）

北二条西（五）

日本郵政グループ
北海道支社
道庁前

北海道ビル

15分

北2西5

交通量多めなの
で信号に注意

由緣札幌

P.39 ホテル札幌
ガーデンパレス

札幌テレビ

北一条西（九）

北一条西（八）

北一条西（七）

北一条西（六）

北1西7

北1西7

北一条中局

損保ジャパンビル

日本銀行

西七丁目通

北海道放送

赤十字会館
中央区

P.39 札幌グランドホテル

P.25 味の時計台駅前通り総本店（ラーメン）

札幌グランドホテル別館

三井住友

北1西4

北一条西（四）

北一条
（三）

りそな

中央区

230

北海ビル

ろうきん

P.33 ピッツスイーツ（喫茶・みやげ）S

北洋会

36

北海道新

ベストウェスタン
札幌大通公園
LNJビル

エムズ大通ビル

NTT
コムウェア
ビル

大通8

P.39 ホテルWBF札幌大通

ISHIYA CAFE

札幌人通西4ビル ISHIYA 3・10P
札幌大通西4ビル

すすきのへ

大通西（八）

漁民の像

16

大通公園 P.19

開拓記念碑

日時計

P.19 さっぽろ観光幌馬車乗り場

大通西（六）

噴水

大通西（四）

大通
（三）

大通
北店

石川啄木歌碑
牧場の像

徒歩2分

東区

栄町へ↑

札幌北ICへ↑

地下鉄東豊線

北九条西(一)

北九条西(二)

北九条小

創成川

北九条東(一)

北九条東(二)

北九条通

光徳寺卍

北8西1

北八条西(一)

北八条西(二)

第一合同庁舎

C

北8西1

北8西3

北7東1

北八条東(一)

北八条東(二)

信行寺卍

北八条東(三)

北八条東(四)

北八条通

北8東3

D

JR東日本
ホテルメッツ札幌

北七条西(二)

山京ビル

ろうきん

北七条西(一)

NCOビル

SE札幌ビル

北7西1

ホテル
サンルート札幌

P

北7西1

北7東1

北七条東(一)

北七条東(二)

北8東3

北海道熱供給公社

北七条東(三)

札幌卸センター

北七条東(四)

北七条通

北ビル

東横INN札幌駅北口

17

北六条西(一)

北六条東(一)

札幌中央局

北六条東(二)

札幌卸センター

北六条東(四)

北六条通

北六条東(三)

札幌総合卸センター

函館本線・千歳線

札幌シネマフロンティア

北五条西(二)

JRタワーホテル日航札幌 P.39

札幌駅
ビックカメラ

エスタ
札幌ロフト

札幌駅前バスターミナル

北五条西(一)

創成川通

P

北五条東(一)

北五条東(二)

北五条東(三)

北五条東(四)

江別・千歳へ

北5西1

北五条手稲通

G

ホクレン

北四条西(一)

JA北農ビル
共済会館

ホテルモントレ札幌 P.39

中央中

北四条東(三)

北四条東(四)

北四条西(二)

東急

東急ハンズ

駅前

19

20

北四条東(二)

北四条通

さっぽろ

13

14

ホテルフォルツァ
札幌駅前

ホテル
パールシティ札幌

北三条西(二)

リッチモンドホテル
札幌駅前

21

駅前

札幌ブリックキューブ

22

ANAクラウンプラザ札幌 P.39

東横INN札幌駅南口

北三条西(一)

JRイン
札幌駅南口

北2西ビル

北3東1

JR札幌病院

エア・ウォーター
北三条東(一)

北3東2

北三条東(二)

北三条東(三)

北三条東(四)

岩佐ビル

北3東3

北2西1

北三条通

サッポロファクトリー前

アパホテルTKP
札幌駅北

華クラブ
スホテル
P.39

北2西2

ネストホテル札幌駅前

北二条中局

JRイン札幌北2条

ニューオータニイン札幌 P.39

ホテルモントレエーデルホフ札幌 P.39

北二条東(一)

P.39 ホテルクラビーサッポロ H

札幌開拓使麦酒醸造所

三条館

北二条東(二)

北二条東(三)

北二条東(四)

P.33 サッポロファクトリー S

麦羊亭(焼肉)

北二条西(二)

北2西1

北二条通

一条館

雪印パーラー本店
(喫茶)

北1条

時計台ビル

すみれホテル

北一条西(二)

すぎ乃(和食) P.29

北一条東(一)

札幌教会

時計台病院

北一条東(二)

北一条東(四)

フロンティア館

サッポロ
ファクトリー

札幌市時計台
P.18

北一条西(一)

商工会議所

P

北1西1

北一条雁来通

北1東1

北1東2

北一条東
(三)

一条館

中央国道
江別へ

7
分

時計台前

札幌市民ホール

札幌市役所

北一条西(一)

このビルの2階
テラスからの撮
影もグッド！

12

大通東4

中央バス札幌
ターミナル

大通東(二)

大通東(三)

大通東(四)

オフィス街の雰囲気

中央区役所(仮)

UFJ

大通局

創成川公園

NHK

31

大通東(一)

北大通

花の母子像

水飲み

大通

さっぽろテレビ塔スカイショップ P.35

北海道電力

さっぽろテレビ塔 P.19

JRタワー展望室T38
じぇいあーるたわーてんぼうしつたわーすりーえいと

地図p.16-F
JR札幌駅直結

　地上160mにあるJRタワー展望室T38からは、札幌の街並みから、小樽、夕張岳など360度の大パノラマを堪能できる。南側には、昼はカフェ、夜はバーを営業している「T'CAFE」や、おみやげを買えるショップも併設。開放感のある眺望化粧室は必見。

📞 011-209-5500
📍 札幌市中央区北5条西2丁目5
🕐 10:00〜21:00（最終入場は20:30）
休 無休　¥ 740円　🅿 あり（有料）

北海道大学
ほっかいどうだいがく

地図11-C、p.16-A
JR札幌駅北口から🚶10分

　1876（明治9）年に札幌農学校として誕生、約1.8㎢の構内には歴史的な建造物や豊かな自然が残る。クラーク博士の「Boys be Ambitious」（青年よ大志を抱け）という言葉は、あまりにも有名。クラーク博士の胸像のそばには、白い洋風建築の古河講堂が建つ。

　周辺にはハルニレの木が茂り、樹齢100年以上の巨木も見られる。正門からクラーク像までの間に広がる中央ローンと呼ばれる緑地には、昔サケが遡上したというサクシュコトニ川が流れている。北大の代名詞ともいえるポプラ並木も見どころのひとつ。

📞 011-716-2111（代表）
📍 札幌市北区北8条西5丁目　🅿 近隣にあり

北海道庁旧本庁舎（赤レンガ庁舎）
ほっかいどうちょうきゅうほんちょうしゃ（あかれんがちょうしゃ）

地図p.16-J
JR札幌駅南口から🚶7分

　1888（明治21）年築のアメリカ風ネオ・バロック様式の建物。屋根上の八角ドームは、開拓使顧問だったケプロンの故郷のメリーランド州議事堂や、マサチューセッツ州議事堂を手本にしたといわれる。ポプラやイチョウに囲まれた前庭の池にはカモやコイが泳ぎ、市民の憩いの場となっている。

📞 011-204-5019
　（土・日曜、祝日は📞011-204-5000）
📍 札幌市中央区北3条西6丁目
🕐 庁舎内8:45〜18:00、前庭7:00〜21:00
休 12月29日〜1月3日　※リニューアルのため2022年度まで休館　¥ 無料
🅿 近隣にあり　※ボランティアガイドあり

札幌市時計台
さっぽろしとけいだい

地図p.17-K
地下鉄南北線大通駅から🚶3分

　クラーク博士の提言により、札幌農学校の演武場として1878（明治11）年に完成し、1881（明治14）年に時計塔が付設。当時のアメリカで流行していたバルーンフレーム建築様式を取り入れて建てられている。

館内には、札幌農学校の歴史や、卒業生でもある新渡戸稲造の紹介のほか、時計機械の資料が展示されている。1970（昭和45）年に国の重要文化財に指定された。大時計は振子式で今も正確に時を刻み続けている。

- ♪ 011-231-0838
- ♀ 札幌市中央区北1条西2丁目
- ◷ 8:45〜17:10（最終入館17:00）
- 休 1/1〜3
- ¥ 200円　P 近隣にあり

大通公園
おおどおりこうえん

地図p.20-A〜B、21-C
地下鉄南北線大通駅からすぐ

　幅65m、長さ1.2kmのグリーンベルトで、暖かい季節は色とりどりの花が咲く。街の中心部にありながら92種、約4700本の樹木が生育している。11月下旬からはホワイト・イルミネーションがまばゆい光を放って街を幻想的に彩り、2月はさっぽろ雪まつりの会場になる。1丁目から12丁目まであり、バラ園やケヤキ群、噴水池、歌碑や石像など表情もさまざま。

POINT てくナビ／地下鉄大通駅の5番、6番出口を利用すると、一番賑やかな3丁目、4丁目に出られる。

さっぽろテレビ塔
さっぽろてれびとう

地図p.21-C
地下鉄南北線大通駅から🚶5分

　大通公園の東端の西1丁目にそびえ立つ。1957（昭和32）年に建てられたもので、高さは147.2m。地上90mの展望台からは

碁盤目状の街並みを見渡せ、藻岩山や大倉山などを望むこともできる。レストランやおみやげショップもあり、17時頃から24時までライトアップされる夜の姿も美しい。

- ♪ 011-241-1131
- ♀ 札幌市中央区大通西1丁目
- ◷ 9:00〜22:00（イベントにより変動あり）
- 休 不定　¥ 800円（展望台）　P 近隣にあり

POINT てくナビ／地下街オーロラタウン、大通駅27番出口と直結していて、雨や雪でも外へ出ずに行ける。

札幌観光幌馬車
さっぽろかんこうほろばしゃ

地図p.20-B
地下鉄南北線大通駅からすぐ

　馬車に揺られながら、ゆっくりと札幌の街を見学する。大通西4丁目、地下鉄南北線大通駅5番出口を出ると乗り場への目印があり、そこから出発。時計台や北海道庁旧本庁舎を約50分かけてまわってくれる。

- ♪ 011-512-9377
- ♀ 札幌市中央区大通公園4丁目付近
- ◷ 10:00、11:00、13:00、14:00、15:00、16:00出発
  （16:00は9〜11月運休）
- 休 4月下旬〜11月3日のみ営業（水曜休、雨天中止）
- ¥ 1階席2100円、2階席・御者席2500円
- P 近隣にあり

さっぽろテレビ塔

さっぽろテレビ塔 P.19

花の母子像

ペンソンの水飲み

大通西（一）

大通東（一）

北海道電力

大通東（二）

大通東（三）

大通東（四）

あそぶつべ公園

さっぽろテレビ塔スカイショップ P.35

虹の像

ロコタウン（地下街）

大通

大通西（二）

丸井今井・大通館

都心ビル

EUCHI GATE

さえら（喫茶）P.33

IKEUCHI ZONE

伊藤井セントラル

味の三平（ラーメン）P.25

北海道

南一条西

南一条西（二）

南一条西（二）

南二条西（二）

南三条西（二）

リバティタワー

TES3.2ビル

KT三条ビル

ホテルリーネル

すすきの

地下鉄東豊線

黄イン

すすきの交差点

南四条西（二）

ルキュールホテル札幌 P.40

NAホリデイ・イン札幌

すきの

かに料理の店氷雪の門（和食）P.32

オークラビル

南六条西（二）

スーパーホテル札幌すすきの南

ホテルホワイトイン6-2

中央寺

アパホテル札幌すすきの P.40

南七条西（一）

南七条西（二）

アパホテル札幌すすきの駅南

南7西3

バスセンター前

バスセンター

南大東

大通バスセンター

テレビ塔の撮影はこのあたりから

札幌シャンテ東ビル

南一条東（一）

札幌建設の地碑

創成橋

MARUZEN&ジュンク堂

南一条東（二）

南一条東（三）

南一条東（四）

南一条通

南一

カナリヤ

南二条東（一）

大都ビル

南二条東（二）

南二条東（三）

南二条東（四）

創成川公園

創成川通

南2西1

南3東1

南二条通

二条市場（海産物）P.33

ラフィネタワー南3条

だるま軒（ラーメン）P.25

南三条東（一）

南三条東（二）

南三条東（三）

南三条東（四）

創成東病院

創成川通

サンシャインスポーツクラブ

南三条通

吉田学園

フェアフィールド バイ マリオット札幌

テイノス札幌中央ビル

南四条東（一）

南四条東（二）

南四条東（三）

南四条東（四）

南4西

南4東1

南四条局

南4東1

南4東3

36

ダイワロイネットホテル札幌すすきの

アパホテル札幌すすきの駅前

南五条東（一）

南五条東（二）

南五条東（三）

南五条東（四）

コンフォートホテル札幌すすきの

ホテルロンシャンサッポロ

南五条西（一）

南5東4

豊平橋

豊水すすきの

新善光寺

南六条東（一）

南六条東（二）

南六条東（三）

東横イン札幌すすきの南

南6西1

南7東1

南六条西（一）

豊平四条（一）

プレミアホテルTSUBAKI札幌

月寒へ

南七条東

南七条東（二）

パークゴルフ場

豊平五条（一）

南七条西（一）

豊平区

N

南七条大橋

大通公園〜すすきの

1:6,500

0　　　　100m

周辺広域地図 P.11

徒歩2分

南八条西（二）

南八条西（一）

南九条西

ホテルノースシティ

ホテルマイステイズプレミア札幌パーク P.40

福住へ

C

D

G

H

K

L

北海道大学植物園
ほっかいどうだいがくしょくぶつえん

地図p.16-E
JR札幌駅から🚶10分

約13.3haの広大な敷地に約4000種類もの植物が生い茂り、都心とは思えないほど静か。園内には、高山植物園や北方民族植物標本園、温室などがある。博物館では南極犬タロやエゾオオカミの剥製などを展示。

📞 011-221-0066
📍 札幌市中央区北3条西8丁目
🕐 9:00〜16:30(10月〜11月3日は〜16:00、11月4日〜4月28日の平日は10:00〜15:30、土曜は10:00〜12:30)※入園は閉園の30分前まで ※2021年冬期全館休園
🈺 月曜(祝日の場合は翌日。11月4日〜4月28日は温室のみ開園、日曜・祝日・年末年始休)
💴 420円(温室のみ開園している時期は120円)。
🅿 近隣にあり

北海道立近代美術館
ほっかいどうりつきんだいびじゅつかん

地図p.10-F
地下鉄東西線西18丁目駅から🚶5分

「北海道の美術」「パスキンとエコール・ド・パリ」「ガラス工芸」を中心に、近代以降の優れた作品を収集、保存、展示している美術館。合掌造りをモチーフにした傾斜のある屋根と、白いタイルの建物が印象的だ。館内にある常設展示室には北海道ゆかりの作家の作品が展示されている。

📞 011-644-6881
📍 札幌市中央区北1条西17丁目
🕐 9:30〜17:00(7〜9月の金曜は〜19:30)。入館は閉館の30分前まで
🈺 月曜(祝日の場合は翌日)
💴 510円(常設展示)
🅿 近隣にあり

サッポロビール博物館
さっぽろびーるはくぶつかん

地図p.11-D／地下鉄東豊線東区役所前駅から🚶10分、JR苗穂駅北口から🚶8分

北海道遺産認定の赤レンガの建物を使った「サッポロガーデンパーク」にある、ビールの博物館。創業時から保存する4万点の所蔵品から厳選した展示のほか、ビール造りの歴史物語をワイド6K映像シアターで上演する「プレミアムシアター」で紹介。館内全館をガイド付きで巡る「プレミアムツアー」(11:30〜16:30)は、「プレミアムシアター」や、140年の歴史を紹介する「サッポロギャラリー」を見学、「復刻札幌製麦酒」の試飲もできる。明治9年の文献を参考に原料を配合、明治14年当時の醸造方法をより忠実に再現し復活させたビールで、ロングセラーの看板商品「サッポロ生ビール黒ラベル」と飲み比べも。これとは別にスターホールでの試飲(300円〜)もある。

📞 011-748-1876
📍 札幌市東区北7条東9丁目サッポロガーデンパーク内
🕐 11:00〜18:00
🈺 月曜(祝日の場合は翌日)、12月31日
💴 入館無料(プレミアムツアーは500円、月曜休)
🅿 200台

狸小路
たぬきこうじ

地図p.20-B
地下鉄南北線大通駅から🚶5分

140年を超す歴史を数える道内最大の商店街。西1丁目から西7丁目まで900m、7つのブロックに分かれ、みやげ品店や飲食店、映画館など約200軒の専門店がアーケードの両側に並んでいる。天井は開閉式で、雨や雪の日も安心して歩ける。4丁目から7丁目にかけて多くのラーメン店が集中する「狸めんこい通り」。5丁目には商店街を見守る本陣狸大明神社がまつられ、おみくじも引ける。みやげ品を買うなら、4丁目の「たぬきや」などが種類も豊富。営業時間は店によって異なるが、飲食店やみやげ品店は、21～22時頃まで開けている店も多い。

中島公園
なかじまこうえん

地図p.11-K
地下鉄南北線中島公園駅からすぐ

もとは貯木場があった場所（現在の菖蒲池）で、1887（明治20）年から中島遊園地として整備が始まった。敷地内には、開拓使が迎賓館として使用した「豊平館」、日本庭園と国の重要文化財に指定されている茶室「八窓庵」、日本を代表するコンサートホールの「Kitara」、「札幌市天文台」、「北海道立文学館」などがある。広さは23.6haあり、「日本の都市公園100選」にも認定されている。南9条通りの公園入口から始まるイチョ

ウ並木の下は、秋になると黄色い絨毯が敷きつめられたような光景が広がり美しい。

📞 011-511-3924（公園管理事務所）
📍 札幌市中央区中島公園1　🅿なし

豊平館
ほうへいかん

地図p.11-K
地下鉄南北線中島公園駅から🚶5分

文明開化の薫り漂う洋館で、1880（明治13）年に開拓使が貴賓用ホテルとして建築したもので国の重要文化財。明治天皇をはじめ宮内省の宿泊所としても使用された。米国風の建築様式を取り入れ、シャンデリアを配すなどの装飾を施した気品あふれる造り。2016年に全館リニューアルオープン。現在、日中は観覧施設、夜間は演奏会や会食等の貸室として利用されている。小さなカフェもあり休憩も。

📞 011-211-1951
📍 札幌市中央区中島公園1-20
🕘 9:00～17:00（最終入館16:30）　💴300円　休
第2火曜（祝日の場合は翌日）、年末年始　🅿なし

おいしい札幌の名物を堪能

個性＆味自慢の ラーメン店

ラーメン激戦区の札幌には百花繚乱、個性的なラーメン店が軒を連ねている。地元札幌っ子にも人気の店から行列のできる繁盛店まで、イチ押しラーメン店をはしごしよう。

極上の味！

いま開いている
店はどこ？
一目瞭然
営業時間時計付き

時計の中の
部分が営業時間、
が中でも特に混雑する時間です。

24h

食べごたえあり！

↑味噌ラーメン900円

札幌味噌ラーメン専門店
けやき すすきの本店

　豚のゲンコツ、背脂、赤鶏や、数種類の野菜を十数時間かけてじっくり旨みを抽出した濁りのないスープは、すっきりとした味わい。

南北線すすきの駅から🚶5分
📞 011-552-4601
📍 中央区南6条西3丁目
　睦ビル1F　地図p.20-F
🕐 10:30〜翌2:00
🈶 無休
🅿 近隣にあり

↑スペシャル
らーめん1060円

爐
いろり

　一番人気のスペシャルらーめんは、見た目は真っ黒でくどそうだが、口にすると魚介のエキスが染み込んだあっさりスープに驚く。クセになる味わい。

東西線発寒南駅から🚶3分
📞 011-671-4440
📍 西区発寒3条5-3-11
　地図p.36-A
🕐 11:00〜15:00、17:00〜20:00(土・日曜、祝日は11:00〜19:00)
🈶 月曜(祝日の場合は翌日)
🅿 3台

らーめん五丈原本店
らーめんごじょうげん

北海道産の豚ガラを24時間かけて煮込んだスープに、中細のちぢれ麺がよくからむ。後味も爽やか。とんしお、みそ、しょうゆなどがある。

あっさりした味!
↓とんしおらーめん 750円

↑にぼとん中華そば750円

市電東本願寺電停から🚶3分
📞 011-561-3656
📍 中央区南7条西8丁目
　1024-24　地図p.20-I
🕚 11:00〜翌3:00
　(スープがなくなりしだい閉店)
🈲 不定　🅿 5台

味の時計台駅前通り総本店

豚の背骨、ゲンコツ、鶏ガラ、魚ダシ、野菜を6時間煮込んだスープが自慢。味噌ラーメンはマイルドでくせのない味。

JR札幌駅から🚶10分
📞 011-232-8171
📍 中央区北1条西3丁目1　敷島北1条ビルB1　地図p.16-J
🕚 11:00〜24:00(日曜、祝日〜22:00)　🈲 無休　🅿 なし

地元の定番!
↓味噌ラーメン 860円

↑醤油ラーメン860円

味の三平
あじのさんぺい

味噌ラーメン発祥の名店。上質の豚と鶏の各部位を残らず使ったスープは濃厚な旨み。コシの強い太麺ともよく合う。

南北線大通駅から🚶3分
📞 011-231-0377
📍 中央区南1条西3丁目2　大丸藤井セントラル4F　地図p.21-C
🕚 11:00〜18:30頃
🈲 月曜・第2火曜　🅿 近隣にあり

一番人気!
↓元祖味噌ラーメン 900円

だるま軒

札幌で最も古いラーメン店のひとつ。鶏ガラがメインのあっさりした醤油味は、どこか懐かしく、飽きがこない。

南北線大通駅から🚶7分
📞 011-251-8224
📍 中央区南3条東1丁目
　地図p.21-C
🕚 11:00〜17:00(売切次第終了)　🈲 木曜　🅿 近隣にあり

元祖札幌ラーメン
↓正油ラーメン 750円

25

スリランカ系、ネパール系、オリジナル系などバラエティも豊か

スープカレーの名店厳選紹介

札幌発の食文化、スープカレー。サラサラとしたスープはもちろん、ジャガイモやニンジンなどの野菜類や鶏肉、卵、納豆などなど、大地の恵みを生かした具も見逃せない。

・・・・・・辛さは5段階好みによって選べる4種類のスープ

PICANTE
ピカンティ

"38億年の風"や"開闢"など4タイプのスープから選べる。12種類のメイン具材に、トッピングは25種類以上が揃う。

南北線北12条駅から🚶3分
📞 011-737-1600
📍 北区北13条西3丁目　アクロビュー北大前1F　地図p.11-C
🕚 11:30〜23:00 (22:45L.O.)
🈺 無休　🅿 2台

←開闢(かいびゃく)〜サクッとPICAチキン1250円

カレーショップエス

・・・・・・・・・・スタッフ全員が女性で、明るい雰囲気も魅力

油を使わず和風ダシを利かせたあっさりとしたスープは透明感があり、しっかりとした味わいのタンドーリチキンにも見事にマッチする。

南北線すすきの駅から🚶1分
📞 011-219-1235
📍 中央区南3条西4丁目　シルバービルB1F　地図p.20-F
🕙 10:00〜22:00
　　(L.O.は21:00)
🈺 水曜　🅿 契約あり

→チキンベジタブルスープカレー1200円

・・・・・・・・・・・辛さは0〜100番までお好みで!

カレー魂デストロイヤー

スープカレーに挽肉と納豆、野菜を入れた「ナット挽肉ベジタブル」が一番人気のメニュー。ランチタイムは150円引き。

市電西線14条駅から🚶2分
📞 011-512-2209
📍 中央区南11条西8丁目1-23　1F　地図p.10-J
🕚 11:00〜L.O.14:30、17:00〜L.O.19:30
🈺 月曜(祝日の場合は翌日)
🅿 3台

←ナット挽肉ベジタブル950円

カレー＆ごはんカフェ ouchi
かれー＆ごはんかふぇおうち

20種類以上のスパイスをブレンドしたさらさらスープカレーと、まろやかなとろとろスープカレーの2種類から選べる。

南北線大通駅から🚶7分
📞011-261-6886
📍中央区南3条西7丁目7-26
　地図p.20-A
🕐11:30〜23:00（22:00L.O.、日曜・祝日は〜20:00）
🈳不定　🅿近隣にあり

札幌名物の スープカレーって？

札幌市内には100店舗以上のカレー専門店が揃う。もともとはインド系のルーカレーが主流だったが、約30年前にスープカレーが登場。以来、ラーメンの名店が多い札幌で、スープの味にはこだわりをもつ地元の人たちにより「スープ状のカレーがおいしい！」とクチコミで広がったとされる。

・・チキンや野菜など、具材たっぷりのカレーが人気！

チキンスープカレー1480円

豚角煮と16種の野菜スープカレー 1480円

1日限定50食。漢方生薬を使った薬膳カレー

アジャンタインドカリ店

札幌におけるスープカレー発祥の店。スパイスと漢方生薬を数種類ずつ組み合わせたスープカレーが体に染み渡る。

📍南警察署前から🚶3分
📞011-301-6070
📍中央区 南29条西10丁目6-5
　（中通り東向）
　地図p.37-B
🕐11:30〜15:00
🈳月・金曜　🅿5台

←とりカリ1200円

日替わりのスープはお好みで選べる

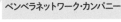

ベンベラネットワーク・カンパニー

あっさりとした口当たりの中に旨みが感じられる、インドネシア風のスープカレーが特徴。辛さは7段階から選べる。

←チキン＆ベジタブル1000円

南北線大通駅から🚶6分
📞011-231-5213
📍中央区南2条西7丁目　エムズスペース1F　地図p.20-A
🕐11:30〜15:00L.O.、17:30〜21:30（21:00L.O.）、スープがなくなり次第終了
🈳不定　🅿近隣にあり

スープカレーの名店厳選紹介

食べる&買う

すすきの／ジンギスカン

成吉思汗だるま本店
じんぎすかんだるまほんてん

地図p.20-F
地下鉄南北線すすきの駅から🚶5分

新鮮なマトンを七輪の炭火で焼き、秘伝の醤油ベースのタレにつけて食べる。あっさりしているので、いくらでも食べられそうだ。通常のジンギスカンは初回のみ野菜がサービスで1人前1078円。カウンターだけの人気店なので、行列を覚悟すること。徒歩2〜3分のところに支店3店舗あり。

♪ 011-552-6013
📍 札幌市中央区南5条西4丁目クリスタルビル1F
🕐 17:00〜23:00
🈲 12/31〜1/2
💴 夜2000円〜、数量限定の上肉は1166円
🅿 近隣にあり

すすきの／ジンギスカン

生ラム炭火焼 のざわ
なまらむすみびやきのざわ

地図p.20-J
地下鉄南北線すすきの駅から🚶7分

家庭的な雰囲気の店。ニュージーランド産のラム肉は肩ロースを使用しており、やわらかくてジューシー。七輪の上に置く特注の鍋は炭火がじかに当たるように切り込みが入り、中央で肉を、まわりで野菜を焼くスタイル。醤油ベースのさっぱりしたタレもうまい。冬場は道産のえぞ鹿ステーキ（1100円）なども味わえる。ジンギスカンは野菜付きで1人前650円とリーズナブル。

♪ 011-533-9388
📍 札幌市中央区南7条西6丁目2
🕐 18:00〜21:00
　（肉がなくなり次第閉店）
🈲 日曜 💴 夜2000円〜
🅿 近隣にあり

すすきの／ジンギスカン

ふくろう亭
ふくろうてい

地図p.20-J
地下鉄南北線中島公園駅から🚶10分

厳選された肩ロースの生ラムを注文を受けてからスライスし、新鮮な生肉のまま提供。醤油にニンニクやショウガなどを入れて熟成させた秘伝のタレは、甘味をおさえたコクのある味。赤身が少し残るくらいサッと焼いて食べるのが一番おいしい。週末は混雑することもあり、事前予約が無難。

♪ 011-512-6598
📍 札幌市中央区南8条西5丁目キャピタルYMD1F
🕐 17:00〜22:30
🈲 月曜（祝日の場合、GW、お盆などは要確認）
💴 夜3000円〜 🅿 近隣にあり

すすきの／ジンギスカン

ジンギスカン十鉄本店
じんぎすかんじゅってつほんてん

地図p.20-J
地下鉄南北線すすきの駅から🚶7分

厳選した肩ロースを七輪を使った本格炭火焼きでいただける。肉の旨みをより一層引き立てるのは、海産物やフルーツなどのダシを使った醤油ベースの秘伝のタレ。赤い部分が少し残るくらいでタレに

つけて食べれば、適度に脂の
のったラム本来の味が口の中
に広がる。

☎ 011-551-1011
📍 札幌市中央区南7条西5丁目
（南7条通南向き）
🕐 17:00〜24:00（日曜・祝日
は〜23:00）、L.O.は30分前
🈺 年末年始
💴 夜3000円〜
🅿 近隣にあり

札幌東／ジンギスカン

サッポロビール園
さっぽろびーるえん

地図p.11-D
JR苗穂駅北口から🚶7分。JR札幌
駅北口から中央バスサッポロビー
ル園・アリオ線で7分、🚏終点下車
すぐ

サッポロビール園のシンボ
ルになっている赤レンガの開
拓使館は、1890（明治23）年
に建設されたもの。2・3階の
ケッセルホールでは、ビールの
仕込み釜を眺めながら生ビー
ルとジンギスカンが味わえる。
キングバイキングは、生ラムジ
ンギスカン・牛カルビの食べ放
題と生ビールの飲み放題（100
分LO）がセットで4840円。

☎ 0120-150-550
📍 札幌市東区北7条東9丁目
2-10 サッポロガーデン
パーク内
🕐 11:30〜21:00（20:40L.O.）
🈺 12月31日
💴 昼2000円〜／夜4000円〜
🅿 200台

札幌駅周辺／海鮮料理

すぎ乃
すぎの

地図p.17-K
JR札幌駅から🚶7分

海の幸にこだわって仕入れ
ているので、いつも新鮮な魚
介類が食べられる。春は毛ガ
ニと牡蠣。絶品のウニは年間
通して提供しているが、数量
に限りがあるので予約制。う
に丼は数量限定で出される。

☎ 011-221-7999
📍 札幌市中央区北1条西2丁目
9 オーク札幌ビルB1F
🕐 11:30〜22:00
（ランチは〜13:30）
🈺 不定休（6〜8月は無休）
💴 昼2800円〜／夜7000円〜
🅿 近隣にあり

すすきの／海鮮料理

鮪やにばんめ
まぐろやにばんめ

地図p.20-F
地下鉄南北線すすきの駅から🚶5
分

総重量200kgを超す特大の
本マグロを使った、マグロ料
理の専門店。薄くスライスし
た大トロを、サッとダシに通
してポン酢で食べるしゃぶし
ゃぶ（5500円〜、コース1万
1000円〜）は、代表メニューの
ひとつ。マグロ尽くしのにば
んめコース（1万6500円）など、
コースメニューも豊富。店内
には個室も用意されている。

☎ 011-251-0500
📍 札幌市中央区南3条西5丁目
三条美松ビル3F
🕐 17:00〜23:00
（22:00L.O.）
🈺 日曜・祝日
💴 夜1万円〜 🅿 近隣にあり

すすきの／海鮮料理

ろばた大助 本店
ろばたおおすけ ほんてん

地図p.20-J
地下鉄南北線すすきの駅から🚶5
分

カウンター中央の炉で焼き
上げる旬の魚介類が自慢。キ
ンキ（3980円）や羅臼産の新
ほっけ開き（2480円）など、ほ
とんどが漁師から直接仕入れ
ているもので、鮮度は抜群だ。
酒はアサヒスーパードライ
（650円）や、料理との相性も
いい地酒が多数用意されてい
る。

☎ 011-520-4333
📍 札幌市中央区南6条西4丁目
ライトビル2F
🕐 17:00〜23:00（22:00L.O.）
🈺 水曜 💴 夜4000円〜
🅿 近隣にあり

すすきの／海鮮料理

きょうど料理亭 杉ノ目本店
きょうどりょうりてい すぎのめほんてん

地図p.20-F
地下鉄南北線すすきの駅から🚶3
分

1915（大正4）年に建てられた、札幌軟石造りの石蔵を利用した郷土料理の店。店内はアイヌの家具、チセの部屋や一人でも利用できるカウンター席がある。すべてのコースに毛ガニが付く会席コースは8800円〜。（税込サ別、部屋代別途、写真はイメージ）。

☎ 011-521-0888
📍 札幌市中央区南5条西5丁目
🕐 17:00〜23:00(22:30L.O.)
❌ 日曜・祝日（連休時要問合わせ）
💴 夜1万5000円〜　Ⓟ 近隣にあり

狸小路／居酒屋

七福神商店 狸小路本店
しちふくじんしょうてん たぬきこうじほんてん

地図p.20-B
地下鉄南北線すすきの駅から🚶3
分

囲炉裏を囲んで魚介類を自分で焼いて食べるスタイルが好評。タラバガニ、ホタテなど

ボリュームある6種類がセットになった「小狸盛」（2人前3200円）や、10種類を揃える「どさんこ盛」（2100円）などが人気。

☎ 011-219-2501
📍 札幌市中央区南3条西5丁目
狸小路5丁目アーケード内
🕐 15:00〜23:00(22:30L.O.)
　土・日祝は12:00〜
❌ 無休　💴 夜3000円〜
Ⓟ なし

すすきの／居酒屋

北海料理古艪帆来
ほっかいりょうりころぽっくる

地図p.20-F
地下鉄南北線すすきの駅から🚶1
分

北海刺身盛り合わせ（3〜4人前5940円）のほか、たっぷりと脂がのった銀ダラ西京焼き（1012円）、北あかりいも焼（495円）、八角の唐揚げ（880円〜）などがおすすめ。

☎ 011-241-4646
📍 札幌市中央区南4条西4丁目
松岡ビル3F
🕐 15:00〜22:00(21:30L.O.)
❌ 不定休　💴 夜4000円〜
Ⓟ 近隣にあり

札幌駅周辺／居酒屋

丸海屋パセオ店
まるうみやぱせおてん

地図p.16-B
JR札幌駅直結

道内産の食材を中心に使ったオリジナル料理と、料理に

ぴったりのお酒を、和モダンな空間で楽しめる。新鮮な魚介はつくりや鍋料理、焼き物などで味わえる。プレミア焼酎や女性に人気の梅酒など、お酒は約700種類を用意。ランチタイムは日替わり定食（平日のみ770円）や、鮭のハラス焼定食（900円）などもある。

☎ 011-213-5454
📍 札幌市北区北6条西2丁目
札幌パセオウエスト1F
🕐 11:00〜15:00、16:30〜翌
1:00(土・日曜、祝日は16:00
〜)　❌ 無休
💴 昼750円〜/夜2600円〜
Ⓟ 80台(有料)

中島公園／居酒屋

北の海鮮炙り ノアの箱舟
きたのかいせんあぶり のあのはこぶね

地図p.20-J
地下鉄南北線中島公園駅から🚶2
分

オホーツク産の大きなホタテや羅臼産のホッケなど、厳選された海の幸を各テーブルに設けられた囲炉裏端で焼いて食べる。定番の海鮮堪能コースは4950円〜。海鮮＋北海道牛コース（6600円〜）も人気だ。

30

📞 011-521-3022
📍 札幌市中央区南8条西4丁目
🕐 17:00〜23:00
　（21:00L.O.）
🈲 年始　💰夜3800円〜
🅿 近隣にあり

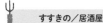

すすきの／居酒屋

掌
てのひら

地図p.20-F
地下鉄南北線すすきの駅から🚶1分

　道内各地の漁港から届く、新鮮な魚介類を使った料理が味わえる。店内には活イカ専用の生け簀もある。北海道の地酒も揃う。本たらばがに炉焼きは3300円。

📞 011-241-5005
📍 札幌市中央区南4条西3丁目
　ニュー北星ビルB1F
🕐 17:00〜翌11:30（金曜〜翌2:00、土曜・祝前日16:00〜翌2:00、日曜・祝日16:00〜23:00）
🈲 不定休　💰夜4000円〜
🅿 近隣にあり

すすきの／居酒屋

くし路 すすきのビル店
くしろ すすきのびるてん

地図p.20-F
地下鉄南北線すすきの駅から🚶すぐ

　すすきの駅前という抜群のアクセスで、地元のサラリーマンなどにも愛されている居酒屋。独自のルートで仕入れた新鮮な魚介類を格安で提供

するのが特徴だ。一年を通して道東牡蠣を生、焼き、蒸しともに1個528円で提供。また、びっくりするほど大きいサイズのほっけの炭焼き（1518円）や鮭ハラスの炭焼き（858円）などが定番の人気メニュー。店内はカウンター席と個室に分かれている。

📞 011-533-1717
📍 札幌市中央区南4条西3丁目
　すすきのビル3F
🕐 17:00〜23:30（23:00L.O.）
🈲 年末年始
💰 夜5000円〜
🅿 なし

すすきの／寿司

写楽 札幌第三店
しゃらく さっぽろだいさんてん

地図p.20-F
地下鉄南北線すすきの駅から🚶5分

　寿司田などで知られる全国チェーンの店で、値段も良心的。カウンターのほか小上がりもあり、焼き魚（1100円）やカスベのほほ肉の唐揚げ（880円）など、寿司以外の一品料理も充実。道産のネタを使った握り「桜」は2750円。

📞 011-532-0145
📍 札幌市中央区南5条西4丁目
　第20桂和ビルB1F
🕐 17:30〜翌2:00（金・土曜〜翌3:00、祝日17:00〜24:00）
🈲 日曜　💰夜4000円〜
🅿 なし

すすきの／寿司

すしほまれ

地図p.20-F
地下鉄南北線すすきの駅から🚶1分

　清潔感があり、ていねいなサービスが評判の店。刺し身、タラバガニ、寿司（6カン）、お碗、小鉢が付いたウニ・イクラ丼セット（4400円）が人気。北海道のさまざまな魚介をたっぷり味わえる。道内産素材のみの道産にぎり（12カン3960円〜）もおすすめ。全国各地の地酒の品揃えも豊富だ。また、寿司だけでなく旬の素材を使用した一品料理のメニューや、地酒の種類も豊富。北海道はもちろん、全国各地の酒が揃えられている。

📞 011-207-0055
📍 札幌市中央区南4条西4丁目
　すずらんビル別館2F
🕐 18:00〜22:00
🈲 不定　💰夜2750円〜
🅿 近隣にあり

札幌

31

すすきの／寿司

三好寿し
みよしずし

地図p.20-F
地下鉄南北線すすきの駅から🚶5分

　店主の沢崎誠さんは大の釣り好き。季節によって、カレイやソイ、アブラコ（アイナメ）など、釣り上げたばかりの魚がメニューに登場する。特上握りは1人前2600円～。3人以上の予約なら、刺し身や寿司も付く「鴨鍋コース」（5500円）がおすすめだ。

📞 011-512-9731
📍 札幌市中央区南5条西5丁目 第3旭観光ビル1F
🕐 18:00～翌2:00
🈺 日曜　💴 夜4000円～
🅿 近隣にあり

すすきの／カニ料理

かにと道産料理 雪華亭
かにとどうさんりょうり せっかてい

地図p.20-F
地下鉄南北線すすきの駅から🚶5分

　全席個室の落ち着いた店内。毛ガニをはじめ、北海松葉ガニやタラバガニなど、北海道を代表するカニのすべてが堪能できる。毛ガニ姿盛りや北海松葉ガニしゃぶが付く「水雲」は1万1000円（サ別）。三大ガニを盛り込んだ特別かに懐石「華の舞」は3万800円（サ別）。単品でのオーダーも可能。

📞 011-251-1366
📍 札幌市中央区南3条西4丁目 J-BOXビルB1F
🕐 17:00～23:00（21:30L.O.）
🈺 不定休
💴 夜1万2500円～
🅿 近隣にあり

すすきの／カニ料理

かに料理の店氷雪の門
かにりょうりのみせひょうせつのもん

地図p.21-G
地下鉄南北線すすきの駅から🚶4分

　60年以上にわたり、すすきので営業を続けるカニ料理専門店で、創業当時からカニへのこだわりは変わらない。たらば蟹の炭焼き（2640円～）や、特製スープで味わうしゃぶしゃぶ（ずわい蟹4400円～）が特に人気。氷雪三大蟹コース（1万1880円）は、活毛蟹のセイロ蒸しに、たらば蟹の炭焼き、ずわい蟹のしゃぶしゃぶが味わえる。

📞 011-521-3046
📍 札幌市中央区南5条西2丁目 8-10（サイバーシティビル 北向かい）
🕐 11:00～15:00（14:00L.O.）、16:30～23:00（21:30 L.O.）、土・日曜、祝日は通し営業
🈺 無休
💴 昼2860円～／夜6600円-
🅿 契約あり

すすきの／喫茶・レストラン

アイスクリームBar HOKKAIDOミルク村
あいすくりーむばー　ほっかいどうみるくむら

地図p.20-F
地下鉄南北線すすきの駅から🚶2分

　自家製のソフトタイプのアイスにリキュールをたらして食べるスタイルは、札幌でもここだけ。リキュールはバラ、紅茶など130種類以上用意している。2種類のリキュールにクレープ、キヌア、ヨーグルト、ラムあずきなどのトッピング、それにコーヒーが付くAセット1500円がおすすめ。

📞 011-219-6455
📍 札幌市中央区南4条西3丁目 7-1 ニュー北星ビル6F
🕐 13:00～23:40（水曜17:00～、23:00L.O.）
🈺 月曜
💴 1390円～　🅿 なし

狸小路／喫茶・レストラン

札幌新倉屋
さっぽろにいくらや

地図p.20-B
地下鉄南北線大通駅から🚶5分

　1階に売店、2階には喫茶スペースがあり、名物の串団子「花園だんご」（5本550円）をはじめ、甘味メニューが楽しめる。十勝小豆を使ったクリームぜんざい（715円）は、コクのあるソフトクリームがたっぷりのり、女性に人気。

☎ 011-281-5191
📍 札幌市中央区南2条西6丁目
3（狸小路6丁目）
🕐 9:00〜20:00
（喫茶部〜19:00、18:30L.O.）
🚫 1月1日
💴 だんご1本100円〜　🅿 なし

大通／喫茶・レストラン

さえら

地図p.21-C
地下鉄南北線大通駅から🚶1分

　大通公園に隣接した地下街にあり、ふわふわのパンで作るサンドイッチとコーヒーが評判の店。サクサクとした食感が魅力のメンチカツのサンドイッチ（720円〜）や、フルーツサンドなどがおすすめ。

☎ 011-221-4220
📍 札幌市中央区大通西2
都心ビルB3F
🕐 10:00〜18:00
（17:30L.O.）
🚫 水曜（祝日の場合は営業）
💴 フルーツサンド660円〜
🅿 なし

円山公園／喫茶・レストラン

森彦
もりひこ

地図p.10-E
地下鉄東西線円山公園駅から🚶4分

　築70年以上の木造民家をそのまま生かして営業している。静かに鳴り響くねじまき時計、きしむ廊下など、店内もノスタルジーを感じさせる。常時4〜5種類を用意しているケーキ（418円〜）と、自社焙煎の香り高いコーヒー（638円〜）でのんびり過ごそう。

☎ 0800-111-4883
📍 札幌市中央区
南2条西26丁目2-18
🕐 10:00〜19:00（18:30L.O.）
🚫 無休　☕ コーヒー638円〜
🅿 9台（共用）

大通東／みやげ

サッポロファクトリー

地図p.17-L
地下鉄東西線バスセンター前駅から🚶3分

　サッポロビール工場跡地に建つ巨大な複合商業施設で、札幌開拓使麦酒醸造所の名残を見せる赤レンガ館やフロンティア館、1条館など6つのショッピングセンターからなり、これらの中には、生活雑貨、工芸雑貨、ファッションの店、カフェや各種レストラン、シネマやホテルまでそろっていて、一日中いてもあきがこない。

☎ 011-207-5000
📍 札幌市中央区北2条東4丁目
🕐 10:00〜20:00（飲食店は
11:00〜22:00）
一部店舗により異なる
🚫 12月31日は一部を除き休
🅿 約1400台

大通／海産物

二条市場
にじょういちば

地図p.21-C
地下鉄東豊線大通駅から🚶5分

　札幌市民の台所として歴史を刻み、魚や野菜、果物、乾物など、約50軒の小売店がひしめき合う。特に毛ガニは値引き合戦のかけ声が響く。

☎ 011-222-5308
📍 札幌市中央区南3条東1丁目
〜2丁目
🕐 7:00〜18:00（営業時間、
定休日は店舗により異なる）
🅿 なし

大通／喫茶・みやげ

ビッセスイーツ

地図p.16-J
地下鉄南北線大通駅から🚶1分

　きのとやなど道内のスイーツショップが人気のスイーツを販売。この店舗でしか手に入らないオリジナル商品もある。広いイートインスペースがあり、食べ比べもできる。

🎵 電話番号は店舗により異なる
📍 札幌市中央区大通西3丁目7
大通ビッセ1F
🕐 8:00〜21:00の間で、
店舗により異なる
🚫 1月1日
🅿 なし

札幌

33

札幌で買える定番 ＆人気のみやげ

札幌で買えるおみやげは
王道スイーツや人気商品が目白押し。
キャラクターグッズからも目が離せない！

01
白いバウム TSUMUGI
／1296円

01
美冬（みふゆ）
6個入／761円

01
白い恋人 36枚缶入／2646円

02
妖精のバラ 5個入
／308円

02
北海道開拓おかき
増毛甘エビ味／1袋440円

03
三方六の小割 5本入／650円

石屋製菓
いしやせいか

「白い恋人」は30年以上続くロングセラー。そのホワイトチョコを使用した「白いバウム」も好評。

白い恋人パーク
☎011-666-1481 ◷10:00〜17:00 ㊡入館料プレミアムファクトリーコース1500円 ㊡無休／地図p.36-A／※ほかに直営店やみやげ店で販売。

北菓楼
きたかろう

道産の厳選素材を用い、海の幸を練り込んだ「北海道開拓おかき」が定番人気。「妖精のバラ」は、夕張メロンの果肉使用のゼリー。

北菓楼 大丸札幌店
☎011-271-7161 ◷10:00〜20:00 ㊡大丸札幌店の休日に準じる／地図p.16-F

三方六の小割
さんぽうろくのこわり

白樺の木肌をチョコで表現したバウムクーヘン「三方六」を小さな薪のように小分けに。個別包装になっているので、おみやげに便利。

柳月 札幌店
☎0120-555-355 ◷9:00〜19:30 ㊡無休／地図p.37-B ※ほかに直営店や新千歳空港みやげ店で販売。

ロイズ

「オーレ」はロどけのいい正統派生チョコレート。2種類が入った「ピュアチョコレート」も人気。

ロイズ札幌大丸店
☎0570-070-612 ◷10:00〜20:00 ㊡大丸札幌店の休日に準じる／地図p.16-F ※そのほか直営店やみやげ店などで販売。

04 生チョコレート
［オーレ］20粒／
778円

06 エゾモモンガ
マスコット
／880円

07 テレビ父さん
ぬいぐるみ(小)
／715円

06 ゾウCURRY／
507円

04 ピュアチョコレート［クリーミ
ーミルク＆ホワイト］2種計
40枚／778円

05 札幌おかきOh! 焼とうきび
6袋入／648円

08 紙石鹸「初雪」12枚入／1080円

 05

札幌おかきOh! 焼とうきび

大通公園の名物「焼とうきび」がおかきに。国産のもち米にトウモロコシを練り込み、サクッとした食感。醤油の香りも香ばしい。

📞 0120-301-443（YOSHIMI お客様相談センター　平日10:00〜18:00）※札幌市内、新千歳空港の主要みやげ店で販売。

 06

エゾモモンガグッズとゾウCURRY

円山動物園では愛くるしいエゾモモンガやゾウ公開記念の関連商品が人気。園内ではオフィシャルショップのみで買えます。

札幌市円山動物園オフィシャルショップ
📞 011-622-0665
🕘 9:30〜16:30（11〜2月は〜16:00）🚫 動物園に準じる／地図p.10-I

 07

テレビ父さんグッズ

さっぽろテレビ塔展望台のおみやげは、人気のテレビ父さんグッズ限定のテレビ塔グッズなど、種類豊富に揃っている。

さっぽろテレビ塔スカイショップ
📞 011-241-1131
🕘 9:00〜22:00（季節変動あり）🚫 不定休
地図p.21-C

 08

紙石鹸「初雪」
かみせっけん はつゆき

雪の結晶の形をした紙石鹸。水にぬらすとすっと溶け、泡に変わる。手のひらサイズなので、バッグに入れて携帯するのにぴったり。

札幌スタイルショップ
📞 011-209-5501
JRタワーイースト6F
🕘 10:00〜20:00
🚫 無休
地図p.16-F

さっぽろきんこう | 地図 **p.229-G**

札幌近郊

　札幌は、国内屈指の大都市でありながら、身近な場所に豊かな自然が広がっているのが特徴。都心をやや離れると原生林を残す公園、風光明媚な展望台、自然を生かした美術館など、魅力的なスポットが点在している。都心からのアクセスもいいので気軽に足をのばそう。

見る

札幌オリンピックミュージアム
さっぽろおりんぴっくみゅーじあむ

地図p.36-A
地下鉄東西線円山公園駅から🚌10分、♀大倉山競技場入口下車🚶10分

　2017年2月にウィンタースポーツミュージアムがリニューアルオープン。スキージャンプ、ボブスレー滑走などの疑似体験ができる。同競技場内にあるペアリフト（料金別途）でジャンプ台の頂上まで行くと展望ラウンジがあり、札幌市街を望む景色を楽しめる。

📞 011-641-8585（大倉山総合案内所）
📍 札幌市中央区宮の森1274
🕐 9:00〜18:00（11〜4月は9:30〜17:00）
㊡ 無休　💴 600円（中学生以下は無料）
🅿 113台

地図 **札幌近郊**
1:110,000
0　　　　2km
周辺広域地図 P.229

藻岩山
もいわやま

地図p.36-A
乗り場へは札幌市電すすきのまたは西4丁目電停から🚋20分、ロープウェイ入口電停下車、🚌無料シャトルバスで5分。または地下鉄東西線円山公園駅から🚌JRバスロープウェイ線円11系統で15分、♀もいわ山麓下車

　市街南西部に大きく裾野を広げる標高531mの山。山頂展望台からは、札幌の街並みを含めた石狩平野の大パノラマが展開する。夜景も感動的な美しさで、日没前に山頂まで行き、街が徐々に闇に包まれ、やがて点々と明かりが灯っていく変化を見届けるのがおもしろい。展望台にはレストラン「THE JEWELS」があり、ガラス越しに夜景を眺めながらフレンチを味わえる（右写真下）。

札幌もいわ山ロープウェイ

- 📞 011-561-8177　📍 札幌市中央区伏見5-3-7
- 🕐 10:30～22:00（12～3月は11:00～、年末年始は特別営業）、上り最終21:30　休 無休
- ¥ ロープウェイ＋もーりすカー1800円）　🅿 120台（もいわ山麓駅駐車場）

THE JEWELS

- 📞 011-518-6311　📍 札幌市南区北ノ沢1956
- 🕐 11:30～21:00（20:00L.O.）冬期は12:00～21:00（20:00L.O.）レストランは15:30～17:00クローズ、テイクアウトは通年営業
- 休 無休（ロープウェイの運休に合わせて休業の場合あり）
- ¥ ディナーコース5500円～

POINT　てくナビ／一気に上昇するロープウェイからの眺望の変化は感動的。中腹駅からはミニケーブルカー「もーりすカー」に乗り換えて山頂へ向かう。

さっぽろ羊ヶ丘展望台

さっぽろひつじがおかてんぼうだい

地図p.37-B
地下鉄東豊線福住駅から🚌北海道中央バス羊ヶ丘展望台行きで10分、♀終点下車すぐ

　1959（昭和34）年に誕生した展望台。羊がのんびり牧草を食み、その向こうには札幌の市街地が広がる。クラーク博士像や、石原裕次郎のヒット曲「恋の町札幌」の歌詞碑が立ち、オーストリア館には札幌銘菓などのみやげ品が並ぶ。レストハウスではジンギスカンと冷たいビールが味わえ、食べ飲み放題のコース（4100円～）も用意されている。

🎵 011-851-3080　♀札幌市豊平区羊ヶ丘1
🕘 9:00～17:00
❻ 無休　¥530円　Ｐ100台

北海道開拓の村

ほっかいどうかいたくのむら

地図p.37-C
地下鉄東西線新さっぽろ駅から🚌ジェイ・アール北海道バス開拓の村行きで15分、♀終点下車すぐ

　明治・大正時代に北海道で建築された建造物を広大な敷地に復元、再現した野外博物館。市街地群、農村群、山村群、漁村群のテーマ別に展示され、開拓当時の様子が手に取るようにわかる。4月中旬～11月には馬車鉄道に、12月中旬～3月の土・日曜、祝日には馬そりに体験乗車できる（各250円）。

🎵 011-898-2692
♀ 札幌市厚別区厚別町小野幌50-1
🕘 9:00～17:00（10～4月は～16:30）
❻ 10～4月の月曜（祝日の場合は翌日）、年末年始
¥ 800円（大学・高校生600円）　Ｐ400台

札幌芸術の森

さっぽろげいじゅつのもり

地図p.229-G
地下鉄南北線真駒内駅から🚌北海道中央バス15分、♀芸術の森入口または♀芸術の森センター下車すぐ

　大自然に恵まれた芸術の複合施設。札幌芸術の森美術館をはじめ、各種クラフトの体験ができる工房や野外ステージなど、さまざまな施設が敷地内に点在する。7.5haの自然豊かで起伏に富んだ野外美術館には、64作家・73点の彫刻が展示されている。

🎵 011-592-5111　♀札幌市南区芸術の森2-75
🕘 9:45～17:00（6～8月は～17:30）
❻ 月曜（祝日の場合は翌平日、
　4月下旬～11月3日は無休）
　野外美術館は11月4日～4月28日休
¥ 野外美術館700円（札幌芸術の森美術館は
　展示内容により料金の変動あり）
Ｐ 600台（有料）

札幌ドーム

さっぽろどーむ

地図p.37-B
地下鉄東豊線福住駅から🚶10分

　国内最大級の大きさを誇るドームで、国際的なイベントやプロ野球の公式戦、Jリーグ、コンサートなどが行われる。全長60mの空中エスカレーターの先にある展望台からは、ドーム内部と札幌市街を一望できる。北ゲート側にある「タウン」には、レストランやグッズショップがある。イベントのない日はブルペンや選手更衣室など、普段見られないドームの裏側を専属ツアーガイドが紹介してくれる「ドームツアー」を実施している。

🎵 011-850-1000　♀札幌市豊平区羊ケ丘1
🕘 営業日・時間はイベント開催の都合により
　変動あり、要問い合わせ
¥ ドームツアー1050円、展望台520円、
　共通券1250円
Ｐ 1451台（有料）

STAY

宿泊ガイド

　札幌駅周辺、大通、中島公園周辺がホテルが多いエリアで、いずれも駅から徒歩10分圏内の便利な立地。夏休みやさっぽろ雪まつりの期間は、市内中心部のホテルは混雑し、予約困難になることも多い。比較的空きのある札幌駅の北口や郊外のホテルでも、アクセスが整っているので安心して利用できる。ホームページをもつ宿の多くは、季節によりお得な宿泊プランを売り出しているので、必ずチェックしよう。

<table>
<tr><td rowspan="9">札幌駅から5分以内</td><td>JRタワーホテル
日航札幌</td><td>♪011-251-2222／地図：p.17-G／Ⓢ1万3862円／Ⓣ2万3716円〜
●JR札幌駅に直結するJRタワーの高層階に位置する。全342室。</td></tr>
<tr><td>ANAクラウンプラザ
札幌</td><td>♪011-221-4411／地図：p.17-G／Ⓢ8550円／Ⓣ1万4000円〜
●地上26階建て、ツインを主体とした高層ホテル。全412室。</td></tr>
<tr><td>ホテルモントレ札幌</td><td>♪011-232-7111／地図：p.17-G／Ⓢ8000円／Ⓣ1万1500円〜
●黄色い外観が好印象なホテル。客室の種類も豊富。全250室。</td></tr>
<tr><td>センチュリー
ロイヤルホテル</td><td>♪011-221-2121／地図：p.16-F／Ⓢ1万8000円〜Ⓣ1万6550円〜（朝食付）
●回転レストラン「ロンド」など、食事処が充実。全300室。</td></tr>
<tr><td>ホテルWBF札幌大通</td><td>♪011-252-1252／地図：p.16-J／Ⓣシングルコース6364円〜／1万1818円〜
●併設したフィットネスクラブのサウナ付き大浴場を利用できる（有料）。全57室。</td></tr>
<tr><td>ホテル
グレイスリー札幌</td><td>♪011-251-3211／地図：p.16-F／Ⓢ6000円〜Ⓣ8400円〜
●セキュリティ万全のレディースフロアが女性に人気。全440室。</td></tr>
<tr><td>京王プラザホテル
札幌</td><td>♪011-271-0111／地図：p.16-E／Ⓢ7800円〜Ⓣ9400円〜
●クルマでも便利な300台収容可能の大型駐車場を完備。全494室。</td></tr>
<tr><td>ホテルマイステイズ
札幌アスペン</td><td>♪011-700-2111／地図：p.16-B／Ⓢ6900円〜Ⓣ7900円〜
●「JR札幌駅北口から徒歩2分」がキャッチフレーズ。全305室。</td></tr>
<tr><td>アパホテル〈TKP札幌
駅北口〉EXCELLENT</td><td>♪011-756-7733／地図：p.11-C／Ⓢ1万500円〜Ⓣ1万7000円〜
●最上階にある大浴場や露天ジャクジーバスが人気。全105室。</td></tr>
<tr><td rowspan="6">札幌駅周辺</td><td>ホテルモントレ
エーデルホフ札幌</td><td>♪011-242-7111／地図：p.17-K／Ⓢ1万800円〜Ⓣ1万2000円〜
●客室は地上60m以上の高層階で、眺望がすばらしい。全181室。</td></tr>
<tr><td>ニューオータニ
イン札幌</td><td>♪011-222-1111／地図：p.17-K／Ⓢ7000円〜Ⓣ8000円〜
●市街中心部の代表的な観光スポットへ徒歩で行ける立地。全340室。</td></tr>
<tr><td>クロスホテル札幌</td><td>♪011-272-0010／地図：p.17-K／Ⓢ1万2000円〜Ⓣ1万5000円〜
●スタイリッシュでモダンなホテル。大浴場には露天風呂もある。全181室。</td></tr>
<tr><td>ホテルクラビー
サッポロ</td><td>♪011-242-1111／地図：p.17-L／Ⓢ9750円〜Ⓣ1万2250円〜
●サッポロファクトリーに隣接し、客室はゆったりした造り。全118室。</td></tr>
<tr><td>札幌グランドホテル</td><td>♪011-261-3311／地図：p.16-J／Ⓢ1万2420円〜Ⓣ1万4000円〜
●創業80年に及ぶ歴史と伝統を誇る。HPで予約が可能。全504室。</td></tr>
<tr><td>ホテル札幌
ガーデンパレス</td><td>♪011-261-5311／地図：p.16-I／Ⓢ4600円〜Ⓣ6400円〜
●中華の「赤坂四川飯店」をはじめ飲食施設も多彩。全164室。</td></tr>
<tr><td rowspan="4">大通公園から5分以内</td><td>ホテルオークラ札幌</td><td>♪011-221-2333／地図：p.20-B／Ⓢ1万円〜Ⓣ1万3200円〜
●大通公園の横に位置し、ビジネスや観光にも便利。全147室。</td></tr>
<tr><td>リッチモンドホテル
札幌大通</td><td>♪011-208-0055／地図：p.20-B／Ⓢ5400円〜Ⓣ6900円〜
●全客室にゆったりとしたベッドと羽毛布団を使用。全200室。</td></tr>
<tr><td>ホテルサンルート
ニュー札幌</td><td>♪011-251-2511／地図：p.20-B／Ⓢ4000円〜Ⓣ1万1520円〜
●メゾネットやファミリールーム、和室などが揃う。全306室。※一時休業中</td></tr>
<tr><td>ネストホテル
札幌大通</td><td>♪011-242-1122／地図：p.20-B／Ⓢ5000円〜Ⓣ9600円〜
●札幌中心部に位置し、郊外へのアクセスも便利。全121室。</td></tr>
</table>

地区	ホテル名	情報
大通公園周辺	ドーミーイン PREMIUM札幌	♪011-232-0011／地図:p.20-A／Ⓢ5990円〜Ⓣ6990円〜 ●2012年リニューアル。狸小路に面し、木の香りでくつろげる。全168室。
	テンザホテル&スカイスパ 札幌セントラル	♪011-272-0555／地図:p.20-A／Ⓢ7380円〜Ⓣ8010円〜 ●大通やすすきのに近く、ショッピングや食事に便利。全195室。
	札幌プリンスホテル	♪011-241-1111／地図:p.11-G／Ⓣ1人7555円〜Ⓣ8402円〜 ●28階建てのタワーが目印。温泉露天風呂もある。全587室。
	札幌ビューホテル 大通公園	♪011-261-0111／地図:p.20-A／Ⓢ6400円〜Ⓣ9600円〜 ●客室から大通公園が見下ろせ、札幌の四季が楽しめる。全347室。
すすきの駅から5分以内	メルキュールホテル 札幌	♪011-513-1100／地図:p.21-G／Ⓢ7600円〜Ⓣ7600円〜 ●フランスの女性デザイナーがデザインした客室でくつろげる。全285室。
	札幌東急REIホテル	♪011-531-0109／地図:p.20-F／Ⓢ5500円〜Ⓣ7500円〜 ●直結した「レストランプラザ札幌」には飲食店が充実。全575室。
	ホテル ルートイン札幌中央	♪011-518-6111／地図:p.20-F／Ⓢ5200円〜Ⓣ8000円〜 ●大浴場があり、到着時のセルフカフェや朝食バイキングは無料。全389室
	ホテルビスタ 札幌大通	♪011-233-3151／地図:p.20-F／Ⓢ5500円〜Ⓣ8000円〜 ●洗面台、バス、トイレが独立し、バスルームには洗い場も設置。全153室。
	アパホテル札幌 すすきの	♪011-551-0811／地図:p.21-K／Ⓢ1万5000円〜Ⓣ2万4000円〜 ●鴨々川のほとりにあり、静かな環境。全室ジェットバス付。全54室。
中島公園駅から5分以内	ジャスマックプラザ ホテル	♪011-551-3333／地図:p.20-J／Ⓢ9500円〜Ⓣ1万1500円〜 ●ヒノキの露天風呂がある天然温泉「湯香郷」が人気。全153室。
	イビススタイルズ 札幌	♪011-530-4055／地図:p.20-J／Ⓣシングルユース5700円〜Ⓣ6600円〜 ●色や照明にこだわったモダンな客室が人気。全室Wi-Fi完備。全278室。
	ホテルマイステイズ プレミア札幌パーク	♪011-512-3456／地図:p.21-K／Ⓢ7300円〜Ⓣ8646円〜(1泊朝食付き) ●全館Wi-Fi対応で天然温泉付き。日帰り温泉利用も可能。全419室。
	ホテルリソル札幌 中島公園	♪011-562-9269／地図:p.20-J／Ⓢ5100円〜Ⓣ8900円〜 ●米国のデザイナーが設計した家具がある近代的ホテル。全181室。
	札幌エクセルホテル 東急	♪011-533-0109／地図:p.20-J／Ⓢ5100円〜Ⓣ5600円〜 ●全室20㎡以上のゆとりの客室と上質のアメニティが魅力。全382室。
	クインテッサホテル 札幌	♪011-512-8500／地図:p.20-J／Ⓦシングルユース7395円〜1万100円〜 ●客室はツインまたはダブルタイプで1名利用もできる。全167室。
	プレミアホテル 中島公園 札幌	♪011-561-1000／地図:p.11-K／Ⓢ7200円〜Ⓣ8600円〜 ●レジャーやビジネスに使える宿泊プランが豊富に揃う。全228室。
	ホテルビスタ札幌 中島公園	♪011-552-2333／地図:p.11-K／Ⓢ3050円〜Ⓣ5830円〜 ●快適でおしゃれなホテル。朝食はカフェでベーグルなどを提供。全113室。
	札幌パークホテル	♪011-511-3131／地図:p.11-L／Ⓢ5850円〜Ⓣ9000円〜 ●日本料理「なだ万雅殿」をはじめ、飲食施設が充実。全216室。
	ホテル ライフォート 札幌	♪011-521-5211／地図:p.11-L／Ⓢ4500円〜Ⓣ8100円〜 ●中島公園と豊平川に囲まれ、静かな環境にあるホテル。全210室。
札幌郊外	ホテルエミシア 札幌	♪011-895-8811／地図:p37-C／Ⓢ6800円〜Ⓣ1万200円〜(朝食付) ●都心と森を望むアーバンビューとネイチャービュー。全512室。
	新さっぽろ アークシティホテル	♪011-890-2525／地図:p.37-C／Ⓢ7500円〜Ⓣ9800円〜 ●家族やグループに便利なファミリールームがある。全135室。

定山渓

札幌市街の南西約30km、豊平川の上流部にある定山渓は、山あいの豊かな緑と渓谷美を楽しめる景勝地。幕末に開湯した定山渓温泉の中心部に散策路が整備されて、温泉情緒を満喫できる。

定山渓への行き方

札幌駅前バスターミナルから、じょうてつバスかっぱライナー号で、定山渓まで約1時間（960円）。または、地下鉄南北線真駒内駅からも12系統定山渓行きバスで53分（610円）が発着。

見る　歩く

豊平峡ダム
ほうへいきょうだむ

地図p.41
♀定山渓から🚗タクシー10分の駐車場で下車後、電気自動車で6分（往復640円）

温泉街から豊平川を約7km遡ったところ

にあるアーチ式コンクリートダムで、日本のダム湖100選に選出。原生林と柱状節理の渓谷が美しく、紅葉の名所として知られる。駐車場からダムまでは電気自動車を利用。

♪ 011-598-3452（豊平峡電気自動車）
📍 札幌市南区定山渓840番地先
🕐 電気自動車は6月1日〜11月3日の8:45〜16:00の間、10〜30分おきに運行（下り便最終16:30）
🅿 250台

TEKU TEKU COLUMN

定山渓という地名の由来
　江戸末期、備前生まれの僧侶・美泉常山（後に定山と改名）は、諸国漫遊中にアイヌの狩人から温泉があると聞かされ、この地を訪れた。そして温泉を発見し、開発に尽力。その功績がたたえられ、定山渓温泉と命名された。

定山渓

宿泊ガイド

定山渓ホテル一寶亭留・翠山亭	♪011-598-2141／地図:p.41／2万円〜（1泊2食付き） ●大浴場とヒノキ造りの露天風呂、和食会席膳などの料理が評判。全60室。
章月グランドホテル	♪0570-026575／地図:p.41／2021年5月リニューアルオープン ●全室が渓谷側に面し、部屋からの眺望がすばらしい。全59室。

小樽

エリアの魅力

レトロな町歩き
★★★★★
雑貨ショッピング
★★★★
グルメ
★★★

運河＆倉庫群がレトロな雰囲気
旬のネタが味わえる寿司で有名
オシャレなカフェが点在
おみやげに最適なガラス製品

観光の問い合わせ

小樽国際インフォメーションセンター
☎0134-33-1661
小樽駅観光案内所
☎0134-29-1333

予約・問い合わせ

JR各駅
☎0134-22-0771（小樽）
☎011-222-7111（JR北海道電話案内センター）
☎0123-45-7001（新千歳空港駅）

交通の問い合わせ

高速おたる号
ジェイ・アール北海道バス
☎0134-22-5570（小樽）
☎011-241-3771（札幌）
北海道中央バス（小樽ターミナル）
☎0134-25-3333

独特の風情が漂う運河周辺に歴史とロマンを感じる街

　明治・大正時代に内外の貿易の拠点として栄え、「北のウォール街」とも呼ばれた港町・小樽。当時建てられた銀行や倉庫など、石造りの重厚な建物はレストランや博物館などに生まれ変わり、かつての栄華を伝えている。運河周辺を中心に散策してみよう。

HINT

小樽への行き方

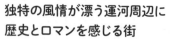

	快速ほか1時間に4本程度	
札幌	JR快速「エアポート」「いしかりライナー」 31〜46分	750円
	10〜20分おき。札幌駅前ターミナル発	
	高速バス「おたる号（円山経由）」1時間2〜8分	680円
	小樽直通は30分に1本。ほかは札幌で乗り換え	
新千歳空港	JR快速「エアポート」最速1時間15分	1910円

小樽

　札幌からはJRの列車か高速バスを利用。所要時間はJR快速のほうが早く、運賃はバスのほうが若干安い。バスは中央バス札幌ターミナルも経由するので、大通公園周辺からは便利。快速エアポートには指定席のuシート（530円）もある。

レトロな造りの小樽駅

第三埠頭　　　　第二埠頭　　　　第一埠

小樽海岸海上観光館

小樽港

小樽港湾センター
小樽水産ビル
龍宮橋
中央橋
月見橋

P.48 小樽市総合博物館運河館
（明治23～27年築）

小樽トーイズ
（明治24年築）
運河プラザ
色内（二）
中一商会（大正9年築）
八又商店（明治38年築）
龍宮通り

小樽市民センター

稲穂（三）

P.58 小樽グリーンホテル別館

P.58 小樽グリーンホテル本館

若鶏時代なると P.53

市営駐車場

中央市場

P.58 灯の場 ドーミーインPREMIUM小樽
船見坂下
小樽駅前
駅前局
P.47 三角市場
船見橋

余市へ

北運河へ

余市へ

龍宮橋

北運河へ

小樽港湾センター

小樽ビール小樽倉庫NO.1（地ビール）
びっくりドンキー（ハンバーグ）

小樽フェリーズ

小樽港湾海上観光船乗り場

P.52 小樽運河クルーズ
小樽運河 P.48
ふれあいの散歩道
ホテルノルド小樽 P.58
ホテルソニア II

P.58 ホテルソニア小樽
アールヌーヴォー・アールデコ グラスギャラリー
（大正12年築）似鳥美術館

小樽芸術村 P.52

旧三井銀行（昭和2年築）

後藤商店（大正9年築）
色内本通り
ホテルWBF
イルオナイ小樽
小樽商工会議所（昭和8年築）
旧第四十七銀行小樽支店（昭和初期築）

色内（一）

旧手宮線跡（散策路）

稲穂3
北陸

稲穂（二）
北海道
北海道新聞
戯屋留当（骨董）P.56
稲穂十字街
北洋

アイスクリーム
パーラー美園（喫茶）P.53

P.58 オーセントホテル小樽

都通り

ティッセンバー3（雑貨）

静屋通り

サンビルスクエア

長崎屋

薮半（内蔵・大正末期築）

叫児楼
NTT前
NTT
産業会館
産業会館前

おたる（昭和9年築）

小樽駅

観光案内所
駅前第一ビル
紀伊國屋書店

北海あぶりや海鮮河岸倉庫（炭火焼）

小樽運河食堂ビルラーメン
港町
大同倉庫
P.53

ステンドグラス美術館

連河の宿 おたるる川

P.48 P.53（昭和9年築レストラン洋・中国料理

北海フェリーズ教会

小樽運河倉庫群

おたる政寿司
せん庵

小樽運河

小樽
出抜小路 P.53

小樽運河ターミナル
タ
小樽運河

P.54 ワイン＆カフェレストラン
小樽バイン
小樽支店
小樽バイン
北海道中央バス

日銀金融資料館（小樽バイン前）
（昭和12年築）松田ビル

小樽文学館・美術館

小樽局

ラーメン利久亭（ラーメン）P.53

旧第一銀行小樽支店（大正13年築）
旧三菱銀行小樽支店（大正11年築）

海鳴楼
ハローワークおたる
桑田屋
あまとう
寿し処一休（寿司）

日本銀行金融資料館（明治45年築）
日銀金融資料館
旭寿司本店（寿司）

浅草通り

おたる屋台村
レンガ横丁

稲穂（一）

産業会館前

三ツ山病院

5

稲穂1-8

富岡橋

小樽署

北海道電力

富岡（一）
富岡教会・天狗山スキー場へ
年金事務所
富岡

妙照寺
小樽市保健所
小樽教会へ
稲穂小

44

勝納大橋

北一硝子三号館
P.49（明治24年築）

有幌町

小樽IC・札幌へ→

日通小樽支店

ヴェネツィア美術館

小樽洋菓子舗ル・タオ本店
（洋菓子）P.50

まる栄本社前

P.49 北一ヴェネツィア美術館

堺町

北一硝子
三号館前

堺町

オルゴール堂
キャラクターハウス
夢の音

まる栄工場

北の漁場（北海料理）

ヴェニーニ（ガラス工芸品）

北一硝子前

北一硝子
アウトレット
北菓楼
（菓子）

G

撰鮨

堺町

利尻屋みのや
（明治40年築）
くぼ家（喫茶）

雪印パーラー小樽店

山吹商店（海産物）

可否茶館
（喫茶）小樽ファクトリー

チャンネルもく
（木工芸）

らーめんみそきち
ラーメン

たけの寿司

小樽石の蔵
（雑貨）

ヌーベルバーグ
ショコラティエ小樽本店

常夜灯

D

メルヘン交差点

小樽
オルゴール堂
本館 P.49
（明治45年築）

住吉町

小樽出世前広場
小樽味の栄六（寿司）P.54

小樽パーラー小樽
P.54

北一クリスタル館・
見学工房

P.56 小樽福廊（雑貨）

小樽オルゴール堂2号館

メルヘン交差点

東雲町

水天宮（拝殿・本殿 明治8年築）

堺町局

銀の鐘1号館
（大正13年築）

メルヘン交差点

旧寿原邸（大正元年築）

P.51 小樽オルゴール堂手作り体験遊工房
（大正10年築）

お秋野
（明治19年築）入船（一）

HDビル

小樽聖公会
（昭和40年築）

ギャラリー蔵

小樽手造り硝子工房

札幌へ↓

G 山田町

東光寺

H

函館本線

おたる政寿司（寿司）P.56

花園橋

（大正13年築）旧花園病院

P.55 寿司・和食
しかま（寿司）

館ブランシェ
カフェ P.55

花園（三）

量徳寺

おたる
魚亭（海鮮）
P.55

かすべ
（和食）P.55

花園界隈

花園（一）

バー・ハッタ（バー）

活と味 だ志満（寿司）

都寿司

P.54 聖徳太子 飛鳥店（寿司）

市役所通

宝すし P.56

小樽雅叙園（寿司）

啄木通り

北一硝子

市役所下

市役所下

花園十字街

花園公園通

花園四

花園二局

おたる無尽ビル

小樽IC
へ↓

K

L

宝泉寺

花園グリーンロード

西病院

建設協会

花園（二）

（昭和2年築）花園会館

市職員会館

勤労女性センター

P.55 コットンクロス（洋食）

周辺広域地図 P.43

おたる散策バス
━━ 天狗山ロープウェイ線
━━ おたる水族館線
━━ おたる散策バス

♪徒歩2分

小樽中心部
1:5,900

0　　　　100m

水道局

市役所へ↓　↓小樽公園へ

エリアをつかむヒント

Ⓐ小樽駅

市街散策の玄関口。小樽運河方面へは坂を下っていく。周辺には中央市場や三角市場などの海産物市場、手頃な値段の飲食店が集まる静屋通りなどがある。

Ⓑ寿司屋通り・花園

国道5号線から小樽運河へ向かう200mの周辺に、およそ20軒の寿司屋が集まる。花園は地元客も多い飲み屋街で、高架下周辺に手頃な値段の居酒屋や寿司屋が集まる。

Ⓒ北運河・手宮

小樽駅からバスで約10分ほど。色内付近の小樽運河に比べ川幅が広いまで、昔の名残をとどめている。北海道の鉄道史が学べる、小樽市総合博物館も見ておきたい。

Ⓓ小樽運河

小樽観光のメインスポットで、小樽駅から徒歩5分ほど。運河に沿って遊歩道が設けられ、倉庫群の外観を眺めるなら運河沿いのふれあい散策道を、中央橋から浅草橋へと歩くのがおすすめ。夜はライトアップされ、気持ちのいい散策が楽しめる。倉庫内は飲食物販施設が。運河沿いには洋館風のホテルも立ち並ぶ。運河の東側、色内本通りがかつて北のウォール街と呼ばれた一帯で、重厚な洋風建築が立ち並ぶ。それらを活用した小樽芸術村も訪れてみたい。(地図p.44-E、F)

Ⓔ堺町通り・メルヘン交差点

沿道には、洋館や倉庫を利用した食事処や雑貨店が軒を連ねる。北一硝子、小樽オルゴール堂本館にも立ち寄りたい。

Ⓕ南小樽

小樽駅からバスで20分。または小樽築港駅からすぐ。小樽マリーナ周辺にウイングベイ小樽や田中酒造亀甲蔵などのスポットが集まっている。

●旧日本郵船(株)小樽支店
Ⓒ 北運河・手宮
中央通り
小樽芸術村
色内本通り
Ⓓ 小樽運河
小樽港
Ⓐ 小樽駅
小樽駅
浅草通り
●日本銀行金融資料館
Ⓑ 寿司屋通り
●小樽市役所
Ⓑ 花園
函館本線
Ⓔ 堺町通り
●北一ヴェネツィア美術館
●北一硝子三号館
メルヘン交差点 Ⓔ
南小樽駅
●田中酒造亀甲蔵
Ⓕ 南小樽
ウイングベイ小樽
札幌

まわり方のヒント・はじめの一歩のすすめ方

●小樽駅に着いたら

小樽駅改札を出て左、みどりの窓口の隣に観光案内所があり、ここでパンフレットや地図のほか、にしん御殿小樽貴賓館や天狗山ロープウェイなどの割引券が入手可能。荷物を預けたい場合は、コインロッカーが改札を出て右奥と、駅舎を出て右側にある。

●小樽駅から移動する

定期観光バス…小樽運河、余市を中心としたコースで、札幌発着のものもある。

タクシー…小樽駅前に常駐、駅から北一硝子まで約630円、ウイングベイ小樽まで約1200円。運河に沿って散策すると、駅やホテルからかなり離れてしまい、戻るのも大変。そんなときの帰りもタクシーが便利だ。観光タクシーは1時間30分7890円〜。

おたる散策バスなど…市内の主要ポイントを循環しているおたる散策バスは、小樽駅を出発して小樽運河からメルヘン交差点を経て堺町通りから駅まで戻る、利用価値の大きな路線。ほかには、小樽運河ターミナルから天狗山ロープウェイ方面を往復する「天狗山ロープウェイ線」(約20〜30分ごと)、おたる水族館や鰊御殿が人気の祝津方面へ向かう「おたる水族館線」(運行ルートはp.57参照、60分ごと)がある。料金は1回の乗車で240円。徒歩では行きにくい小樽北部や天狗山方面に便利だ。まわり方が複雑なので、運行間隔や詳細なルートは駅の観光案内所や小樽運河ターミナルで確認を。2021年1月現在運休中。

また、1日に何度も乗降したい場合には「おたる市内線バス1日乗車券(800円)」を利用しよう。駅前ターミナルや運河プラザ、おたる散策バス内で販売していて、おたる散策バスなら4回の利用で元がとれる。市内を走る路線バスにも利用できる。

交通の問い合わせ

おたる散策バス・定期観光バス
北海道中央バス(小樽駅前T)
♪0134-25-3333
観光タクシー
小樽ハイヤー協同組合
♪0134-25-1321
こだま交通
♪0134-25-1234

市内を走るバスの乗り場ワンポイント

・**小樽運河周辺からメルヘン交差点**…堺町通りの♀小樽運河ターミナルを利用。小樽駅から所要10分。(地図p.44-F)
・**メルヘン交差点から小樽駅へ**…♀ヴェネツィア美術館を利用。所要14分。(地図p.45-C)
・**色内本通り・浅草通り**…♀色内1丁目、♀日銀金融資料館で下車し、北のウォール街と呼ばれた繁栄の跡をたどる。小樽芸術村へもここが近い。

小樽

TEKU TEKU COLUMN

小樽の繁栄の推移を見続けてきた運河の移り変わり

昭和初期、小樽港には年間約6000隻もの船舶が入港し、小樽の町は最も繁栄を見せていた。ところが北海道が札幌中心の時代になるに従い運河の役割は縮小、やがて埋め立てる計画が持ち上がった。

しかし、小樽を愛する住民が反対運動を展開し、運河は半分近く残すことに。昭和60年、運河に遊歩道ができて観光スポットとなり、今の賑わいに至っている。

駅からすぐそばの魚どころ三角市場で食べる買う

小樽駅と国道5号線の間に挟まれた小さな市場。鮮魚店と食堂合わせて20軒ほどが軒を連ね、市民や観光客が集まる。ホタテやハッカク、ボタンエビなどが主な地もので、武田鮮魚店(♪0134-22-9652)は食堂味処たけだも併設。店頭で売る魚介を味わえる。地図p.44-I

MAP てくさんぽ

小樽運河

おたるうんが

浅草橋を起点に古い倉庫が並ぶ運河周辺から、食事処や雑貨店が軒を連ねる堺町通りを歩く。しっとりとした北の運河ならではの旅情が漂っている。

01 ビール 517 円～

小樽ビール 小樽倉庫 No.1
おたるびーる おたるそうこなんばーわん

ドイツ産の麦芽・ホップ、酵母を使った小樽ビールを味わえる。ブルワリー見学ツアーもあり。

☎0134-21-2323
🕙11:00～23:00（季節やイベントで変動あり）
休無休

ここへの行き方
JR小樽駅から、おたる散策バスで10分、小樽運河ターミナルバス停下車

02 見学 30 分

03 ランチ 980 円～

04 オルゴール 880 円～

06 グラス 1200 円～

小樽市総合博物館
運河館

古い石造り倉庫を利用。小樽の昔の街並みを再現したコーナーや、自然を紹介するコーナーあり。

小樽バイン
おたるばいん

北海道産ワインを味わうならここ。明治45年建築の元銀行がしゃれたワインレストランに。

オルゴール堂 海鳴楼
おるごーるどう かいめいろう

高い音質のオリジナルメカを開発。好きな曲と箱が選べる。製作体験は1000円～。

北一硝子三号館
きたいちがらすさんごうかん

美しいガラス製品を販売。和・洋・カントリーの3フロアに分かれ、オリジナル品が多数あり。

☎0134-22-1258／🕙9:30～17:00／休年末年始・臨時休館あり／¥300円

☎0134-24-2800／🕙11:00～22:00(21:00L.O.)／休1月1日

☎0134-23-6505
🕙9:00～20:00（冬期は～19:00）／休無休

☎0134-33-1993
🕙10:00～17:00（季節変動あり）／休無休

05 見学 30分

北一ヴェネツィア
美術館

豪華な調度品や貴重な
ガラス工芸品を展示。貴
族の衣装を着ての記念撮
影（2500円〜）も人気。

- ☎ 0134-33-1717
- ⏰ 10:00〜17:00
  （最終入館16:30）
- 休 無休
- ¥ 700円

まわる順のヒント

HINT

中央橋を渡ったあ
たりで運河越しに見
える倉庫群の眺めは
必見。堺町通りに入
ったら、道路の両側
に並ぶ店を見ながら
ゆっくりと歩こう。

オススメ!

かま栄（かまぼこ）
おたる家（みやげ）
ファインクラフト
PawPads（雑貨）
大正ガラス館（昆布）
クラス ギャラリー
磯鮨
小樽たけのこ寿司
フィトン（香り工房）
小樽海鮮工房（北の漁場）
海鮮問屋堺町
おたる硝子工房
佐藤商店
高橋水産（寿司）
おたる菊富
杉養蜂園
利尻屋みのや（海産物）
ホラ吹き昆布館
ヴェネツィア美術館
ほっこり家（雑貨）
山吹商店（海産物）
らーめんみそら
チャンネルもく（木工芸）
こぶしや みやげ
北ヴェネツィア美術館 **05**
鱗商会（海産物）
PATHOS
喜来々（雑貨）
カントリー フロア
ルタオ
小樽海鮮丼エン
ヌーベルバーグ ルタオ ショコラティエ P.50
小樽本店（チョコレート）
いかめし太郎（さきいか）
筆工房遊膳
北硝子三号館
北硝子二号館
北硝子一号館
六花亭小樽運河店
北硝子アウトレット
北一酒造
北海楼（洋菓子）
地酒屋北一（酒）
小樽洋菓子舗ルタオ本店
P.50
小樽オルゴール堂本館
キャラクターハウス夢の音
オルゴール堂
常夜燈
メルヘン交差点
北一プラザ
北硝子（M24画廊）
北硝子五号館
丸安商事（海産物）
大正硝子館
北硝子遊器
硝子館
小樽福屋（雑貨）
北（クリスタル館）見学工房〈ガラス〉
堺町局
小樽オルゴール堂2号館アンティークミュージアム
フロマージュ デニッシュ デンロクオ
銀の鐘二号館
銀の鐘一号館（コーヒーショップ 銀の鐘Ⅱ）
銀の鐘三号館
小樽オルゴール堂手作り体験遊工房P.10
象P.51
小樽オルゴール堂流氷の天使クリオネ館
銀の鐘一号館

10分 堺町通り

8分

06 北一プラザ

GOAL **07**
メルヘン交差点

雪印パーラー小樽店（アイスクリーム）
可否茶館
小樽ファクトリー（カフェP.54）
水天宮
石川啄木歌碑

0 ── 100m

---

07 オルゴール 880円〜

小樽オルゴール堂
本館

明治時代に建てられた
歴史ある建物を利用。約
3400種類、2万5000点
ものオルゴールを扱う。

- ☎ 0134-22-1108
- ⏰ 9:00〜18:00（夏期のみ
  金・土曜・祝前日は〜
  19:00）
- 休 無休

↑夜のメルヘン交差点

旅の思い出づくりに最適！
小樽みやげ＆体験

小樽旅行で人気のおみやげといえば
チョコ、オルゴール、ガラス製品。
絶対外せないスイーツと手作り体験の記念品を！

チョコレート

↑口どけ感が最高、魔法の
よう。ロイヤルモンターニ
ュ／9個入り756円〜

↑貴婦人の味
わい、ナイア
ガラ。ワイン
とミルクで作
られたホワイ
トチョコ／8
個入り864円

ヌーベルバーグ ルタオ ショコラティエ 小樽本店

　チョコレートカンパニーであるルタオが提案する新しいショップ。世界中から集めた、最高の素材で仕上げたチョコレートスイーツの世界を体感して味わいたい。

📞 0134-31-4511
地図p.45-C、49
📍 小樽市堺町4-19
🕐 10:00〜18:00（季節により変動あり）
❌ 無休
🎁 ロイヤルモンターニュ（9個入り）756円

小樽洋菓子舗ルタオ 本店
おたるようがしほるたお

　メルヘン交差点のすぐそばにある人気のスイーツ店。店内には定番のドゥーブルフロマージュをはじめ、スイーツがいっぱい。併設のカフェも広く、ゆっくり過ごしたい。

📞 0120-31-4521
地図p.45-D、p.49
📍 小樽市堺町7-16
🕐 9:00〜18:00（季節により変動あり）、カフェは17:30まで
❌ 無休
🎁 ドゥーブルフロマージュ
1728円

↑隠し味はイタリアのマスカルポーネ。ヴェネチア・ランデヴー／1728円

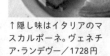
チーズケーキ

↑チョコとのコラボが絶妙な味わい、ショコラドゥーブル／1728円

←濃厚で美味しい人気の、ドゥーブルフロマージュ／1728円

自作オルゴール

←自分で組み立て、調整した
ムーヴメント（機械部分）を
木製ボックスに収めて完成

小樽オルゴール堂 手作り体験遊工房

　ムーブメントと呼ばれる機械部分から化粧箱までを自作できる。好きな曲のシリンダー（10種類）を選び、ゼンマイや振動板を取り付けていく工程がおもしろい。微妙なネジ加減で、音の良さが大きく変わるのを実感できる。

♪ 0134-21-3101
地図 p.45-D、49
📍 小樽市入船1-1-5
🕘 9:00〜17:00（受付は〜16:30）
🈚 無休
💴 ムーブメント組み立てコース
　（約1時間・要予約）2750円〜

Let's

01
　楽譜にあたるシリンダーをセット・固定する。オルゴール職人になったみたい！

02
　音がよく鳴るように微調整しながら櫛歯をセットする。これが一番難しい。

ガラス作品製作

←本店隣の創作硝子工房などで味わいのある自作のガラス作品づくりにチャレンジしよう

大正硝子館
たいしょうがらすかん

　吹きガラスの体験や、熱を利用してガラスを変形させたり溶着させて作品を仕上げるなどの体験ができる。吹きガラス体験は10:00〜18:00で3520円（要予約）。申込みは♪0134-32-5101（本店）へ、そのほかの体験の申込みは本店へ。

♪ 0134-32-5101
地図 p.44-B、48
📍 小樽市色内1-1-8
🕘 9:00〜19:00（夏期は〜20:00）
　体験は10:00〜18:00
🈚 無休　💴 キルンワーク体験は
　1100円〜（要予約）

A 吹きガラス体験
　溶けたガラスの塊に息を吹きかけて形を整えていく。指導者つきだから安心。

B ウォームワーク体験
　ガラスを組み合わせ、電気炉で加熱して変形・融着させつつ仕上げていく。簡単で楽しい。

見る

小樽運河クルーズ
おたるうんがくるーず

地図p.44-A
JR小樽駅から🚶10分、小樽運河中央橋そば

運河を渡る風が心地よいデイクルーズは
もちろん、岸辺にガス灯が灯るナイトクル
ーズもおすすめ。

🎵 0134-31-1733　📍小樽市港町5-4　🕐 11:00
～19:00（季節により異なる）、所要40分　🈺 第4火
曜は午前便休止　💴 デイクルーズ1500円、ナイ
トクルーズ1800円　🅿なし

田中酒造亀甲蔵
たなかしゅぞうきっこうぐら

地図p.43-F／JR南小樽駅から🚶10分。JR小樽駅から
🚌北海道中央バスぱるて築港線11分、🚏田中酒造亀
甲蔵前下車すぐ

1899（明治32）年に創業した老舗の酒蔵。
実際の製造工程が見学できる。そのほか、田
中酒造で造っている日本酒の試飲ができる
試飲コーナーも人気。しぼりたて生原酒
（720㎖2310円）など、販売も行っている。
建物は小樽市の歴史的建造物の指定を受け
た、重厚な造りが特徴。

🎵 0134-21-2390　📍小樽市信香町2-2
🕐9:00～17:30　🈺無休　💴無料　🅿70台

ザ・グラス・スタジオ イン オタル

地図p.228-F
JR小樽駅から🚌北海道中央バス天狗山ロープウェイ
行きで18分、🚏終点下車すぐ

ガラス作家の浅原千代治氏が設立した工
房。2階のショップには、ワイングラスやゴ
ブレットなどの作品が並んでいる。小樽の
空や海などの自然をイメージした作品は、
手づくりならではの温もりがある。

🎵 0134-33-9390　📍小樽市最上2-16-16
🕐10:00～18:00（11～3月～17:00）
🈺無休（体験は火曜）
💴見学無料
　吹きガラス体験教室2750円～（要予約）
🅿20台

POINT てくナビ／時間があれば、ロープウェイ
で天狗山山頂へ。片道4分、往復1200円。
おすすめは素晴らしい小樽の夜景。

小樽芸術村
おたるげいじゅつむら

地図p.44-B、F
JR小樽駅から🚶7分

インテリアとホームファッションのニト
リが、かつての金融街の歴史的建築物を活
用してできた芸術村。似鳥美術館、ステンド
グラス美術館、旧三井銀行小樽支店などか
らなり、国内外の美術品や工芸品を展示。ミ
ュージアムショップが併設されている。

🎵 0134-31-1033
📍小樽市色内1-3-1
🕐9:30～17:00（11～4月10:00～16:00）
🈺無休（11～4月水曜休、祝日の場合は翌日休）
💴3館共通券2000円
🅿提携🅿(16台)あり

食べる&買う

駅周辺／鶏料理

若鶏時代なると
わかどりじだいなると

地図p.44-E
JR小樽駅から🚶 7分

鶏の半身をまるごと揚げた「若鶏半身揚げ」（980円）が名物の食事処。皮はパリッ、中はジューシーな揚げたての若鶏は絶品だ。ほかに寿司や丼物、定食もそろう。

♪ 0134-32-3280
📍 小樽市稲穂3-16-13
🕐 11:00～21:00(20:30LO)
🈺 不定休　💴 若鶏定食ランチ1050円(それ以外1250円)、ざんぎ定食ランチ840円(それ以外940円)　🅿9台

運河周辺／中国料理

レストラン好
れすとらんはお

地図p.44-B、48
JR小樽駅から🚶13分

1933(昭和8)年に建てられた旧三井船舶ビルの1階にある。建物は小樽市の歴史的建造物に指定されているもの。店内は黒と白を基調としたモノトーンで統一され、シック

な雰囲気の中で中国料理を味わえる。単品、セットともにメニューは豊富で、ランチは880円～3種(～14:00)。

♪ 0134-32-0680
📍 小樽市色内1-2-18
　協洋浜ビル1F
🕐 11:00～21:00(20:00LO)
🈺 12/31～1/2
💴 昼800円～／夜1500円～
🅿6台

運河周辺／屋台村

小樽出抜小路
おたるでぬきこうじ

地図p.44-B、48
JR小樽駅から🚶10分

昔の小樽の街並みを再現した建物に、寿司、ジンギスカン、海鮮丼など20の店舗が集まる屋台村。シンボルの火の見櫓から小樽運河が望める。

♪ 0134-24-1483
📍 小樽市色内1-1
🕐 店舗により異なる
🈺 店舗により異なる
🅿 近隣にあり

駅周辺／喫茶

アイスクリームパーラー美園
あいすくりーむぱーらーみその

地図p.44-E
JR小樽駅から🚶 4分

大正時代に北海道初のアイスクリーム店として始まったお店。新鮮な牛乳や卵などを

使ったあいすくりいむ(500円)や、できたてのアイスクリームを使ったパフェなどが人気。

♪ 0134-22-9043
📍 小樽市稲穂2-12-15
🕐 11:00～18:00
🈺 火・水曜
💴 ぷりんぱふぇ780円
🅿 夏期2台

運河周辺／ラーメン

ラーメン利久亭
らーめんりきゅうてい

地図p.44-B、48
JR小樽駅から🚶15分

あっさりとしたスープの中に、ニンジン、ホウレンソウ、ネギ、キクラゲなどのたくさんの野菜と、フワフワのとき玉子が入った「利久麺」(800円)が人気。定食や丼ものなどのメニューも充実している。

♪ 0134-29-0082
📍 小樽市堺町2-11
🕐 12:00～19:00
🈺 火曜
💴 ラーメン750円～
🅿 近隣にあり

運河周辺／ワインレストラン

ワイン&カフェレストラン
小樽バイン
わいん&かふぇれすとらん
おたるばいん

地図p.44-F、48
JR小樽駅から🚶7分

　道内産のブドウを100％使用した、工場直送の樽出しワインにこだわる店。道産小麦100％の自家製ピザなど、ワインに合うメニューも充実している。併設のショップには常時100種類の北海道産ワインが揃う。18:00までは無料試飲で好みのワイン選びができる。

☎ 0134-24-2800
📍 小樽市色内1-8-6
🕐 11:00〜20:00(月〜木曜)
　 11:00〜22:00(金〜日曜・祝)
休 不定
¥ ランチ890円〜
🅿 契約あり

運河周辺／カフェ

可否茶館 小樽ファクトリー
かひさかん おたるふぁくとりー

地図p.45-C、49
JR小樽駅から🚶15分

　赤レンガ造りの外観が美し

い、1971(昭和46)年創業のカフェ。工場が併設されているため、焙煎したての香り高いコーヒーが味わえる。また、パスタやサンドイッチなどの軽食や、地元小樽の洋菓子店のケーキも提供。夏には自家製のコーヒーゼリーを使ったソフトクリームが人気。ブレンドコーヒーは530円〜。

☎ 0134-24-0000
📍 小樽市堺町5-30
🕐 11:00〜17:00
休 無休
¥ コーヒー530円
🅿 4台

花園周辺／寿司・海鮮料理

小樽味の栄六
おたるあじのえいろく

地図p.45-G、48
JR小樽駅から🚶10分

　小樽出世前広場内にある海鮮料理と寿司の店。旬の地魚を使った握り寿司が好評。具だくさんの本日のちらし寿司(3080円)や、当店ならではのウニ殻焼(3300円)は、大好評の一品。

☎ 0134-24-0006
📍 小樽市堺町2-12小樽出世前広場内
🕐 11:00〜22:00
休 不定休
¥ カニの甲羅焼5500円
🅿 近隣にあり

花園周辺／寿司・海鮮料理

聖徳太子飛鳥店
しょうとくたいしあすかてん

地図p.45-K
JR小樽駅から🚶10分

　海産物の卸をしている水産会社の直営店とあって、鮮度の良さと価格の安さが自慢。舟や桶に盛られた豪快な刺身盛り合わせは、季節の魚介が存分に味わえる。大きな器に18品ものネタが敷き詰められた、特製生ちらし(1850円)は、どのネタから食べるか迷うほど。定番のランチメニュ

ーは780円から。

🎵 0134-31-4224
📍 小樽市花園1-12-21
🕐 11:30～14:00、17:00～23:00
🈺 不定
💰 昼800円～/夜3000円～
🅿 契約あり

花園周辺／活魚・寿司

おたる魚亭
おたるうおてい

地図p.45-K
JR小樽駅から🚶10分

　店内の水槽には常時約30種もの魚が泳ぐ、活魚と寿司の専門店。目の前でさばいて調理してくれるスタイルがおもしろい。おすすめは焼きうに、アナゴ、ミル貝など8種類の具を巻いた焼きうに太巻き(1900円)。オリジナル寿司の魚亭握りは3000円。

🎵 0134-23-9878
📍 小樽市花園町1-6-4
🕐 11:30～14:00、17:00～22:30（21:30LO）、日曜は～21:00
🈺 火曜、ほか不定休あり
💰 昼2500円～/夜4500円～
🅿 3台

花園周辺／寿司

寿司・和食しかま
すし・わしょくしかま

地図p.45-G
JR小樽駅から🚶10分

　小樽でも指折りの人気店。高度な技をもつご主人の握りは、シャリが口の中でさらさらとほぐれる。人気のしかま

ちらし(3850円)は旬のネタ12種類を使用。全品にサケのあら汁がサービスとして付く。カウンター、テーブル席のほかに個室もある。

🎵 0134-25-4040
📍 小樽市花園1-2-5
🕐 11:00～21:00(平日は中休み)
🈺 不定
💰 昼1200円～/夜3500円～
🅿 12台

花園周辺／洋菓子

館ブランシェ
やかたぶらんしぇ

地図p.45-G
JR小樽駅から🚶12分

　1936(昭和11)年創業の洋菓子販売の老舗。ケーキは常時約20種類を揃える。イチゴショート(460円)や館モンブラン(400円)をはじめ、隣接の喫茶店で味わえるあんみつ(680円)も人気で、十勝産の赤エンドウ豆を使ったあんがおいしい。ブレンドコーヒー(470円)は昔ながらの香りの強いストロングタイプだ。

🎵 0134-23-2211
📍 小樽市花園1-3-2
🕐 11:00～21:00
🈺 水曜
💰 コーヒー470円～
🅿 なし

花園周辺／洋食

コットンクロス

地図p.45-L
JR小樽駅から🚶15分

　フレンチやイタリアンがベースの創作料理の店。道産食材の持ち味を生かした料理が特徴。滝下農園の自然卵海老オムレツランチは990円。

🎵 0134-27-2959
📍 小樽市花園4-18-3
🕐 11:30～14:30、18:00～21:00（日曜・祝日は12:00～14:30、18:00～21:00）
🈺 月曜、第2火曜　💰 昼1000円～/夜2000円～　🅿 1台

花園周辺／郷土料理

かすべ

地図p.45-K
JR小樽駅から🚶15分。または🚌5分、🚏市役所通り下車🚶2分

　ガラスの浮き玉の明かりが灯された店内は、漁場の雰囲気。名物のトロイカ鍋は、魚介が入った小樽風ブイヤベース(2人前2200円)。

🎵 0134-22-1554
📍 小樽市花園1-8-20
🕐 17:00～23:00
🈺 無休　💰 夜3500円～
🅿 2台

小樽

花園周辺／寿司

おたる政寿司
おたるまさずし

地図p.45-G
JR小樽駅から🚶12分

　小樽の寿司屋通りを代表する名店で、戦前から続く老舗の味を堪能したい。

📞 0134-23-0011
📍 小樽市花園1-1-1
🕐 11:00～15:00、17:00～20:30
🈂 水曜、1月1日
💴 昼3500円～/夜5000円～
🅿 10台

花園周辺／寿司

宝すし
たからすし

地図p.45-K
JR小樽駅から🚶7分

　地元産にこだわった素材は新鮮かつリーズナブルと評判。名物のアナゴ（500円）はそれ目当ての客も多く、アナゴが入った14貫のおまかせ5000円。

📞 0134-23-7925
📍 小樽市花園1-9-18
🕐 11:30～14:00、17:00～21:00
　（20:00L.O.）、日曜、祝日は～
　20:00
🈂 水曜、月1回臨時休あり
💴 昼3500円～/夜5000円～
🅿 2台

南小樽／魚料理専門

海石榴
つばき

地図p.43-F
JR小樽築港駅から🚶8分

　地元の漁師から直接仕入れた海の幸は新鮮そのもの。うにいくら丼（小2400円～）や、魚介類が盛りだくさんの海石榴丼（2200円）など、丼ものがおすすめだ。5月中旬～8月中旬には、近海もののウニを使ったうに丼（時価）も味わうことができる。

📞 0134-25-8657
📍 小樽市築港3-3
🕐 11:30～15:00、17:00～
　21:00（20:00LO）
🈂 不定休
💴 昼1200円～/夜2000円～
🅿 10台

北運河周辺／食堂

朝市食堂
あさいちしょくどう

地図p.43-A
JR小樽駅から🚶20分。または🚌
北海道中央バス7分、🚏手宮下車🚶
5分

　鱗友朝市の中にある食堂。ウニと自家製イクラ、活ホタテの小樽丼（2200円）や、カニ、イクラ、サーモンがのった花丼（1800円）が人気。ウニマグロ丼は2600円。市場で買った魚を持ち込むと、お好みで調理もしてくれていたが、現在は中止。

📞 0134-24-0668
📍 小樽市色内3-10-15
🕐 4:00～14:00(13:30LO)
🈂 日曜
💴 定食1000円～
🅿 50台（市場用駐車場利用）

運河周辺／みやげ

小樽 福廊
おたるふくろう

地図p.45-D、49
JR南小樽駅から🚶10分

　福を呼び込むとされるふくろうのグッズを多く揃えるショップ。不苦労、知恵袋、守り神などとされている縁起の良いふくろうの小物はおみやげにおすすめ。ほかにも招き猫といったラッキーアイテムや、木彫り、陶器、ガラス製品などかわいらしい雑貨が揃う。

📞 0134-21-6001
📍 小樽市堺町6-9
🕐 9：30～18：00（11～4月は
　17:30閉店の場合あり）
🈂 無休
🅿 なし

駅周辺／骨董

戯屋留堂
ぎゃるどう

地図p.44-F
JR小樽駅から🚶5分

　江戸時代から昭和初期の頃までの骨董を扱うショップ。伊万里をはじめとする焼き物のほか、置物や蓄音機、絵画など日本のものを中心に、中国やヨーロッパのアンティークも揃う。ガラスシェードなどはおみやげにぴったり。

📞 0134-34-0040
📍 小樽市稲穂2-2-7小町ビル1F
🕐 11：00～17：00
🈂 日曜（臨時休あり）
🅿 1台

小樽北部

　運河の外れにある手宮から祝津にかけての北部エリアは、日本海の景観が楽しめる景勝地。かつて小樽がニシン漁で栄えた時代を偲ぶ施設が点在している。運河周辺とは異なる、もうひとつの小樽の歴史がある。

オタモイ海岸へ
周辺広域地図 P.228-229
日和山灯台　高島岬
おたる水族館
小樽市鰊御殿 P.58
おたる水族館 P.58
祝津マリーナ
祝津（三）
祝津三丁目
小樽海岸海上観光船
にしん御殿小樽貴賓館 P.57
和風レストラン花がすり
祝津（一）新高島トンネル
ニセコ積丹小樽海岸国定公園
ノイシュロス小樽へ
祝津（二）
茅柴岬
高島（三）
弁天島
高島（五）
高島稲荷神社　高島三
おたる散策バス
── おたる水族館線
高島（二）
日粉前
手宮（三）
小樽市
手宮公園
手宮洞窟
小樽港
P.57 小樽市総合博物館
旧日本郵船（株）小樽支店 P.57
祝津へ
手宮
手宮
末広町
豊川町
石山町
錦町
色内川？
観光船のりば
余市へ
小樽北部
1:49,000
0　　500m
札幌へ
おたるへ

地図 p.228-F

旧日本郵船㈱小樽支店
きゅうにっぽんゆうせん かぶしきがいしゃ おたるしてん

地図p.43-B、57
JR小樽駅から中央バス2、3系統で錦町下車🚶3分

　1906（明治39）年に建設された、近世ヨーロッパ復興様式の石造建築。ポーツマス条約に基づく日露国境画定会議が行われた歴史的遺構。内装、調度品など当時の姿が忠実に復元されていて（左写真）、商都小樽の華やかな時代が実感できる。

📞 0134-22-3316　📍小樽市色内3-7-8
🕘 9:30〜17:00　休 火曜（祝日の場合は開館、翌日以降の平日休）、年末年始　¥ 300円（運河館、総合博物館本館との共通券500円）🅿 10台 ※保存修復工事で2023年6月まで休館

小樽市総合博物館
おたるしそうごうはくぶつかん

地図p.57
📍総合博物館から🚶1分

　北海道初の鉄道で活躍した蒸気機関車を展示。科学展示室もあり、鉄道、科学、歴史を学ぶことができる。

📞 0134-33-2523　📍小樽市手宮1-3-6
🕘 9:30〜17:00
休 火曜（祝日の場合は翌日）・年末年始
¥ 400円（冬期は300円）🅿 150台

にしん御殿小樽貴賓館
にしんごてんおたるきひんかん

地図p.57
JR小樽駅から🚌北海道中央バスおたる水族館行きで20分、📍祝津3丁目下車🚶5分

　旧青山別邸。祝津の網元・青山政吉が1917（大正6）年に造った大豪邸。屋久杉の

天井、うぐいす張りの廊下などが見もの。

☎0134-24-0024　♀小樽市祝津3-63
🕐9:00〜17:00(11〜3月は〜16:00)、レストラン
は10:00〜　㊡1/1〜7　￥1100円　🅿30台

POINT　
てくナビ／バス停は海岸線沿いにあり眺
望抜群。そこから住宅街の中を歩く。

おたる水族館
おたるすいぞくかん

地図p.57
JR小樽駅から🚌北海道中央バスおたる水族館行きで
25分、♀終点下車すぐ

　北の生物を中心に、数
多くの動物が見られる水
族館。イルカやトド、セイ
ウチ「ウチオ」のショーが
人気だ。遊園地やレスト
ランも併設している。

☎0134-33-1400　♀小樽市祝津3-303
🕐9:00〜17:00(10/16〜11/30は〜16:00、
　12/25〜2/24は10:00〜16:00)※2020年度
㊡11/24〜12/11、3/1〜3月中旬
￥1500円(冬期は1100円)
🅿1000台(600円・冬期は無料)

小樽市鰊御殿
おたるにしんごてん

地図p.57
JR小樽駅から🚌北海道中央バスおたる水族館行きで
25分、♀終点下車🚶5分

　西積丹泊村の網元・田中福松（たなかふくまつ）が明治期に
建てた鰊御
殿をこの地
に移築。

☎0134-22-1038　♀小樽市祝津3-228
🕐9:00〜17:00(10月中旬〜11月は〜16:00)
㊡4月上旬〜11月下旬のみ開館。期間中は無休
￥300円　🅿10台

宿泊ガイド

小樽駅周辺	オーセントホテル小樽	☎0134-27-8100／地図:p.44-F／⑤Ⓦ6500円〜／Ⓣ7300円〜	●レストランやバーなど飲食店が充実している。全195室。
	灯の湯 ドーミーインPREMIUM小樽	☎0134-21-5489／地図:p.44-I／Ⓦ8790円〜／Ⓣ1万1290円〜	●小樽駅前にあるホテル。天然温泉の大浴場あり。全225室。
	小樽グリーンホテル	☎0134-33-0333／地図:p.44-E／⑤4200円〜／Ⓣ5200円〜　●小樽駅にも	運河にも近い立地なので観光の拠点に便利。全178室＋ドミトリー26ベッド。
運河周辺	ホテルノルド小樽	☎0134-24-0500／地図:p.44-A、48／Ⓦシングルユース6880円〜／Ⓣ8500円〜	●総大理石造りの外観が、運河の風景に溶け込む。全98室。
	ホテルソニア 小樽	☎0134-23-2600／地図:p.44-B、48／Ⓣ8500円〜	●本館は全室が、新館は約7割の客室が運河に面している。全149室。
	運河の宿 おたるふる川	☎0134-29-2345／地図:p.44-B、48／1万6700円〜(1泊2食付き)	●運河散策に最適なロケーションが自慢のホテル。全38室。
	ホテル・トリフィート小樽運河	☎0134-20-2200／地図:p.44-A／Ⓣ6800円〜	●小樽運河、小樽芸術村の近くにあるシティホテル。全128室
	越中屋旅館（えっちゅうやりょかん）	☎0134-25-0025／地図:p.44-F／1万500円〜(1泊朝食付き)	●夕食には、新鮮な魚介類を多く使った鍋などが付く。全12室。
南小樽	グランドパーク小樽	☎0134-21-3111／地図:p.43-F／Ⓦ7744円〜(一人使用)Ⓣ7744円〜	●オーシャンビューとマウンテンビューの景観が最高。全312室。
	銀鱗荘（ぎんりんそう）	☎0134-54-7010／地図:p.228-F／4万9500円〜(1泊2食付き)	●市街を見おろす高台にあり、露天風呂が自慢の宿。ニトリの系列の宿。全17室。
朝里川	小樽旅亭 蔵群（くらむれ）	☎0134-51-5151／地図:p.228-F／3万7400円〜(1泊2食付き)	●朝里川(あさりがわ)温泉にある旅館。居間と寝室が別の広い客室。全19室。

余市・積丹

余市は、日本最初のウイスキーで知られる町。そこから積丹半島に入ると、断崖絶壁の海岸線など美しい景色が続く。観光の問い合わせは、余市町商工観光課 ☎0135-21-2125、積丹観光協会 ☎0135-44-3715へ。

! HINT 余市・積丹への行き方

余市へは、小樽駅からJR函館本線で約25分(440円)、余市駅下車。積丹半島の美国へは、小樽駅から中央バス美国・神威岬行きで1時間23分(1150円)、美国下車。1時間に1本程度。神威岬はさらに55分(小樽駅から1810円)、終点下車(11月上旬〜4月中旬は運休)。

見る　歩く

ニッカウヰスキー余市蒸溜所
にっかういすきーよいちじょうりゅうしょ

地図p.228-F
JR余市駅から🥾3分

昔ながらの石炭直火焚き製法での蒸溜から樽貯蔵まで、ウイスキーの製造工程がガイド付き見学できる(所要約90分・11名以上要予約)。また、ウイスキーやアップルワインなどの無料試飲もできるほか、博物館やレストランもある。

☎0135-23-3131　📍余市町黒川町7-6
🕘9:00〜17:00(ガイド付きは9:00〜12:00、13:00〜15:30の間、30分間隔)
🈺年末年始　💴無料　🅿60台

神威岬
かむいみさき

地図p.228-A
📍神威岬から🥾20分

積丹半島の先端、日本海に鋭く突き出た岬。岬の先端まで尾根に沿って、片道約20分の散策路「チャレンカの小道」がある。チャレンカは源義経の悲恋伝説に登場する娘の名前。先端からは、神威岩を中心にした日本海のパノラマが楽しめ、そのスケールの大きさは、ほかでは見られない。

📍積丹町神岬町神威岬　🕘チャレンカの小道の開閉時間は8:00〜17:00(5・7月〜18:00、6月〜18:30、11月〜16:00、12〜3月10:00〜15:00)　🅿300台

POINT てくナビ／岬までは海岸線の遊歩道を進む。澄んだ海や断崖の景色がとてもきれいなので、飽きることなく行ける。

黄金岬
おうごんみさき

地図p.228-B
📍美国から🥾15分

美国港の近くに突き出た岬で、「シャチナの小道」と呼ばれる遊歩道が約410m続く。シャチナとは、アイヌの悲恋伝説のヒロインの名前。切ない物語を思い出しながら、断崖絶壁が続く積丹の海岸線を見渡すのもいい。夕日が美しい名所でもある。

📍積丹町美国町黄金岬　🅿近隣にあり

POINT てくナビ／バス停からは上り坂が続く。一部、木でできた階段状の道を進む。春には花が咲いている場所もある。

にせこ　地図 **p.228-F**

ニセコ

　稜線の美しい羊蹄山を望み、ニセコアンヌプリをはじめとするニセコ連山の裾野に広がる倶知安町、ニセコ町を中心としたエリア。夏はカヌーやトレッキングなどのアウトドアスポーツ、冬はスキーを楽しむ人で賑わう。

!HINT

ニセコへの行き方

　小樽駅からJR函館本線で倶知安駅まで約1時間8〜31分、1時間39分〜52分でニセコ駅。札幌駅前ターミナルから北海道中央バス「高速ニセコ号」で3時間8分(2350円)、いこいの湯宿 いろは下車。

エリアの魅力

自然散策
★★★★

さまざまなアウトドアスポーツ
花畑をサイクリング
種類豊富な温泉

観光の問い合わせ

ニセコリゾート観光協会
☎0136-44-2468

見る　歩く

神仙沼
しんせんぬま

地図p.61-A
JRニセコ駅から🚌ニセコバス五色温泉行き(運行日注意)で56分、♀神仙沼レストハウス下車🚶25分

　標高750mの高原に位置し、ニセコ周辺の湖沼の中では最も美しく、神秘的な沼として有名。入口から徒歩25分の距離だが、木道が整備されているので歩きやすい。新緑から紅葉までの時期がおすすめ。

☎0135-73-2011(共和町商工観光係)
♀共和町前田　🅿80台

有島記念館
ありしまきねんかん

地図p.61-B
JR倶知安駅から🚌道南バス真狩・ルスツリゾート行きで17分、♀有島記念館前下車🚶5分

　『カインの末裔』『生れ出づる悩み』『或る女』などで知られる白樺派の作家・有島武郎の人と作品、所有した農場の足跡を紹介。

☎0136-44-3245　♀ニセコ町字有島57
🕘9:00〜17:00(最終入館16:30)
🈲月曜(祝日の場合は翌日)、年末年始
💴500円　🅿30台

さかもと公園の甘露水
さかもとこうえんのかんろすい

地図p.61-A／JRニセコ駅から🚌昆布温泉または五色温泉郷行き(運行日注意)33分、♀昆布温泉下車すぐ。冬期はニセコ周遊バスで40分。

　ニセコ連峰の中腹、昆布温泉郷にある、さかもと公園内の湧き水。昭和天皇がこの水を飲んで「甘露である」とのべたことからこの名が付いた。このまろやかな水はミネラルたっぷりの伏流水で、水筒などの容器に入れて持ち帰る人も多い。

♀ニセコ町ニセコ413-55　🅿3台(冬期閉鎖)

60

食べる

ニセコ／売店

高橋牧場ニセコミルク工房
たかはしぼくじょうにせこみるくこうぼう

地図p.61-B
JRニセコ駅から🚗7分

高橋牧場直営のスイーツショップ。ロールケーキなどの

お菓子は、どれも新鮮な牛乳の香りがする。評判のアイスクリームは、ミルク、抹茶、いちごヨーグルト、ラムレーズンなどから2種類選べて380円。レストランやカフェも併設。

☎ 0136-44-3734
📍 ニセコ町字曽我888-1
🕐 9:30〜18:00
　（冬期は〜17:30）
🈺 年末年始
💰 アイスクリーム380円〜
🅿 230台

ニセコ／焼肉

木々亭
もくもくてい

地図p.61-A
JRニセコ駅から🚗10分

いこいの湯宿 いろは内に

ある焼肉屋。ラムやホタテなど種類豊富な焼肉食べ放題（ランチは1時間1980円。ディナーは90分3300円〜）が人気。そのほかバイキングメニューなどもある。

☎ 0136-58-3111
　（いこいの湯宿 いろは）
📍 ニセコ町字ニセコ477
🕐 12:00〜14:00L.O.、
　17:00〜20:00
🈺 無休
💰 昼2000円〜／夜3300円〜
🅿 75台

宿泊ガイド

| いこいの湯宿 いろは | ☎0136-58-3111／地図：p.61-A／1万1150円〜（1泊2食付き）
●テニスコートや自然公園、岩造りの露天風呂がある。全29室。 |

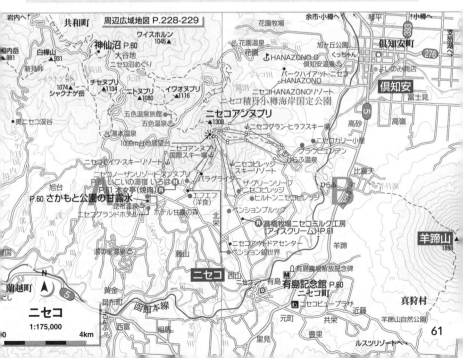

ちとせ・しこつこ　地図 **p.229-G、K**

千歳・支笏湖

新千歳空港からのアクセスがよく、レジャー施設が多い千歳。支笏湖は国内第2位の深さを誇り、日本最北の凍らない湖。遊覧船や手漕ぎボートなどで湖上に出られる。

エリアの魅力

自然散策　★★★
温泉　★★

原生林を眺め遊覧
湖畔に建並ぶ温泉宿

 HINT

千歳・支笏湖への行き方

千歳へは、札幌駅からJR千歳線快速エアポートで約30分、千歳駅下車。支笏湖へは、新千歳空港または千歳駅前から北海道中央バス支笏湖行きで50〜60分（1050円）、終点下車。1日4往復。

観光の問い合わせ

支笏湖ビジターセンター
☎0123-25-2404

見る　歩く

サケのふるさと 千歳水族館

さけのふるさと ちとせすいぞくかん

地図p.229-G
JR千歳駅から🚶10分

サケが産卵のために遡上することで有名な千歳川のほとりに建てられた施設。サケの姿を観察し、その生態を知ることができる。

- ☎ 0123-42-3001
- 📍 千歳市花園町2-312 道の駅サーモンパーク千歳内
- 🕐 9:00〜17:00（最終入館は30分前）
- 🈹 年末年始、このほかメンテナンス休館あり
- 💴 800円　Ⓟ233台（道の駅利用）

支笏湖ビジターセンター

しこつこびじたーせんたー

地図p.63
♀支笏湖から🚶2分

写真パネルなどを使い、支笏湖周辺の自然や生い立ちを紹介している。展示コーナーでは、支笏カルデラの成り立ちを3面のモニターで放映（約5分）。

- ☎ 0123-25-2404
- 📍 千歳市支笏湖温泉番外地
- 🕐 9:00〜17:30（12〜3月は9:30〜16:30）
- 🈹 年末年始、12〜3月の火曜（祝日の場合は翌日）
- 💴 無料　Ⓟ700台（410円、冬期無料）

支笏湖観光船

しこつこかんこうせん

地図p.63
♀支笏湖から🚶5分

「水中遊覧コース」は、透明度25mを誇る支笏湖と、湖を取り囲む恵庭岳、風不死岳、樽前山などの山と原生林を眺めながらの約30分。高速艇の10kmコースもある。

- ☎ 0123-25-2031　📍 千歳市支笏湖温泉番外地
- 🕐 8:40〜17:10（季節により変動あり）
- 🈹 4月中旬〜11月上旬営業。期間中無休
- 💴 観光船は30分おきの運航。観光船／水中遊覧船1650円、高速艇10分コース3名まで5000円
- ⓅビジターセンターのⓅ利用

ウポポイ（民族共生象徴空間）

うぽぽい　みんぞくきょうせいしょうちょうくうかん

地図p.229-K
JR白老駅から🚶10分

ウポポイは「民族共生象徴空間」の愛称。主要施設の国立アイヌ民族博物館は、アイヌの歴史とアイヌ文化を主題とした日本国内初の国立博物館。

- ☎ 0144-82-3914
- 📍 白老郡白老町若草町2丁目3
- 🕐 平日9:00〜18:00、休日9:00〜20:00、夏期9:00〜20:00、冬期9:00〜17:00
- 🈹 月曜日、年末年始（12月29日〜1月3日）
- 💴 1200円　Ⓟ園内246台、園外311台（ともに500円）

食べる

千歳／ビールレストラン

キリンビール北海道千歳工場
きりんびーるほっかいどうちとせこうじょう

地図p.229-G　JR千歳駅から無料シャトルバス（土・日曜、祝日のみ）15分、またはJR長都（おさつ）駅から🚶10分

工場見学は工場直送生ビールの無料試飲付き（要予約）。併設のレストランハウベではジンギスカンが楽しめる。

📞 0123-24-5606　📍 千歳市上長都949-1　🕐 9:30〜15:30（工場見学）、10:30〜21:00（レストラン）　🏖 第4月曜、年末年始　💴 ビール各種429円〜　🅿 50台

ファームレストランを訪ねてみよう

　千歳市内には、近隣の農園から直送される新鮮素材を使ったレストランや喫茶店などが点在。その中には、農家自らが経営する"ファームレストラン"もあり、素材の味を生かした料理を手頃な値段で食べられるとあって注目を集めている。
花茶（かちゃ）（📞 0123-29-2888、アイスクリーム10:00〜18:00、冬期〜17:00、レストラン11:00〜16:00、12月24日〜2月21日休、それ以外は不定休　地図p.229-G）では、ナポリピッツァなど、自家製野菜をふんだんに使用したメニューが好評。レタスやトマトなどのユニークでヘルシーなアイスクリームも人気だ。

宿泊ガイド

休暇村支笏湖	📞 0123-25-2201／地図：p.63／1万450円〜（1泊2食付き） ●湖畔の高台に建つ公共の宿。日帰り入浴できる温泉もある。全38室。
しこつ湖 鶴雅（つるが）リゾートスパ 水の謌（うた）	📞 0123-25-2211／地図：p.63／1万7050円〜（1泊2食付き） ●健康と美容のサポートに力を入れているリゾートホテル。全53室。
丸駒温泉旅館	📞 0123-25-2341／地図：p.63／1万1000円〜（1泊2食付き） ●湖とつながる岩造りの露天風呂や、展望露天風呂が人気。全55室。

千歳・支笏湖

地図 p.228-J

洞爺湖

とうやこ

周囲約50kmのカルデラ湖で、南に活火山である有珠山がそびえ、湖畔には洞爺湖温泉が湧く。2000（平成12）年の有珠山の噴火で誕生した火口付近には散策路が造られ、見どころのひとつになっている。

 HINT

洞爺湖への行き方

札幌駅から約1〜2時間ごとに走るJR特急「北斗」で1時間47〜56分、洞爺駅下車、道南バス洞爺湖温泉方面もしくは東町サンパレス行きで16〜25分（340円）。または札幌駅前ターミナルから1日4便運行されている道南バス東町サンパレスもしくは豊浦しおさい前行きで2時間40分（2830円）、洞爺湖温泉下車。

エリアの魅力

自然散策
★★★★

温泉
★★★

大島をめぐる遊覧船
湖を眺めながらの湯
浴み
地球の鼓動を感じる
火山あり

観光の問い合わせ

洞爺湖温泉観光協会
♪ 0142-75-2446

見る　歩く

洞爺湖遊覧船

とうやこゆうらんせん

地図p.65
♀洞爺湖温泉から⛴3分

約50分の周遊が楽しめる遊覧船。途中、野生のエゾシカが生息している中島で下船して、島内観光するのもおすすめ（4月下旬〜10月）。島内の森林博物館（200円）では周辺の自然を紹介したジオラマも楽しめる。

♪ 0142-75-2137（洞爺湖汽船）
♀ 洞爺湖町洞爺湖温泉29
🕐 8:30〜16:30の間に30分間隔で運航
　（11月〜4月上旬は9:00〜16:00の間に1時間間隔）
🈺 無休　¥ 中島巡り遊覧船1420円　Ｐ100台

有珠山西山山麓火口散策路

うすざんにしやまさんろくかこうさんさくろ

地図p.65
♀洞爺湖温泉から🚌道南バス洞爺駅前方面行きで3分、♀西山遊歩道下車すぐ

2000年3月に発生した大規模な噴火の爪痕をそのまま残した散策路。折れた電柱、沼に沈む家やクルマなどを見ると、自然の力の大きさ、恐ろしさを感じる。今も噴煙を上げる火口群も近くで見ることができる。

♪ 0142-75-4400（洞爺湖町観光振興課）
♀ 洞爺湖町泉
🕐 7:00〜18:00（10・11月は〜17:00）
🈺 11月11日〜4月19日（変動あり）
¥ 無料　Ｐ30台

昭和新山

しょうわしんざん

地図p.65
♀洞爺湖温泉から🚌道南バス昭和新山行き（1日4便）で15分、♀終点下車すぐ

1943（昭和18）年から約2年間の火山活動で地盤が隆起し、昭和新山（写真右頁）が誕生。山麓にあるパークサービスセンター（8:30〜17:00、季節により変動あり）には、噴火当時の様子がわかる展示ホールがあり、近くにはレストランなどもある。

♪ 0142-75-2241（昭和新山パークサービスセンター）
♀ 壮瞥町昭和新山188-5
🈺 無休　Ｐ370台（500円、冬期無料）

食べる&買う

 洞爺湖温泉／洋食

望羊蹄
ぼうようてい

地図p.65
🚶洞爺湖温泉から🚶5分

1946（昭和21）年創業。秘伝のソースを使ったハンバーグステーキ（1650円〜）が人気のメニュー。

☎ 0142-75-2311
📍 洞爺湖町洞爺湖温泉36-12
🕐 11:00〜15:00、17:30〜20:30
　 売り切れ次第閉店
🈚 不定休
💴 昼2000円〜／夜2000円〜
🅿 20台

 洞爺湖温泉／和洋菓子

わかさいも本舗 洞爺湖本店
わかさいもほんぽとうやこほんてん

地図p.65
🚶洞爺湖温泉から🚶5分

大福豆でイモの風味を出した銘菓「わかさいも」（6個入778円〜）を販売。

☎ 0142-75-4111
📍 洞爺湖町洞爺湖温泉144
🕐 9:00〜17:00
　 （季節により変動あり）
🈚 無休　🅿 100台

TEKU TEKU COLUMN

洞爺湖
ロングラン花火大会

毎年4月下旬から10月31日まで、毎晩繰り広げられる洞爺湖の名物。20時45分から20分間、450発が打ち上げられ、湖面に扇形に広がる水中花火も楽しめる。

宿泊ガイド

ゆとりろ洞爺湖	☎0570-086-115／地図:p.65／1万1990円〜(1泊2食付き) ●ヒノキと大理石の内湯や、岩の露天風呂が人気の和風旅館。全58室。
洞爺湖万世閣ホテル レイクサイドテラス	☎0570-08-3500／地図:p.65／1万1000円〜(1泊2食付き) ●洞爺湖ロングラン花火が目の前で上がるリゾートホテル。全246室。
ザ レイクビュー TOYA 乃の風リゾート	☎0570-026571／地図:p.65／1万6500円〜(1泊2食付き) ●カジュアルなスパリゾート館と高級な乃の風倶楽部からなる。全166室。

噴煙が上がる昭和新山

65

登別

豊富な湯量を誇る登別温泉は、全国から観光客が訪れる北海道でも屈指の温泉郷。硫黄、芒硝、単純泉など11種類もの泉質をもつ。温泉街の周辺には大型テーマパークもある。

登別への行き方

札幌駅から約1時間ごとに運行されているJR特急「北斗」で1時間7～15分、登別駅で下車し、道南バス登別温泉・足湯入口行きなどで12～14分（350円）、登別温泉下車。または、札幌駅前ターミナルから道南バス「高速おんせん号」で1時間40分（2200円）、登別温泉下車。

エリアの魅力

良質の温泉
★★★★★
自然散策
★★★

湯量豊富な温泉
個性的テーマパーク

観光の問い合わせ

登別国際観光コンベンション協会
☎0143-84-3311

見る　歩く

地獄谷・大湯沼
じごくだに・おおゆぬま

地図p.67-A
🚶登別温泉から🚶10分

直径450mもあるスリ鉢状のくぼみからは白い噴煙が上がり、毎分3000ℓもの湯が湧き出している地獄谷。約1万年前の日和山の火山活動でできた噴火口跡で、遊歩道からは間欠泉や熱湯の川を間近で見ることができる。

地獄谷から大湯沼遊歩道を12分ほど歩くと、原始林に囲まれた大湯沼がある。周囲は約1km、熱湯が湧き出て硫黄臭が漂っている。

地獄谷
📍 登別市登別温泉町　🅿160台（500円）
大湯沼
📍 登別市登別温泉町　🅿20台（500円、冬期閉鎖）

のぼりべつクマ牧場
のぼりべつくまぼくじょう

地図p.67-A
🚶登別温泉から🚶5分のロープウェイ山麓駅から🚡7分

駐車場からロープウェイで上った、標高550mの四方嶺山頂にあり、約70頭のヒグマが放牧されている。標本などの資料でクマの生態がわかる「ヒグマ博物館」もある。

☎ 0143-84-2225　📍登別市登別温泉町224
🕘 9:30～16:30（7・8月は～17:00）
　　最終入園は各40分前
🈺 3～4月に20日間ほど保守休業あり
💴 2650円（ロープウェイ料金含む）
🅿 150台（500円）

登別伊達時代村
のぼりべつだてじだいむら

地図p.67-A
JR登別駅から🚌道南バス登別温泉方面行きで7分、
♀登別時代村下車すぐ

　武家屋敷や長屋など、江戸時代の町並みを再現したテーマパーク。ファミリー向けの時代劇コメディを楽しめる大江戸劇場や、忍者の迫力あるアクションが見られる忍者かすみ屋敷、吉原花魁ショーを行う日本伝統文化劇場など、見どころが数多くある。

🎵 0143-83-3311　📍登別市中登別町53-1
🕘 9:00〜17:00(11〜3月は〜16:00)
🈵 無休(3月に4日間保守休業あり)
💴 通行手形(村内フリーパス)2900円
🅿 1000台(500円)

登別マリンパークニクス
のぼりべつまりんぱーくにくす

地図p.67-A
JR登別駅から⛴5分

　音と光で幻想的な雰囲気を演出する水族館。デンマークの古城を再現した外観が特徴で、寒流、暖流2つのトンネル水槽からは、海底散歩の気分で魚を観察できる。1万匹のイワシが群泳する銀河水槽も人気。

🎵 0143-83-3800　📍登別市登別東町1-22
🕘 9:00〜17:00
🈵 無休(4/6〜10に5日間保守休館あり)
💴 2500円　🅿 750台(500円)

宿泊ガイド

登別温泉 ホテルまほろば	🎵0143-84-2211／地図：p.67-B／1万5600円〜(1泊2食付き。食事がバイキングの場合)　●男女合わせて31のバラエティ豊かな風呂が人気。全391室。
第一滝本館 だいいちたきもとかん	☎0120-940-489／地図：p.67-B／1万2100円〜(1泊2食付き) ●創業140年の老舗旅館。1500坪の「温泉天国大浴場」が自慢。全395室。
湯元オロフレ荘	🎵0143-84-2861／地図：p.67-A／1万800円〜(1泊2食付き) ●登別カルルス温泉にある旅館。11種類の効能豊かな湯に入れる。全12室。

ゆうばり　｜地図 **p.229-H**

夕張

100年近く石炭を採掘し続けた炭鉱の町として知られ、メロンの産地としても有名に。現在は映画のゆかりの施設などを見ることができる。観光の問い合わせは、夕張市地域振興課地域振興係（☎0123-52-3128）へ。

HINT

夕張への行き方

札幌駅から約1時間ごとに運行JR特急「とかち」で約1時間10分の新夕張から夕張バス乗り換え47分で終点の夕張市石炭博物館（計4400円）。または札幌駅前ターミナルから「高速ゆうばり号」でレースイリゾートまで1時間40分（1950円）。1日3便運行。

見る　歩く

アイヌ語の「ユーパロ」（鉱泉が出るところ）が語源とされている夕張。明治初期から炭鉱の街として栄えたが、石炭から石油へのエネルギーの転換により、1990年には夕張から炭鉱がなくなった。

夕張炭鉱で実際に使われていた機械や資料を展示する**石炭博物館**（写真左下、4月下旬〜9月10:00〜17:00、10月〜11月上旬16:00開館。変動あり。火曜休、ただしGW、7・8月は無休。720円。☎0123-52-5500）は、石炭産業の博物館としては国内最大級。石炭と炭鉱の歴史や技術が学べ、採炭機械き「ドラムカッター」の実演運転などを見学できる。

また、映画『幸福の黄色いハンカチ』のセットを一部見学できる幸福の黄色いハンカチ想い出ひろば（4月下旬〜11月上旬開館、9:00〜17:00＜7・8月〜17:30、9月下旬〜11月上旬〜16:00＞540円）も人気。

STAY

宿泊ガイド

ホテルマウントレースイ（休業）	☎0123-52-3456（夕張リゾート予約センター）／地図：p.68／1泊2食付き1万450円〜 ●広く落ち着きのある客室と、露天風呂のある天然温泉が好評。全118室。
ゆうばりホテルシューパロ（休業）	☎0123-52-3456／地図：p.68／Ⓢ5050円〜Ⓣ9000円〜 ●レストランでは北海道の旬の味覚を生かしたメニューが揃う。全153室。

とまむ　地図 p.226-B

トマム

　北海道を東西に分ける日高山脈を構成する山のひとつ、標高1239mのトマム山の麓には、道内を代表する大型リゾート「星野リゾート　トマム」がある。ここには一年を通じてさまざまなアクティビティが用意され、自然豊かな北海道の魅力を満喫できる環境が整っている。

↑2019年オープンしたCloud Bar（クラウド バー）から眺める雲海

↑屋内造波プールがある「ミナミナビーチ」

HINT

トマムへの行き方

　札幌からはJR特急「おおぞら」または「とかち」で最速1時間33分、トマム駅下車。駅から「星野リゾートトマム」へは無料送迎バスが運行。

見る　歩く

　星野リゾート　トマムは、ランドマークとなっている「ザ・タワー」を中心に、さまざまなアウトドアアクティビティや、屋内型波のプール、北海道らしい景観が広がるファームエリア、多彩なレストランなどがある滞在型リゾート。夏は乗馬体験やラフティングなど、冬はスノーシューハイキングやナイトスノーピクニックなど、一年を通じてアクティビティが用意され、何度訪れても楽しめるよ

うになっている。

　サマーシーズンは、トマム山のゴンドラ山頂に造られた雲海テラス（5月中旬〜10月中旬）から早朝に眺める雲海が一番の楽しみ。ゴンドラ（1900円）に揺られること13分で壮大な自然絵巻を体感できる。

　宿泊施設は、カジュアルなツインルームやファミリー向けの部屋が揃う「ザ・タワー」と、全室100m²以上の広さで、サウナと展望ジェットバスを完備した「リゾナーレトマム」の2つがある。

↓ファミリー向けやペットOKなど部屋タイプは多彩

星野リゾート　トマム
📞0167-58-1122（予約）　📍占冠村トマム　地図p.226-B　🕐施設により異なる　💰スタンダードツインタイプルーム1泊朝食付き2万円〜（ザ・タワー）　🅿1500台

↑豊かな自然の中にある滞在型リゾート

トマム

日高・襟裳岬

日高は国内有数のサラブレッドの生産地として知られ、車窓から見える牧場の多くが競走馬を育てている。最南端の襟裳岬は、高さ60mの断崖で、沖合7kmまで岩礁が続く珍しい風景。風が強い場所としても知られる。問い合わせは、日高振興局商工労働観光課（☎0146-22-9283）へ。

！ HINT 日高・襟裳岬への行き方

JR日高本線は高波による一部線路崩落のため、鵡川駅から様似駅間はバスによる代行運転となり、苫小牧駅から静内駅まで最速で2時間24分、様似駅4時間21分と利便性は悪い。札幌からはバス利用がおすすめ。札幌駅前ターミナルから道南バス「高速ペガサス号」で2時間40分（2700円）、静内駅前下車。

見る　歩く

競走馬のふるさと日高案内所
きょうそうばのふるさとひだかあんないじょ

地図p.226-J
JR静内駅から🚗10分

引退した競走馬が今どの牧場にいるのかの情報を得られる。それぞれの牧場の見学可否、見学可能時間などを知ることができる。競馬関連の書籍、雑誌、ビデオなどの閲覧もできる。牧場見学の前にぜひ訪れたい。

☎ 0146-43-2121
📍 新ひだか町静内神森175-2
🕘 9:00〜17:00
㊡ 不定休（要問い合わせ）
🅿 50台

襟裳岬
えりもみさき

地図p.227-K
JR苫小牧駅発7:54の日高本線で代行バスを乗りつぐと様似駅着12:15。様似駅から🚌JRバスえりも岬・広尾行きで50〜55分♀えりも岬下車すぐ

岬の先端は高さ60mの断崖で、その先に大小の岩礁が続く。強風の日が多い襟裳岬ならではの、風をテーマにした襟裳岬「風の館」では、展望台のほか風速25mのえりも風が体験できるコーナーがある。

襟裳岬「風の館」
☎ 01466-3-1133　📍 えりも町字東洋366-3
🕘 9:00〜18:00（9〜11、3・4月は〜17:00）、
　　最終入館は各30分前
㊡ 無休（12〜2月は休館。ただし1月1日は
　　5:00〜8:00開館）
💴 300円　🅿 200台

宿泊ガイド

新冠温泉レ・コードの湯 ホテルヒルズ	☎0146-47-2100／地図：p.226-F／Ⓢ4105円〜Ⓣ8630円〜（朝食付き） ●太平洋を望む露天風呂付きの日帰り温泉施設内にあるホテル。全47室。
うらかわ優駿ビレッジ AERU	☎0146-28-2111／地図：p.227-K／Ⓣ6820円〜（朝食付き） ●ホーストレッキングなど馬とのふれあい体験メニューがある。全49室。
旅館望洋荘	☎01466-3-1146／地図：p.227-K／9350円〜（1泊2食付き）。不定休あり ●漁船でのアザラシ観察ツアーが人気（4月下旬〜11月。一般3500円）。全15室

函館

港町をてくてく歩く

函館

エリアの魅力

港町歩き
★★★★★
海産物を堪能
★★★★★
夜景の観賞
★★★★★

洋館や和洋折衷の古
い建物
美しい函館山からの
夜景
レトロな建物のレス
トラン
新鮮な朝とれのイカ
おみやげ探しに最適
な朝市

石畳の坂道に建つ洋館や教会などから
独自の文化と歴史を感じる港町

江戸末期の1859（安政6）年、横浜や長崎とともに日本初の国際貿易港として開港した函館は、欧米の文化を積極的に吸収し、元町を中心にめざましい発展を遂げてきた。現在でも街中に当時の面影を見ることができ、和洋折衷の町家や洋館をめぐる散策が楽しい。名物の函館朝市や、函館山からの夜景も見ておきたい。

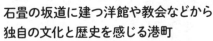

函館への行き方

●東京・大阪方面からの行き方

函館空港へは右ページの図を参照。新千歳空港利用の場合は列車が便利で、南千歳駅へ出てJR特急「北斗」を利用。

●函館空港から市内への行き方

到着便に合わせて、連絡バスが運行。湯の川温泉、函館駅前と函館国際ホテル前（地図p.77-G）を経由し、ホテルWBFグランデ前（地図p.76-J）が終点となる。また、タクシー利用の場合は函館駅前までおよそ20分で、料金は普通車で3000円が目安。

●新函館北斗駅から市内への行き方

北海道新幹線利用の場合、新函館北斗駅から函館駅まで、函館線の函館ライナーで約15〜20分。新函館北斗駅の乗り換えに要する時間は約10分。

観光の問い合わせ

函館市観光案内所
（函館駅）
☎0138-23-5440

予約・問い合わせ

JR北海道
☎0138-23-3085
（函館駅）
☎0138-83-5057
（新函館北斗駅）
☎011-222-7111（JR北
海道電話案内センター）
高速はこだて号
北海道中央バス（予約センター）
☎0570-200-0600
北都交通（函館駅前ターミナル）
☎0138-22-3265
空港連絡バス
函館帝産バス
☎0138-55-1111

JR函館駅

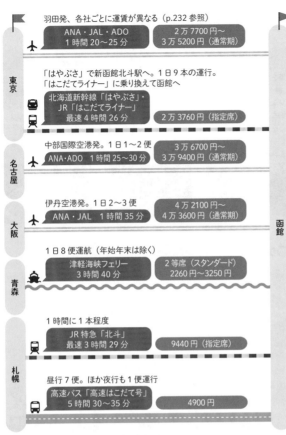

羽田発、各社ごとに運賃が異なる（p.232 参照）

| 東京 | ✈ | ANA・JAL・ADO
1 時間 20〜25 分 | 2 万 7700 円〜
3 万 5200 円（通常期） |

「はやぶさ」で新函館北斗駅へ。1日9本の運行。
「はこだてライナー」に乗り換えて函館へ

| | 🚅🚃 | 北海道新幹線「はやぶさ」・
JR「はこだてライナー」
最速 4 時間 26 分 | 2 万 3760 円（指定席） |

中部国際空港発。1日1〜2便

| 名古屋 | ✈ | ANA・ADO　1 時間 25〜30 分 | 3 万 6700 円〜
3 万 9400 円（通常期） |

伊丹空港発。1日2〜3便

| 大阪 | ✈ | ANA・JAL　1 時間 35 分 | 4 万 2100 円〜
4 万 3600 円（通常期） |

1日8便運航（年始年末は除く）

| 青森 | ⛴ | 津軽海峡フェリー
3 時間 40 分 | 2 等席（スタンダード）
2260 円〜3250 円 |

1 時間に 1 本程度

| 札幌 | 🚃 | JR 特急「北斗」
最速 3 時間 29 分 | 9440 円（指定席） |

昼行 7 便。ほか夜行も 1 便運行

| | 🚌 | 高速バス「高速はこだて号」
5 時間 30〜35 分 | 4900 円 |

函館

駅から1分の
どんぶり横丁

　朝市の函館駅寄りにある「どんぶり横丁市場」には、約15軒の海鮮料理の店が軒を連ねる。さまざまな海鮮丼のほか、各種魚介の定食、名物のイカ料理を扱う店も。一花亭たびじ、茶夢などで。

最後のみやげは
駅構内で

　函館駅構内1階の「四季彩館総合土産」では、函館だけでなく、道内の主要なみやげものが手に入る。専門店エリアには、函館で人気のスイーツ、スナッフルスやガトー・ルーレ、キングスイーツなどが集合。瀬戸際のみやげ捜しに便利。

函館

周辺広域地図 P.230-231

函館広域
1:97,000
0　　　　2km

エリアをつかむヒント

Ⓐ外国人墓地

函館港を見下ろす高台にあり、中心部から離れているのでかなり静かなエリア。周辺には高龍寺や旧ロシア領事館など、元町とは違った落ち着いた風情がある。

Ⓑ元町

港を見下ろす坂に沿って、教会群や仏教寺院、モダンな洋館や和洋折衷の建物などが密集。洋館や教会を見ながらの散策が楽しい。夜はライトアップされる建物も多い。

Ⓒベイエリア

赤レンガの倉庫群を中心に、歴史的な建物を利用した施設が揃う。BAYはこだて、はこだて明治館、金森赤レンガ倉庫など、大規模な飲食物販施設も集まっている。

Ⓓ函館駅・朝市

函館朝市は駅のすぐ近く。最も賑やかな早朝から、遅くとも昼前には訪れたい。メモリアルシップ摩周丸周辺は、散策に気持ちのいい、港に面したボードウォーク。

Ⓔ函館山

函館観光の一番の目玉で、山頂へは駅前から登山バスを利用するか、市電の十字街停留場経由・山麓駅からロープウェイを利用する。夜景は日没後すぐではなく20〜30分後のほうが、街の明かりが際立って美しく見える。ロープウェイを利用する場合、街の景色がより楽しめる谷側がおすすめ。日没の時間は、右ページ脚注の表を参照。

はじめの一歩のすすめ方

●観光情報を入手する
まず観光案内所へ。観光マップのほか、函館山ロープウェイなど各種割引券が入手できる。

●駅弁を買うなら
幕の内弁当をはじめとするさまざまな駅弁を、常時10種類前後販売。6:00～20:00。

市電乗り場へ↑

函館駅前

定期観光・路線バス乗り場
駅前広場
中央出入口
エスカレーター
みどりの窓口　駅弁の函館みかど
自動券売機　改札口
セブンイレブン
函館本線ホームへ↓

喫煙コーナー●
西口●
四季彩館
（総合土産）
四季彩館
（スイーツなど）

EV
北口●

函館観光の玄関口となるのが、JR函館駅。駅前からは路面電車ほか、函館山への登山バスも発着する。

●レストランを利用する
2階に函館ラーメンの函館麺厨房あじさい、地産レストランの食の宝庫北海道、タリーズコーヒーなどが。

●荷物を預ける
コインロッカーは2階の奥、タリーズの隣にある。数は約400で、うち特大は52。400～700円。

まわり方のヒント

　多くの見どころがベイエリアや元町に集中。ともに函館駅から市電やバスで5～10分、徒歩でも20分前後とアクセスしやすい。この付近を中心に、駅周辺や五稜郭方面、函館山を織り交ぜて予定を立てるのがベスト。ただし、見学時間、買い物時間などを含めるとベイエリアや元町の散策には予想以上に時間がかかるので、合わせたら丸1日は滞在時間を確保したい。

●函館市電

　函館散策の足。函館駅前を起点に、外国人墓地などのある函館どつく前方面、立待岬の最寄りとなる谷地頭方面、五稜郭経由湯の川方面の3方向に路線がある。料金は、初乗り210円で最高260円。乗車時に整理券を取り、降車時に支払うシステムだ。

市電・函館バス共通1日、2日乗車券……市電、一部の函館バスが乗り放題になる、カード式の乗車券。料金は大人用で1日券が1000円、2日券が1700円。このほか、市電だけの1日乗車券600円もある。

箱館ハイカラ號……毎年4月15日～10月31日にかけて登場。昭和から平成にかけて除雪車として使用されていた車両が、客車として町を走っていた往時の姿そのままに復元されている。上記期間中の土・日曜、祝日と4月15日、お盆、10月31日に1日3～4往復するが、雨天など悪天候時は運休。

●定期観光バス

　観光シーズンの4月下旬～10月下旬を中心に、さまざまなコースが設定されている。時間がないときや、トラピスチヌ修道院方面もまわりたい場合などには便利だ。函館山登山だけなどミニコースもあるので、詳しくは問い合わせを（p.237も参照）。

●観光タクシー

　中型車3時間1万2780円～程度から、各社がモデルルートを設定。季節や内容により料金が大きく異なるので必ず事前に確認を。

日没時間の目安

1月	16:20
2月	16:50
3月	17:25
4月	18:00
5月	18:30
6月	19:05
7月	19:15
8月	18:55
9月	18:10
10月	17:20
11月	16:30
12月	16:05

※時刻は毎月1日前後の目安です。

交通の問い合わせ

北都交通（定期観光バス）
☎0138-57-4000
タクシー
函館タクシー
☎0138-51-0168
函館交通
☎0138-51-6700
函館個人タクシー協同組合
☎0138-54-6414
バス・市電
函館バス（函館営業所）
☎0138-51-3135
函館市電（交通部事業課）
☎0138-52-1273

函館

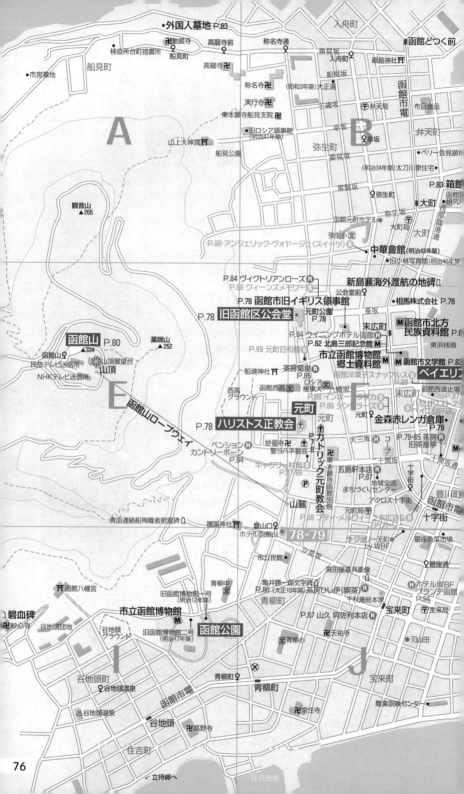

外国人墓地 P.83
函館どつく前
入舟町

地蔵寺
船見町
検疫所台町措置所
市営墓地
船見町
高龍寺前
高龍寺
魚見坂
入舟坂
厳島神社
函館市電
布目食品
称名寺通
称名寺
実行寺
(昭和3年築)大正湯
千歳坂
弁天町
弥生坂
布目食品

A

東本願寺船見支院
旧ロシア領事館
(明治41年築)
幸坂
夢坂
弁天町

B

山上大神宮
船見公園
弥生町
姿見坂
(明治34年築)太刀川家住宅
P.83 箱館

富岡坂
函館

弥生町
旧小林写真館(明治40年築)

P.89 アンジェリック・ヴォヤージュ(スイーツ)S
函館元町ホテル
弥生坂
弥生小
大町
大町
大町
中華會館(明治43年築)

P.84 ヴィクトリアンローズ R
P.88 クイーンズメモリーS
P.78 函館市旧イギリス領事館
新島襄海外渡航の地碑
公会堂前
相馬株式会社 P.78

旧函館区公会堂
P.78
元町公園
基坂
P.78
函館市北方
民族資料館 P.8

函館山 P.80
薬師山
▲252
P.94 ウイニングホテル函館 H
P.82 北島三郎記念館 M
東浜桟橋

観音山
▲265

函館山
▲334
山頂展望台
山頂
民放テレビ送信所
NHKテレビ送信所
P.89 元町日和館 S
市立函館博物館
郷土資料館
函館市文学館 P.83

船魂神社
茶房菊泉 P.85
ロシア
極東大 R
八幡坂
ベイエリア

E
函館山ロープウェイ
西高
グラウンド
函館西高 文
P.88 インパーラカ R
P.89 シンフォニーズS
末広町
函館西波止場
ハセガワストア
ベイエリア店

元町
P.78 ハリストス正教会
元町
P.89
金森赤レンガ倉庫 P.79

ペンション
カントリーボーン P.94
妙應寺
聖ヨハネ教会
カトリック元町教会
天主坂
コープ
茶房
旧茶屋亭 P.79-85

キャラック村岡 P.87/88
五島軒本店 P.87

青函連絡船殉職者慰霊碑
山麓
東本願寺函館別院
まちづくりセンター
地域交流
アクロス十字街
函館市電

護国神社
登山口
P.88 オテル・メルヴィーユ末広店S
十字街

ホテル函館山
78-79
チ・ジョーレ元町
by WBF
銀座魚菜市場

市公民館
交易坂
銀座通

旧函館博物館一号
(明治12年築)
高田屋嘉兵衛像
亀井勝一郎文学碑
P.86(大正10年築)茶房ひし伊(喫茶)
千秋総本家
ホテルWBF
グランデ函館 P.94

碧血碑
妙心寺
谷地頭団地

市立函館博物館
旧函館博物館二号
(明治17年築)
青柳町
P.87 山久 阿佐利本店 R
宝来町
宝来局

函館八幡宮

谷地頭
グラウンド

函館公園

青柳町
天祐寺
刃山田

I

J

谷地頭町
谷地頭温泉
谷地頭温泉
函館市電
谷地頭
青柳町
青柳町
常住寺
宝来町
職業訓練センター

高野寺
住吉町

立待岬へ
住吉漁港

76

函館観光遊覧船ブルームーン

C

D

港湾合同庁舎

海岸町

ともえ大橋

五稜郭へ・万代町へ

函館運輸所

中央埠頭

緑の島

芝生広場

函館港

函館本線

P.82 函館市青函連絡船
記念館摩周丸

豊川埠頭

函館魚市場

JRイン
函館

はこだて

若松町

センター裏

函館運輸所

総合福祉
センター

G

はこだて海鮮市場本店 P.87

北海道水産

ラビスタ
函館ベイ P.94 ニチレイ

P.86 きくよ食堂朝市本店(和食)

P.86 うにむらかみ函館本店

函館朝市
P.82 S

H

駅前観光案内所

函館駅前

ハコビバ

若松町

センター前

高砂通

はこだて明治館

函館国際ホテル
P.94

ニチロビル

P.94 東横INN
函館駅前朝市

ホテルニューオーテ

フォーポイントバイシェラトン函館 P.94

函館駅前

ルートイン
グランティア
函館駅前

十万坪三
最後の地碑

開港通り

はこだてビール
(地ビール) P.86

大手町

P.73 函館どんぶり横丁市場

キラリス
函館

スマイルホテル函館

大手ポンプ場

大手局

アパホテル函館駅前

函館駅前

ホテルテトラ
函館駅前

魚市場通

豊川町

279

ホテルリソル函館

コンフォートホテル函館

みさき

棒二森屋前

紅茶専門店
ハーヴェスト P.85

はこだて鮨金
総本店(寿司)
P.86

松風町

若松町
若松広場

新川町

道南うみ街信金

市役所前

市役所前

NTT函館

函館中央局

日本政策金融公庫

金融公庫前

おおてまちクリニック

市消防本部

日本銀行

東横イン函館駅前大門

P.86 市場亭(和食)

自由市場

新川町

東雲町

広小路

ホテルハートイン函館

松風町

NHK

函館市役所

P.86 エビス軒
(ラーメン)

松風町

東本願寺
函館別院

栄町

旭町

祇園通

旭町局

旭町

スーパーホテル函館

松風町

千歳町

正洋寺

栄町

K

P.94 ホテル函館ロイヤル

天森町

中島医院

大森稲荷前

L

ホテルパコ函館別亭 P.94

東本願寺
函館別院

善光寺

北海道冷蔵

あさひ小

大貫寺

青少年ホール

大森浜

大森稲荷神社

279

大森公園

函館大火慰霊塔

津軽海峡

大森橋

湯の川温泉・函館空港へ→

てくさんぽ

函館元町

はこだてもともち

赤レンガの倉庫が並ぶベイエリアをスタートして、風情ある建物が点在する元町界隈へ。坂を行き来しての移動は大変なので、なるべく坂を上下しないルートを歩こう。

---

07 見学30分

元町公園

港を見下ろす高台にある。旧北海道庁函館支庁庁舎や旧開拓使函館支庁書籍庫など、明治時代の薫りを残す建物が残る。

---

06 見学10分

相馬株式会社
そうまかぶしきがいしゃ

1916(大正5)年に函館の豪商相馬氏が建築した和洋折衷の建物。2階の窓に特徴があり、バラディアン様式といわれる。

---

09 見学30分

オススメ

旧函館区公会堂

1910(明治43)年に建てられたコロニアルスタイルの木造洋風建築。貴賓室や大広間、豪華なシャンデリアなど、当時の華やかな雰囲気がそのまま残されている。

☎0138-22-1001
⏰9:00～19:00（11～3月は～17:00)
✖工事のため2021年4月まで休館／💰300円

---

08 見学20分

函館市
旧イギリス領事館

領事館だった洋風建築物で、現在は函館開港の歴史を伝える記念館として公開されている。

☎0138-27-8159
⏰9:00～19:00
(11～3月は～17:00)
✖無休
💰300円

---

11 見学20分

ハリストス正教会

日本初の正教会で、元町のシンボル的な建物。白い漆喰の壁に緑色の銅板葺きの尖塔、アーチ状のガラス窓が特徴的。

☎0138-23-7387
⏰10:00～17:00（土曜は～16:00、日曜は13:00～16:00)
✖2020年12月26日以降は工事のため未定
💰献金として200円

---

10 見学20分

カトリック元町教会

ゴシック建築のローマカトリック教会。祭壇はローマ法王ベネディクト15世から贈られたもの。

☎0138-22-6877
⏰10:00～16:00／✖日曜の午前中、12/30～1/5、教会の行事時／💰お気持ち

港と街並みを一望
弥生町
急坂

旧函館区公会堂(09)（明治43年築）

函館市
旧イギリス領事館(08)
開港記念館（大正2年築）

元町公園(07)

道幅が狭くなるが静かで雰囲気がよし

旧開拓使函館支庁書籍庫（明治13年築）

ヴィクトリアンローズ P.
クイーン・メモリー

元町観光案内所（明治42年築）

箱館元町宇須岸の館

日和

レトロな建物のお店が並ぶ

元町日和館（大正10年築）P.89
茶房菊泉（喫茶）P.85
ハコダテソフトハウス

高橋

函館西高

専修学校ロシア函館校

元町

八幡坂

函館修道院

10分

日本基督函館昭和16

遺愛幼稚園（大正2年築）

カトリック元町教会（大正13年築）

11 GOAL 10

ハリストス正教会(大正5年築)
チャチャ登り

聖ヨハネ教会

ギャラリー村岡 P.87・88

東本願寺
函館別院

坂の向こうは函館山と船がみえる。絶好の撮影ポイント

雰囲気がガラリと変わり教会の重厚な建物に圧倒される

P.80 函館山ロープウェイ
山麓駅

竹田クリ

---

05 チャイニーズチキンバーガー 385円（店内）

ラッキーピエロ
ベイエリア本店

チキン、ホタテ、ジンギスカンなどオリジナルのバーガーが人気の店。

すべて手作り、できたてを食べられるのが魅力。

☎0138-26-2099
🕙10:00～23:00
休 無休

---

04 くずきりセット1230円～

茶房 旧茶屋亭
さぼう きゅうちゃやてい

☎0138-22-4418
🕙11:30～17:00
（7～9月は11:00～）
休 不定

明治末期に建てられた歴史的建造物のカフェで味わう優雅なひと時。大正ロマン調の内観も素敵。抹茶など日本茶とくずきりのセットは町歩きの合間のホッとする出会いにふさわしい。

オススメ

---

03 見学1時間

金森赤レンガ倉庫

明治末期建築の倉庫群を、ショップやレストランが集まる商業施設に改装。ビアホールがある函館ヒストリープラザ、金森洋物館、レストランやカフェが集まるBAYはこだてからなるベイエリアのランドマーク。

☎0138-27-5530
🕙9:30～19:00（季節や店舗により異なる）
休 無休

---

02 見学30分

はこだて明治館

明治末期に郵便局として建てられた赤レンガの建物を利用。みやげ店のほか、世界の貴重なオルゴールを集めた函館オルゴール明治館がある。

☎0138-27-7070（オルゴール明治館）
🕙9:00～18:00（季節により変動あり）
休 無休

---

01 見学30分

箱館高田屋嘉兵衛
資料館
はこだてたかだやかへえしりょうかん

江戸時代末期に、回漕業や北方漁業を通じて財を築いた高田屋嘉兵衛の足跡を紹介した資料館。古文書や船の模型、生活用具などの資料が並ぶ。

☎0138-27-5226
🕙9:00～17:00／休 木曜（祝日の場合は翌日、冬期休館の場合あり）
¥300円

元町・ベイエリア

周辺広域地図 P.76-77

大町
相馬株式会社 06（大正3年築）
海上自衛隊
元町ガラス工房（明治42年築）
函館市北方民族資料館 P.82
末広町
北島三郎記念館 P.82
ウイニングホテル函館 P.94
東浜桟橋
ウイニングホール
函館市立函館博物館郷土資料館（明治13年築）
北海道第一歩の地碑
函館市文学館（大正10年築）
カリフォルニアベイビー（洋食）（大正6年築）
スイーシーシステムビル（百十三銀行、昭和元年築）
Hakoba函館
函館西波止場
遊覧船のりば
進行方向ほぼ正面に函館山
インポートラブカ P.88
シングラーズ P.89
ラッキーピエロ 05 ハセガワストア
ベイエリア本店 ベイエリア店（弁当）P.87
（ハンバーガー）
金森赤レンガ倉庫 03
末広町
コンクリート日本最古の電柱（明治43年築）
函館洋菓子スナッフルス P.89
金森洋物館・BAYはこだて前
ザ・グラススタジオ イン函館（明治45年築）
はこだて海鮮市場本店 P.87
函館ビヤホール
明治館 04 01 02
三坂
ペンション夢空館 P.94
Bペンションはこだて村 P.94
コープさっぽろ
二十間坂
一軒亭本店（洋食）
港ヶ丘（昭和9年築）
南部坂
アクロス十字街
企業局上下水道部
北海道坂本龍馬記念館

茶房 旧茶屋亭（明治末年築）
箱館高田屋嘉兵衛資料館（明治36年築）
プティ・メルヴィーユ 末広店＆工場 P.88
地域交流まちづくりセンター（旧函館区百十三銀行、大正12年築）
北海道
はこだて明治館（明治44年築）
広く真っすぐな道の向こうに海が見える
豊川町
十字街
START

和洋折衷の珍しい建物

明治時代に建てられた倉庫が並ぶ

海上自衛隊
函館港
4分
グリーン
N 100m
函館市電
海峡通
3分
6分
5分
十字街

ここへの行き方

函館駅前から🚃函館市電函館どつく前または谷地頭行きで6分

函館 元町

79

ロマンチックな夜景に酔いしれる

函館山からの眺望を楽しむ

イタリアのナポリ、香港と並んで世界三大夜景と称される
函館山からの夜景は、一度は見ておきたい感動的な眺め。
ロープウェイやバスを使って、まずは山頂を目指そう。

夕方から夜に変わる時間も美しい

津軽海峡に突き出す格好で函館市街の南西にそびえる函館山は、牛が寝ているような形をしていることから別名「臥牛山（がぎゅうざん）」とも呼ばれている。ここから眺める函館市街地の夜景は美しく、左右が大きくくびれた海岸線の外側の海の闇（やみ）と、宝石をちりばめたように輝く街の明かりとのコントラストが印象的だ。標高334mという高すぎず、低くもない山頂から夜景を眺められるところも、より美しく見せている要因といえる。

夜景を眺めるおすすめの時間は、晴天の日の日没時間の少し前。夕方から徐々に暗くなり、薄暮（はくぼ）の情景を経て夜となるその変化を見届けると、街の灯もより美しく感じられる。

また、昼間の大パノラマもすばらしい。山頂にはレストランやみやげ物店もあるので、明るいうちから滞在するのもいいだろう。

函館山山頂展望台
♪ 0138-27-3130
🕐 15:00～20:30
休 無休　地図p.76-E

函館駅から山頂まで、どっちを選ぶ!?

ロープウェイ	VS	登山バス

函館駅前から市電に乗って十字街電停下車、徒歩（約10分）で山麓駅に向かい、ロープウェイで一気に山頂へ。上昇するにつれて眺望が開けていく様子に気分が高ぶってくる。わずか3分で山頂に到着する。

所要時間	
約30分	約30分
乗り換え回数	
1回（徒歩あり）	0回
1日の便数	
約50～70便	6～23便
料金	
780円	400円

函館駅前から山頂まで乗り換えなしで行ける。車掌が同行し、函館山の解説や、登山道での見どころをガイドしてくれるのがうれしい。料金は400円とお手頃。行きは右側の席に座るほうがより眺めを楽しめる。

♪ 0138-23-3105（函館山ロープウェイ総合案内）
🕐 14:30～21:00の間、約15分間隔で運行
休 秋に点検運休あり
¥ 片道1000円、往復1500円　P なし　地図p.76-E

♪ 0138-51-3137（函館バス）　🕐 18:00～21:00（4月下旬～11月中旬の運行。変動あり。期間により便数は異なる）　休 土・日曜、祝日のみ運行（GW、夏休みは無休）　¥ 400円

夜 7月……20:00頃
12月……17:00頃

↑左右の海の漆黒と、まぶしいほどの街の明かりとの対比が夜景をより美しく見せる。幹線道路の街灯、民家やビルの明かりの色がそれぞれ違うところや、動きのあるクルマのテールランプなど、細かい部分を見てみるのもおもしろい

夕方 7月……18:30頃
12月……15:40頃

←全体が少しずつ暗くなっていき、やがて街の灯が輝き始めるという変化を楽しみたい。元町の教会群もよく見える

昼

←天気のいい昼間の大パノラマもすばらしく、津軽海峡の向こうに下北半島まで一望できる

函館山からの眺望を楽しむ

見る

函館朝市
はこだてあさいち

地図p.77-H
JR函館駅から🚶1分

　戦後すぐに始まった朝市。カニ、イカなどの鮮魚はもちろん、野菜や干物、衣料、生活雑貨まで、約250軒もの店が並ぶ。また、新鮮な魚介を味わえる食事処も多い。

☎ 0120-858-313（函館朝市協同組合連合会）
📍 函館市若松町9-19
🕐 5:00頃〜14:00頃（11〜4月は6:00頃〜）
休 定休日・時間は店舗により異なる
Ｐ 44台（20分100ええん）、ほかに連携Ｐあり

函館市青函連絡船記念館摩周丸
はこだてしせいかんれんらくせんきねんかんましゅうまる

地図p.77-G
JR函館駅から🚶4分

　実際に活躍していた青函連絡船「摩周丸」をそのまま利用した資料館。内部には青函連絡船80年の歴史がわかる資料が並ぶ。

♪ 0138-27-2500
📍 函館市若松町12番地先
🕐 8:30〜18:00（11〜3月は9:00〜17:00、
　　年末年始は10:00〜15:00）
休 無休　￥500円　Ｐ 近隣にあり

函館市北方民族資料館
はこだてしほっぽうみんぞくしりょうかん

地図p.76-F、79
函館駅前から🚃市電函館どつく前行きで8分、末広町電停から🚶1分

　アイヌ民族をはじめ、北方民族の伝統的な文化などを紹介している。繊細な文様の民族衣装、生活用具などが展示され、北方民族の暮らしや文化を知ることができる。

♪ 0138-22-4128
📍 函館市末広町21-7
🕐 9:00〜19:00（11〜3月は〜17:00）
休 不定　￥300円　Ｐ 近隣にあり

北島三郎記念館
きたじまさぶろうきねんかん

地図p.76-F、79
市電末広町電停から🚶1分

　函館にゆかりの深い歌手・北島三郎の軌跡をたどる記念館。連絡船に乗って上京するまでの様子を疑似体験したあと、ギャラリーやシアターなどを見てまわれる。

♪ 0138-26-3600　📍 函館市末広町22-11 ウイニングホテル1F　🕐 9:00〜18:00（11〜3月は〜17:30）
休 臨時休館中　￥1540円　Ｐ 40台

函館市文学館
はこだてしぶんがくかん

地図p.76-F、79
市電末広町電停から🚶1分

　1921（大正10）年建築の旧第一銀行函館
支店を利用した資料館。石川啄木や辻仁成
など、函館ゆかりの作家の直筆原稿や愛用
品を展示している。

- ☎ 0138-22-9014
- 📍 函館市末広町22-5
- 🕐 9:00〜19:00（11〜3月は〜17:00）
- 休 不定　💴 300円　🅿 近隣にあり

箱館丸
はこだてまる

地図p.76-B
市電大町電停から🚶5分

　箱館丸は、1857（安政4)年に、初めて設計
から製造まですべてを日本人の手で造り上
げた洋式商用帆船。現在の船は、1988（昭和
63)年にその箱館丸を細部まで忠実に復元
したもの。陸上にそびえ立つ巨大な船体は
見る者を圧倒する。外観のみ見学可。

- ☎ 0138-23-5440（函館市観光案内所）
- 📍 函館市大町14-13　🕐 見学自由　🅿 なし

外国人墓地
がいこくじんぼち

地図p.76-A
函館駅前の🚏棒二森屋前から🚌函館バス船見町行き
で15分、🚏終点下車🚶3分

　函館で亡くなった外国人を埋葬してきた
墓地。海側にプロテスタントや赤レンガを
めぐらせた中国人墓地、山側にはカトリッ
ク墓地、ロシア人墓地がある。

- ☎ 0138-23-5440（函館市観光案内所）
- 📍 函館市船見町23　🅿 なし

POINT てくナビ／電灯が少なく日没後は暗くな
るので、日中に訪れよう。バス停付近には
大型観光バスも往来するので要注意。

立待岬
たちまちみさき

地図p.73-A
函館駅から🚌市電谷地頭行きで11分、終点下車🚶15
分

　函館山の南端に突き出た岬。先端に立て
ば、津軽海峡の向こうに下北半島を望むダ
イナミックな景観が広がる。

- ☎ 0138-23-5440（函館市観光案内所）
- 📍 函館市末吉町　🅿 40台

POINT てくナビ／市営墓地付近から岬まで上り
坂が続くが、徐々に視界が広がり、海が見
えてくるのは爽快。電停から地面や塀な
ど随所に看板あり。

歴史ある建物やオリジナルメニューで、とっておきのカフェタイムを演出

おしゃれで贅沢
個性派カフェ

異国情緒漂う函館には歴史ある建物が点在し、映画やドラマに登場するレトロでおしゃれなカフェも充実している。散歩の途中に立ち寄って、贅沢な時間を過ごそう。

ヴィクトリアンローズ

旧イギリス領事館に併設するカフェ。イギリスから取り寄せたアンティーク家具に囲まれて過ごせる。一番人気はサンドイッチ、ミニケーキ、スコーンに紅茶が付いたアフタヌーンティーセット（写真は2人前）。

市電末広町電停から🚶5分
📞 0138-27-8159（函館市旧イギリス領事館）
📍 函館市元町33-14
　 地図p.76-F、78
🕘 9：00〜19：00(11〜3月は〜17：00)
🈺 無休 🅿 なし

→大正2年築の旧領事館を一般公開
↓アフタヌーンティーセット1500円

英国アンティークに囲まれて優雅なティータイムを

茶房 菊泉
さぼう きくいずみ

1921（大正10）年に建てられた酒問屋の別宅を利用。どこか懐かしい雰囲気の店内で、素朴な味を楽しめる。人気は、豆腐で練った3色の白玉をちりばめた、とうふ白玉パフェ。たっぷりのごまアイスに、手作りのあんやフローズンフルーツが盛られている。

市電末広町電停から🚶7分
📞 0138-22-0306
📍 函館市元町14-5
　地図p.76-F、78
🕙 10:00〜17:00
㊡ 木曜（祝日の場合は営業）
Ⓟ なし

あんも白玉も自家製で、店内の和の雰囲気も魅力

↑とうふ白玉パフェ720円
→囲炉裏や掛け時計など当時の調度品が揃う

茶房 旧茶屋亭
さぼう きゅうちゃやてい

海産商の店舗兼住宅として明治末期に建てられた、和洋折衷様式の建物を再利用。和風甘味のほか、日本茶やコーヒーも人気。

↑くずきりセット
1230円

市電十字街電停から
🚶2分
📞 0138-22-4418
📍 函館市末広町14-29
　地図p.76-F、79
🕙 11:30〜17:00（7〜9月は11:00〜）
㊡ 不定休
Ⓟ 4台

大正ロマン漂う空間で和風甘味を堪能しよう

↑イタリア製家具やステンドグラスなど、和と洋の趣がほどよく調和

紅茶専門店 ハーヴェスト

マスターの松川氏が厳選した茶葉のみを使った、40種類の紅茶を提供。15種類のアメリカンワッフルもおすすめ。

↑ワッフルセット
1100円〜

JR函館駅から🚶5分
📞 0138-23-5605
📍 函館市松風町7-7
　松風ビル2F
　地図p.77-H
🕙 10:30〜20:30（日曜・祝日は〜20:00）
㊡ 火曜（祝日の場合は営業）
Ⓟ 近隣にあり

ワッフルとの相性も抜群の厳選した紅茶が40種類！

↑世界の紅茶が手に入るティーショップも併設

食べる&買う

函館駅周辺／食堂

きくよ食堂朝市本店
きくよしょくどうあさいちほんてん

地図p.77-H
JR函館駅から🚶2分。函館朝市内

ウニ、イクラ、ホタテ、サケ、エビ、カニの中から3種類の具を選べる三種お好み丼（1958円〜）が好評。

📞 0138-22-3732
📍 函館市若松町11-15
🕐 5:00〜14:00（冬期は6:00〜13:30）
🈺 1月1日　💴定食1265円〜
🅿 2200円以上で1時間無料

函館駅周辺／寿司

はこだて 鮨金総本店
はこだて すしきんそうほんてん

地図p.77-H
JR函館駅から🚶4分

創業60余年の老舗。近海ものの旬の魚介類を使ったネタは上質で新鮮と評判。

📞 0138-22-4944
📍 函館市松風町7-18
🕐 11:30〜15:00、17:00〜23:00（土・日曜、祝日は通し営業）、LOは30分前
🈺 月曜
💴 昼1430円〜／夜1870円〜
🅿 6台

函館駅周辺／海鮮料理

市場亭
いちばてい

地図p.77-L
JR函館駅から🚶10分

自由市場の中にあり、注文を受けてから店主が市場で仕入れて調理する。ウニ、イクラ、イカ、エビ、ホタテ、カニ、マグロの7種類が入った全部丼（4800円）が人気。

📞 0138-22-1236　📍 函館市新川町1-2　🕐 7:00〜17:00ごろ（食材がなくなり次第閉店）
🈺 日・木曜　💴 昼1000円〜
🅿 40台

函館駅周辺／ラーメン

エビス軒
えびすけん

地図p.77-L
JR函館駅から🚶8分

豚と鶏ガラからとったあっさりスープにこだわりをもつ老舗のラーメン店。バターコーンラーメン（850円）は、塩味のスープに風味豊かなトラピストバターがのる。

📞 0138-22-1262
📍 函館市松風町3-10
🕐 17:30〜翌1:00（売り切れ次第閉店）
🈺 日曜　※臨時休業中
💴 ラーメン700円〜　🅿 なし

ベイエリア／地ビール

はこだてビール

地図p.77-G
JR函館駅前から🚋市電函館どつく前または谷地頭行きで6分、魚市場前電停下車🚶2分

「五稜の星」（ヴァイツェン）「明治館」（アルト）「北の一歩」（エール）「北の夜景」（ケルシュ）の4種類のビールは、函館山の地下水を使って醸造したオリジナル。地場の食材を生かした料理も好評だ。

📞 0138-23-8000
📍 函館市大手町5-22
🕐 11:00〜15:00、17:00〜21:30（季節により変動あり）
🈺 水曜
💴 昼1000円〜／夜2000円〜
🅿 10台（無料）

元町周辺／喫茶

茶房ひし伊
さぼうひしい

地図p.76-J
市電宝来町電停から🚶2分

古い土蔵を利用した趣のある喫茶店。自家製白玉、抹茶、クリームあんみつ（770円）ほか和洋甘味が人気だ。

📞 0138-27-3300
📍 函館市宝来町9-4
🕐 10:00〜18:00（17:30LO）
🈺 無休（臨時休あり）
💴 ほうじ茶パフェ830円
🅿 8台

函館駅周辺／和食

うにむらかみ函館本店
うにむらかみはこだてほんてん

地図p.77-G
JR函館駅から🚶3分

ウニの加工会社が直営する食事処。ウニ本来の甘味があ

る無添加の生ウニが味わえる。「無添加生ウニ丼」（5610円）のほか、自慢のウニを使った一品料理や活魚料理なども多数用意。

☎ 0138-26-8821
📍 函館市大手町22-1
🕐 9:00〜14:00(13:30LO)、17:00〜20:30(20:00LO)、11〜4月は昼の部が9:00〜
🚫 水曜、年末年始
💴 昼2000円〜、夜3500円〜
Ⓟ なし

ベイエリア／弁当

ハセガワストア ベイエリア店

地図p.76-F、79
市電十字街電停から🚶5分

「ハセスト」という愛称で親しまれているコンビニで、豚精肉の串焼き「やきとり」を使った「やきとり弁当」（小490円〜）が大人気。タレ、塩コショウ、塩ダレ、うま辛ダレ、みそダレと味が選べて、注文を受けてから作るので、いつもホカホカだ。

☎ 0138-24-0024
📍 函館市末広町23-5
🕐 7:00〜22:00
🚫 無休
💴 やきとり弁当(ミニ)380円〜
Ⓟ 4台

元町周辺／すき焼き

山久 阿佐利本店
やまきゅう あさりほんてん

地図p.76-J
市電宝来町電停から🚶1分

1901(明治34)年創業のすき焼きと精肉の老舗。肉はすべて国産の黒毛和牛で、その旨みを引き出すのは伝統の鶏ガラスープと割下。建物は青森県にあった明治時代の別荘を解体し、昭和9年に移築したもの。大小ある8つの個室が食事の部屋になっている。

☎ 0138-23-0421　📍 函館市宝来10-11　🕐 11:00〜21:30(最終入店20:30)。ランチ平日のみ。精肉10:00〜17:00　🚫 水曜　夜すき焼き3000円〜　Ⓟ 10台

元町周辺／レストラン

五島軒本店 レストラン雪河亭
ごとうけんほんてん れすとらんせっかてい

地図p.76-F、79
市電十字街電停から🚶5分

1879(明治12)年創業の老舗洋食店。本格フレンチやロシア料理など、140年の歴史を守り受け継いだ伝統の味が楽しめる。店を代表するカレーと洋食を盛り合わせたセットがおすすめ。

☎ 0138-23-1106
📍 函館市末広町4-5
🕐 11:30〜14:30LO、17:00〜20:00LO　🚫 1月1・2日、1〜4月中旬の火曜　💴 昼2000円〜／夜3000円〜　Ⓟ 40台

元町周辺／海産物

はこだて海鮮市場本店
はこだてかいせんいちばほんてん

地図p.77-G、79
市電十字街電停から🚶5分

はこだて明治館の隣にある大きな店。朝一番で水揚げされた魚介類やそれらの加工品、菓子、乳製品など、北海道の味覚が所狭しと並んでいる。イカやホタテの塩辛、活タラバや毛ガニなどは、おみやげに最適。地方発送もできる。

☎ 0138-22-5656
📍 函館市豊川町12-12
🕐 6:30〜20:00(季節により変動あり)
🚫 不定　Ⓟ 40台(有料)

函館

元町周辺／ギャラリー

ギャラリー村岡
ぎゃらりーむらおか

地図p.76-F、78
市電十字街電停から🚶10分

函館をはじめとした道内の作家の作品を中心に紹介。佐藤国男氏の木版画や時計、長谷川房代氏の七宝、横山朝覧氏の皮革工芸、井川隆義氏の歴史的建造物ミニチュアなど。元町の教会群に接し、時折鐘の音が聞こえてくる。

☎ 0138-27-2961
📍 函館市元町2-7
🕐 10:00〜19:00
🚫 水曜(祝日の場合は営業)
Ⓟ 1台

スイーツ、グルメ、雑貨までバラエティ豊か

函館みやげ

素材を大切にした食品をはじめ
海産物をモチーフにした品もユニーク。
ぬくもりのある雑貨にも注目したい。

01 マトリョーシカいちご五人
姉妹／3300円

02 アーマッドのリーフティー。イングリッシュブレックファースト（左）、アールグレイ（右）100g／各1080円〜

04 かぼちゃのプリン（生クリーム）3個入／1080円

03 上・木製のヨハネ教会とカトリック教会の模型。梅里進作／各6930円　右・藍型絵染コースター。川真田弘作／各1100円

 マトリョーシカ人形

　1つ1つ手描きされたマトリョーシカ人形をはじめ、ロシアから輸入された民芸品や世界のユニークな雑貨が揃っている。

**金森赤レンガ倉庫
「インポートラブカ」**
📞 0138-27-8323
🕐 9:30〜17:00
㊡ 無休
地図p.76-F、79

 リーフティー

　英国・ロンドンの風景が描かれた缶入りリーフティーシリーズ。長く愛され続けるアーマッドのこだわりの味わいをおみやげに。

**函館市旧イギリス領事館
「クィーンズメモリー」**
📞 0138-27-8159
🕐 10:00〜16:00
㊡ 無休
地図p.76-F、78

 クラフト工芸品

　函館市内外に在住の工芸作家の作品を展示販売。函館の教会などをモチーフにした、温かみのある作品をおみやげに。

ギャラリー村岡
📞 0138-27-2961
🕐 10:00〜19:00
㊡ 水曜（祝日の場合は開館）
地図p.76-F、78

 かぼちゃのプリン

　北海道産くりりんかぼちゃを使用し、自然な甘みを生かしたプリン。函館市内の直営店などで購入可能。

**プティ・メルヴィーユ
末広店＆ファクトリー**
📞 0138-26-7755
🕐 9:30〜19:00
㊡ 木曜
地図p.76-F、79
※Bなどでも販売

05 エコマグカップ／各880円

05 缶バッジ／各220円

05 フェルトブローチ／各880円

07 ショコラ・ヴォヤージュ12個入／1500円

06 帆布ブックカバー／1800円

06 いか玉ストラップ／900円

08 チーズオムレット 8個入／1555円

北うさぎ

函館の隣町、七飯町に在住の成田粋子さんがデザインするオリジナル雑貨。

元町日和館
☎ 0138-27-2685
🕙 10：00〜17：00（11〜4月は〜16：00）
休 無休（11〜4月は月曜）
地図p.76-F、78
※C、D、Eなどでも販売

烏賊墨染
いかすみぞめ

函館近海でとれたイカの墨から独自に開発したセピア色のインクを使用。手ぬぐいや風呂敷、衣類、小物など手作りの品ばかり。

金森赤レンガ倉庫「シングラーズ」
☎ 0138-27-5555
🕙 9：30〜19：00
休 無休
地図p.76-F、79

ショコラ・ヴォヤージュ

生トリュフのショコラ・ヴォヤージュは生クリームをガナッシュで包んだ濃厚な味わい。冷凍販売で、解凍後1〜2時間が食べ頃。

アンジェリック・ヴォヤージュ
☎ 0138-76-7150／🕙 10：00〜19：00（売り切れ次第閉店）／休 不定休（HPで確認を）
地図p.76-B

チーズオムレット

厳選された地元の新鮮な素材を使用し、ふわっとしてとろける食感。各直営店などで購入できる。

函館洋菓子スナックルス
☎ 0138-27-1240
🕙 9：30〜19：00（季節変動あり）／
休 無休／地図p.76-F
※A、Dなどでも販売

五稜郭・湯の川温泉

幕末の箱館戦争の舞台となった五稜郭は、5つの堡(攻撃用の砦)が星型に突き出ているのが特徴で、現在は緑豊かな公園。湯の川は道内屈指の温泉地で多くの旅館やホテルが建ち並び、賑わいを見せている。

見る

五稜郭タワー
ごりょうかくたわー

地図p.90
函館駅前から🚃函館市電湯の川行きで15分、五稜郭公園前電停下車🚶15分

高さ107mの五稜郭タワーは五稜郭に隣接し、展望台1階にはショップやカフェが、展望台2階には五稜郭の歴史を学べる展示スペースもある。

- 📞 0138-51-4785
- 📍 函館市五稜郭町43-9
- 🕐 8:00〜19:00(10月21日〜4月20日は9:00〜18:00)
- 🈺 無休 💴900円 🅿近隣にあり

特別史跡五稜郭跡・箱館奉行所
とくべつしせきごりょうかくあと・はこだてぶぎょうしょ

地図p.90
市電五稜郭公園前電停から🚶18分

江戸幕府が幕末の箱館開港に伴い、北方防備のために築いた西洋式要塞で、国の特別史跡。江戸幕府が開設した奉行所は、当初

函館山麓(現在の元町公園)にあったが、この地へ移設された。その際、奉行所を守るために造られたのが五稜郭だ。明治になって解体されたが、貴重な史跡を後世へ伝えていく目的で2010年に復元された。

- 📞 0138-51-2864 📍函館市五稜郭町44-3
- 🕐 9:00〜18:00(11〜3月は〜17:00)、
  最終入館15分前 🈺12/31〜1/3、ほか臨時休
  館あり 💴500円 🅿なし

北海道立函館美術館
ほっかいどうりつはこだてびじゅつかん

地図p.90
市電五稜郭公園前電停から🚶7分

　道南にゆかりのある作家を中心に、約2200点もの油彩や書、彫刻、陶磁器などの作品を収集している。国内外の美術館が所蔵する名作を展示する特別展も多く開催。

🎵 0138-56-6311
📍 函館市五稜郭町37-6
🕐 9:30〜17:00、最終入館16:30
🈺 月曜（祝日の場合は翌日、11月1〜7日の月曜は開館、展示替えによる臨時休館あり）
💴 常設展260円
🅿 218台（芸術ホール🅿利用）

食べる

辺広域地図 P.73

五稜郭／カレー

五島軒 函館カレーEXPRESS 五稜郭タワー店
ごとうけん はこだてかれーえくすぷれす ごりょうかくたわーてん

地図p.90
市電五稜郭公園前電停から🚶15分

　明治時代から続く五島軒本店の伝統的なカレーが気軽に味わえる店。おすすめは蟹・海老・帆立・イカ・アサリがたっぷり入った函館海の幸カレー（1760円）。持ち帰り用レトルトカレーも充実、おみやげにするのもいい。

🎵 0138-52-5811
📍 函館市五稜郭町43-9
　　五稜郭タワー2F
🕐 11:00〜17:00LO
🈺 1月1日
💴 昼1100円〜
🅿 なし

五稜郭／海鮮料理

いか清本店
いかせいほんてん

地図p.90
市電中央病院前電停下車すぐ

　店内に生け簀があり、常に新鮮な海の幸が楽しめる。特にイカ料理には定評があり、透明感のあるイカ刺し（時価）や、握り寿司「クリスタル握り」（2貫580円）が人気。ほたてバター焼き580円や本たらば焼き1680円〜などもおすすめ。

🎵 0138-54-1919
📍 函館市本町2-14
🕐 17:00〜24:00（23:30LO）
🈺 無休
💴 夜4000円〜
🅿 5台

五稜郭／郷土料理

魚来亭
ぎょらいてい

地図p.90
市電五稜郭公園前電停から🚶2分

　素材にこだわる料理長が、自ら仕入れた魚介類を中心に使った、函館ならではの郷土料理が食べられる。特上うに宝楽（時価）は新鮮なウニをたっぷり使ったこだわりの一品。イクラ、ウニ、エビなど約10種類のネタがのっているDX海鮮丼（3500円）も人気。

🎵 0138-53-7755
📍 函館市本町22-11
🕐 11:30〜14:00、17:00〜23:00（22:00LO）
🈺 日曜（祝日の場合営業）
💴 昼1200円〜／夜5000円〜
🅿 5台

五稜郭・湯の川温泉

おおぬまこうえん　地図 **p.231-G**

大沼公園

大沼、小沼、蓴菜沼を中心に広がる大沼公園は自然あふれる国定公園。湖上に浮かぶ126の島々と、湖越しに望む駒ヶ岳が織りなす景色が美しい。湖畔の散策路やサイクリングで自然美を堪能しよう。

大沼公園への行き方

JR函館駅から函館本線特急「北斗」で約30分（自由席1270円）、大沼公園駅下車。新函館北斗駅から10分（自由席660円）。または、函館駅から函館バス大沼公園経由鹿部行きで約1時間10分、大沼公園下車（1日3便、750円）。新函館北斗駅から大沼交通バスで大沼公園駅前まで28分、630円。

まわる順のヒント

湖に浮かぶ小さな島々をめぐる遊歩道と、遊覧船乗り場を目指すなら、駅前通りを300mほど進んで左側にある公園広場へ。サイクリングを楽しむなら、駅周辺のレンタサイクルショップへ向かおう。

エリアの魅力

サイクリング
★★★★

新日本三景に選ばれた自然美
モーターボートで湖上遊覧
カヌーやボートなどの湖遊び
自然を感じる湖畔サイクリング
湖でとれたワカサギのみやげ品

観光の問い合わせ

大沼観光案内所（大沼国際交流プラザ）
☎0138-67-2170

見る｜歩く

POINT てくナビ／駅前の駐車場を横切るのが乗り場への近道だが、シーズン中はクルマの交通量が多いので注意が必要だ。

大沼・小沼巡り（遊覧船）
おおぬま・こぬまめぐり（ゆうらんせん）

地図p.93-B
JR大沼公園駅から🚶3分

大沼・小沼をめぐる遊覧船に乗れば、湖上に浮かぶ島々や季節に移ろう原生林、そして雄大な駒ヶ岳を湖上から眺めることができる。所要約30分。屋根付きなので雨天でも運航している。

📞 0138-67-2229　📍七飯町大沼1023-1
🕐 定期遊覧船9:00～16:20の間に12便運航
　（7～8月は～17:00で14便）
🈺12月下旬～4月上旬
💴乗船料1120円　🅿近隣にあり

大沼湖畔サイクリング
おおぬまこはんさいくりんぐ

地図p.93-B
JR大沼公園駅から3～15分

大沼駅前を起点に1周約14kmのサイクリングコースが設けられている。所要時間は約1時間10分で、アップダウンも少なく気軽に楽しめる。コース途中には、4月上旬～5月上旬にミズバショウが咲き誇る湿地帯や、無料で利用できる東大沼キャンプ場、大沼森林公園（8:30～17:00）などの見どころが点在する。

●駅前のレンタサイクル（4月～11月下旬、1時間500円～）
ポロト館📞0138-67-2536
フレンドリーベア📞0138-67-2194

買う&食べる

大沼公園駅前／みやげ

沼の家
ぬまのや

地図p.93-B
JR大沼公園駅から🚶1分

　1905(明治38)年創業の大沼だんごの元祖。自家製粉の上新粉を使った団子は、小指の先ほどのひとロサイズ。ゴマとしょう油、こしあんとしょう油の2種。小390円、大650円。

📞 0138-67-2104
📍 七飯町字大沼町145
🕐 8:30〜18:00頃(売り切れ次第閉店)
🈺 12/30〜1/1　🅿 6台

大沼公園駅周辺／洋食

カントリーキッチンWALD
かんとりーきっちんばると

地図p.93-B
JR大沼公園駅から🚶5分

　フランスやイタリアの家庭料理をコンセプトに地元の食材を活かしたメニューが味わえる。人気の季節のプレートが1700円。

📞 0138-67-3877
📍 七飯町字大沼町301-3
🕐 11:00〜15:00(14:00LO)、17:00〜21:00(20:30LO)
🈺 水・木曜
💴 コーヒー400円〜　🅿 なし

大沼公園駅周辺／地ビール

ブロイハウス大沼
ぶろいはうすおおぬま

地図p.93-B
JR大沼公園駅から🚶3分

　横津岳山麓から湧き出るミネラルがバランスよく含まれた水を使った地ビール「大沼ビール」を販売。330㎖瓶660円〜。店内では、できたての地ビール(550円)やソーセージ(1320円)などを味わえる。

📞 0138-67-1611
📍 七飯町字大沼町208
🕐 9:00〜17:00(12〜3月〜16:00)
🈺 火曜、年末年始　🅿 10台

STAY

宿泊ガイド

駅前、元町、五稜郭、湯の川の4エリアに宿泊施設が集中している。観光スポットをアクティブにまわるなら駅前エリア、ゆったりするなら湯の川温泉がおすすめで、和風旅館をはじめ大型の旅館が林立している。

また、大沼公園はリゾートホテルや旅館、ペンションが点在している。旅行の目的に合った宿を利用しよう。6～8月の繁忙期にはどのホテルも混雑する。特に湯の川温泉の宿泊施設は早めの予約が必要だ。

函館	フォーポイントバイ シェラトン函館	♪0138-22-0111／地図：p.77-H／Ⓢ7600円～／Ⓣ1万4000円～ ●函館の美しい夜景が楽しめる夜景フロアが人気。全199室。
	東横INN 函館駅前朝市	♪0138-23-1045／地図：p.77-G／Ⓢ4000円～／Ⓣ6600円～ ●客室は大型ベッドとゆとりある夜景フロアが自慢。全260室。
	函館国際ホテル	♪0138-23-5151／地図：p.77-G／Ⓦシングルコース8100円～／Ⓣ9100円～ ●西館9階のスカイラウンジから函館の夜景が楽しめる。全435室。
	ホテルパコ函館別亭	♪0138-23-8585／地図：p.77-L／Ⓣシングルコース4000円～／Ⓣ6792円～ ●シングルもダブルサイズのベッドで快適に過ごせる。全345室。
	ホテル函館ロイヤル	♪0138-26-8181／地図：p.77-L／Ⓢ3500円～／Ⓣ6600円～ ●客室は、シングルからツイン、スイートなど和洋7タイプ。全135室。
	ウイニングホテル 函館	♪0138-26-1111／地図：p.76-F／Ⓢ7700円～／Ⓣ1万450円～ ●函館港に面した眺めのいい客室からの夜景は感動的。全29室。
	ペンション カントリーボーン	♪0138-22-7759／地図：p.76-F／4500円～ ●箱館山ロープウェイ山麓駅に近く、全客室から函館の夜景を一望できる。全7室。
	ホテルWBFグランデ 函館	♪0138-24-3311／地図：p.76-J／Ⓦ1万9700円～／Ⓣ1万9700円～ ●函館空港からホテル行きのリムジンバスがある。全136室。
	ラビスタ函館ベイ	♪0138-23-6111／地図：p.77-G／Ⓢ9455円～／Ⓣ2万1400円～（朝食付き） ●最上階の露天風呂では函館の夜景を眺めながら入浴できる。全335室。
	ペンション夢空館	♪0138-27-5029／地図：p.76-F／6200円～（朝食付き） ●元町の主な観光名所へ徒歩10分ほどという好立地。全12室。
湯の川温泉	湯の川 プリンスホテル渚亭	♪0138-57-3911／地図：p.91／1万2400円～（1泊2食付き） ●津軽海峡や函館山を眺められる大型温泉旅館。全185室。
	割烹旅館若松	♪0138-59-2171／地図：p.91／臨時休業中 ●1922年創業。すべての客室から津軽海峡が眺められる。全24室。
	平成館 海羊亭	♪0138-59-2555／地図：p.91／7300円～（1泊2食付き） ●最上階の大浴場には赤湯と透明な白湯がある。全213室。
	竹葉新葉亭	♪0138-57-5171／地図：p.91／1万9000円～（1泊2食付き） ●大浴場には露天風呂があり、四季折々の風景が楽しめる。全41室。
	イマジンホテル ＆リゾート函館	♪0138-57-9161／地図：p.91／7980円～（1泊2食付き） ●2019年4月にリニューアルオープン。全130室。
大沼公園	大沼鶴雅 リゾート エプイ	☎0138-67-2964／地図：p.93-B／2万4750円～（1泊2食付き） ●アメリカンスタイルのプチホテル。全室バス・トイレ付き。全30室。
	ステーションホテル 旭屋	♪0138-67-2654／地図：p.93-B／Ⓢ6300円～／Ⓣ1万7600円～ ●大沼公園駅の目の前に位置し、駒ヶ岳一望の客室もある。全16室。
	森の中の小さな家	♪01374-5-2655／地図：p.93-A／6500円～（1泊2食付き） ●林に囲まれたペンション。晴天時には全室から駒ヶ岳が望める。全5室。
	函館大沼 プリンスホテル	♪0138-67-1111／地図：p.93-A／9500円～（1泊2食付き） ●天然温泉の露天風呂が楽しめる大型リゾートホテル。全292室+コテージ10棟。

えさし

江差

　江戸時代後期にニシン漁で栄えた江差は、北海道最古の商港の町。今でも当時の面影を残す町を訪ね歩くのも楽しい。観光の問い合わせは、江差観光コンベンション協会♪(0139-52-4815)へ。

HINT

江差への行き方

　函館からは函館駅前ターミナル1番乗り場から函館バスで2時間14分、中歌町下車。1日5往復で片道1900円。

見る　歩く

　江戸時代後期から明治初期まで、北前船によるニシン漁とその取引で繁栄を誇った江差。町には現在でも江戸・明治時代の商家がそのままの姿で残されている。**旧中村家住宅**(9:00～17:00。月曜、祝日の翌日、12/31～1/5は休館<4～10月は無休>。300円。♪0139-52-1617)は、海産物の仲買商を営んでいた近江商人大橋宇兵衛が建てたもの。総ヒノキ切妻造りの大きな2階建てで、当時の問屋建築の代表的な造りとなっている。

　江戸時代から伝わる民謡「江差追分」も、江差を語る上では外せない。本場江差追分を堪能できる**江差追分会館・**

江差山車会館(9:00～17:00。11～3月の月曜、祝日の翌平日休<4～10月は無休>。500円。♪0139-52-0920)は、貴重な資料が展示されているほか、4/29～10/31は1日3回、江差追分の生ライブも楽しめる。**江差山車会館**には、北海道遺産に指定されている「江差姥神大神宮渡御祭」で実際に巡行している山車を展示するほか、150インチのスクリーンで臨場感のある映像も観賞できる。

　また、**開陽丸記念館**(9:00～17:00。11～3月の月曜・祝日の翌平日休。500円。♪0139-52-5522)では、箱館戦争の際に江差沖で沈没した徳川幕府の軍艦「開陽丸」を復元、遺物3000点を展示している。

　五勝手屋本舗(8:00～18:30<日曜は～18:30>。元旦・第3火曜休。♪0139-52-0022)では、江戸時代から続く伝統の味を守り、羊羹を販売している。また、着物に変身して街歩きの試みも好評(髪結いや♪0139-52-6565、レンタル着物一式&着付けで2000円)。歴史的建造物や寺社が建ち並ぶある江差の「いにしえ街道」を散策してみるのも素敵。

江差

まつまえ 　地図 **p.230-J**

松前

日本最北の城下町・松前。幕末期には仙台以北の最大都市といわれるほど繁栄していた。道内有数のサクラの名所でもある。観光の問い合わせは、松前町ツーリズム推進協議会（☎0139-42-2726）へ。

HINT

松前への行き方

函館駅前バスターミナルから函館バス快速松前出張所行きで約3時間15分、松城下車。1日3往復の運行で2100円。または函館駅から道南いさりび鉄道で約1時間5分、木古内駅で下車し、函館バス松前出張所行きで1時間29分（1400円）、🚏松城下車。

見る・歩く

幕末期には人口が3万人に達したほど栄華を誇った歴史の町・松前。市内には松前藩の繁栄を感じさせる松前城や、歴史を物語る寺院などが点在。松城バス停を基点に歴史にふれる散策を楽しみたい。

松前（福山）城は、1854（安政元）年に築城された日本最北にして最後の和式城郭。築城当時のまま現在するのは、重文の本丸御門のみ。1961（昭和36）年に復

興された天守は、内部が資料館になっている（9:00～17:00。12月中旬～4月上旬は休館。360円。☎0139-42-2216）。城下には松前公園や、城を警護するために造られた寺町が広がる。城跡周辺はサクラの名所としても有名で、4月末～5月中旬の**松前さくらまつり**には道内はもちろん、本州からも数多くの観光客が訪れる。

松城バス停から徒歩30分のところには**松前藩屋敷**がある。幕末期の松前の町並みを再現したスポットで、敷地内には武家屋敷、廻船問屋、ニシン漁の番屋など14棟が並ぶ。軽食などが食べられるお休み処もある（9:00～16:30最終入館。11月～4月上旬は休館。360円。☎0139-43-2439）。

また、松前の歴史や暮らしに関するものが展示されている**松前町郷土資料館**は、アイヌの衣装や商人文化の華やかさを伝える（9:00～16:30最終入館。12月11日～4月9日は休館。無料。☎0139-42-3060）。

周辺広域地図 P.230

富良野
美瑛
旭川

丘と花の風景に出会う

富良野・美瑛

エリアの魅力

自然と親しむ
★★★★
花の名所
★★★★★
グルメ
★★★

雄大な大地を彩る美しい花々
自然にふれながらのサイクリング
芸術的な風景の丘
大地の味覚を堪能
テレビドラマの名場面にふれる

旅情をかきたてるロマンチックな風景が広がる道内屈指の人気エリア

　夏はラベンダーの里として、冬は人気のスキーエリアとして一年中賑わう富良野。ジャガイモや麦などの農作物や、可憐な花々が、一帯を彩り豊かに染め上げる丘の町・美瑛。どちらも北海道ならではの自然の美しさ、雄大さを実感できるエリアである。一度見たら忘れられない芸術的な風景を求めて、のんびりとめぐってみよう。

HINT

富良野・美瑛への行き方

　右ページの図を参照。富良野、美瑛どちらの場合も、旭川空港、JR旭川駅、JR札幌駅から乗り換えなしで行けるバスが運行。また、ラベンダーの季節を中心に、札幌から富良野行きの臨時列車も走っている。そのほかの列車やバスを乗り継ぐ場合は、事前に乗り継ぎを確認しておいたほうがいい。

　東京・大阪方面などからは、富良野・美瑛エリアに最も近い旭川空港を経由（p.232-233）。

　旭川、札幌からは右ページの図を参照。釧路・帯広方面から富良野へはJR根室本線を利用するが、2016年の台風のため新得～東鹿越間が不通でバス代行なので注意。帯広駅からは、1日3往復運行の狩勝峠経由旭川行き高速バス「ノースライナー号」（富良野まで2時間37分、2400円。美瑛まで3時間19分、3100円）も利用できる。

観光の問い合わせ

ふらの観光協会
☎0167-23-3388
かみふらの十勝岳観光協会
☎0167-45-3150
なかふらの観光協会
☎0167-39-3033
中富良野町産業建設課産業係
☎0167-44-2123
南富良野町企画課商工観光係
☎0167-52-2115
美瑛町観光協会
☎0166-92-4378
美瑛町商工観光交流課
☎0166-92-4321

予約・問い合わせ

JR各駅
☎0166-25-6736（旭川）
☎0167-22-0909（富良野）
☎0166-92-1854（美瑛）
☎011-222-7111（JR北海道電話案内センター）
北海道拓殖バス
☎0155-26-3636（帯広BT）

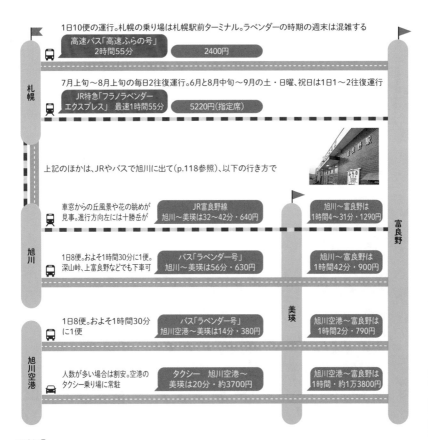

1日10便の運行。札幌の乗り場は札幌駅前ターミナル。ラベンダーの時期の週末は混雑する

| 高速バス「高速ふらの号」 2時間55分 | 2400円 |

7月上旬～8月上旬の毎日2往復運行。6月と8月中旬～9月の土・日曜、祝日は1日1～2往復運行

| JR特急「フラノラベンダー エクスプレス」 最速1時間55分 | 5220円(指定席) |

札幌

上記のほかは、JRやバスで旭川に出て(p.118参照)、以下の行き方で

富良野駅

車窓からの丘風景や花の眺めが見事。進行方向左には十勝岳が

| JR富良野線 旭川～美瑛は32～42分・640円 | 旭川～富良野は 1時間4～31分・1290円 |

旭川

1日8便。およそ1時間30分に1便。深山峠、上富良野などでも下車可

| バス「ラベンダー号」 旭川～美瑛は56分・630円 | 旭川～富良野は 1時間42分・900円 |

美瑛

1日8便。およそ1時間30分に1便

| バス「ラベンダー号」 旭川空港～美瑛は14分・380円 | 旭川空港～富良野は 1時間2分・790円 |

旭川空港

人数が多い場合は割安。空港のタクシー乗り場に常駐

| タクシー 旭川空港～ 美瑛は20分・約3700円 | 旭川空港～富良野は 1時間・約1万3800円 |

富良野・美瑛

POINT

はじめの一歩のすすめ方

●富良野に着いた場合

　駅舎を出た右手すぐにある観光案内所に立ち寄り、訪ねたい場所までの所要時間やバスの時刻などを調べておくと安心。観光のパンフレットや飲食店の情報も手に入る。レンタサイクルを借りるなら、駅舎を出て左手にある「ラベンダーショップもりや」へ。レンタカーを借りるなら、駅前に駅レンタカー、左手の交番の奥にトヨタレンタカーがある。

●美瑛に着いた場合

　まずは、駅構内を出て左側にある四季の情報館(p.113)へ。美瑛全体のマップなどが入手でき、宿泊の斡旋もしている。ゆったりしたロビーは散策の計画を立てるのにも最適な場所。隣にレンタサイクルの松浦商店がある。また荷物を預けるなら、四季の情報館内ロッカー(8：30～19：00＜11～4月は～17：00＞200～500円)か駅構内のコインロッカー(8：00～18：00、500円～)を利用。

予約・問い合わせ

高速ふらの号
北海道中央バス(札幌)
♪0570-200-600
ノースライナー号
道北バス(旭川)
♪0166-23-4161
拓殖バス(帯広)
♪0155-26-3636
空港連絡バス・路線バス ラベンダー号
ふらのバス(駅前案内所)
♪0167-22-1911

富良野駅前の観光案内所

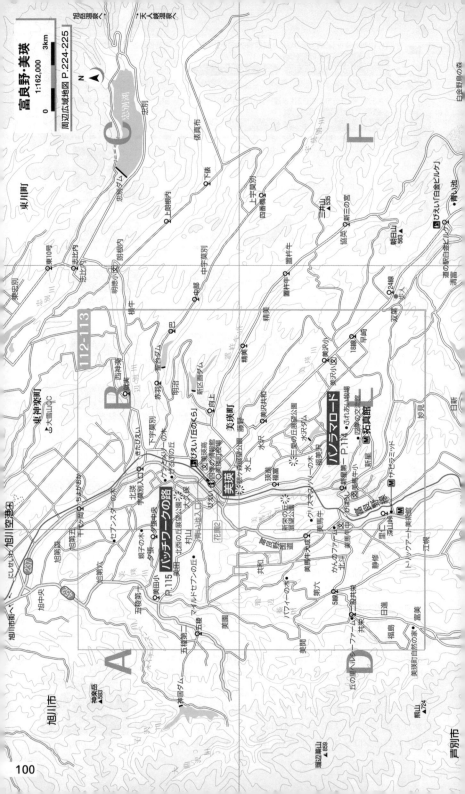

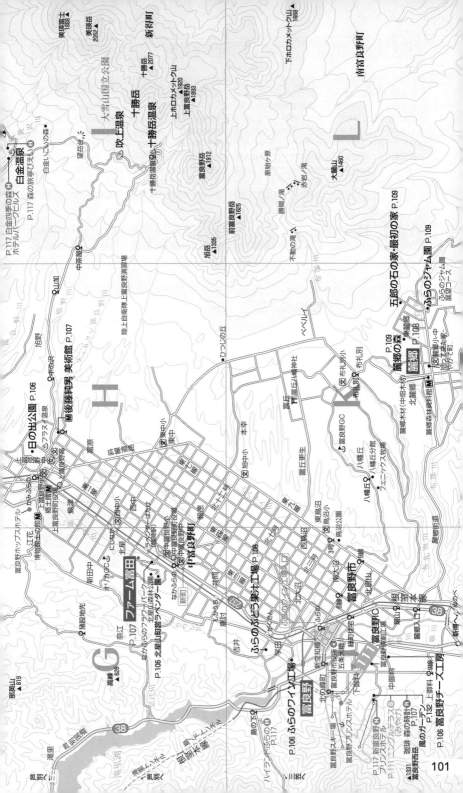

エリアをつかむヒント

Ⓐ美瑛

波を打つように連なる丘、はるか遠くに望む十勝岳連峰と大雪山連峰。四季折々に表情を変える自然景観に、心和むエリア。あわてず、じっくり時間をかけての散策を。

Ⓑパッチワークの路

美瑛駅が散策の起点。セブンスターの木、ケンとメリーの木など、CMやポスターにも使われた風景の数々を、自転車で散策する。所要およそ3時間30分。

Ⓒパノラマロード

美瑛駅が散策の起点。美瑛の丘全体を見渡せる展望公園や、丘風景の写真を展示した「拓真館」、自然と調和する美馬牛小学校などを自転車でめぐる。所要およそ5時間。

Ⓓ新区画

美瑛駅が散策の起点。ⒷⒸの2コースよりも、比較的短時間で楽しめる。途中の公園からの、十勝岳連峰の眺めがすばらしい。自転車を利用、所要およそ1時間。

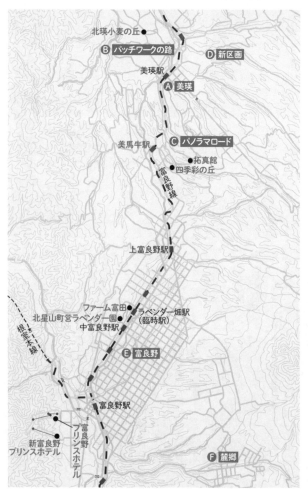

Ⓔ富良野

夏のラベンダーをはじめとした花の丘で、北海道屈指の人気観光エリア。ファーム富田をはじめ、さまざまな規模のラベンダー園がある。ほか、チーズやワインの工場見学も人気が高い。

Ⓕ麓郷

ドラマ『北の国から』のロケ地としても知られるエリア。麓郷地区には撮影に使われたさまざまな建物が残っている。

まわり方のヒント

富良野・美瑛エリアは、JR富良野線に沿った広い範囲に見どころが点在している。起点となるのは、美瑛、美馬牛、上富良野、中富良野、富良野の5駅だが、駅から離れたスポットも多い。

そこで、計画時にまず決めたいのが移動手段。スケジュールやメンバーに合わせて選択しよう。

●自転車でまわる

エリア最大の魅力「自然」を身近に感じるには最適。好きなときに好きな場所で止まれるというのも大きな利点だ。比較的時間に余裕があり気候がよいことが利用条件。コースには起伏もあるので、ゆるめの予定を組んでおくのが疲れないコツだ。美瑛、美馬牛、富良野の各駅前と♀麓郷近くにレンタサイクルがある。

●バスでまわる

富良野駅からラベンダーの森、麓郷地区に向かう路線バスが運行。富良野駅から北の峰地区（富良野プリンスホテルなど）に向かう場合は、「ラベンダー号」（p.99参照）を利用。富良野プリンスホテルまで170円、新富良野プリンスホテルまで260円。

●タクシーでまわる

短時間で多くのスポットをまわれる。各タクシー会社が、主な観光ポイントを組み込んだモデルコースを設定。普通車の料金は富良野で1時間30分1万350円～、美瑛で1時間6460円～。必ず予約を入れておこう。

●レンタカーでまわる

美瑛駅にはニコニコレンタカーが、富良野駅には駅レンタカーとトヨタレンタカーがある。いずれも事前予約を。駅レンタカーは4月28日～9月までの営業。

交通の問い合わせ

定期観光バス・ミニ観光バス・路線バス
ふらのバス（駅前案内所）
☎0167-22-1911

観光タクシー
〈富良野〉
ふらのタクシー
☎0167-22-5001
中央ハイヤー
☎0120-414-818
〈美瑛〉
美瑛ハイヤー
☎0166-92-1181

レンタカー
〈富良野〉
駅レンタカー
☎0167-22-0073
トヨタレンタカー富良野店
☎0167-23-2100
〈美瑛〉
ニコニコレンタカー美瑛駅前店
☎0166-76-5252

富良野・美瑛ノロッコ号

富良野・美瑛

TEKU TEKU COLUMN

ラベンダーを眺めてゆられて 富良野・美瑛ノロッコ号

トロッコ仕様の車両を利用しているため、車窓を存分に楽しめる観光列車。林に両側を覆われる場所もあるが、車窓から見える十勝岳連峰や、中富良野駅付近で右側に広がるラベンダー畑などが美しい。運行は6月中旬と8月下旬～9月の土・日曜、祝日および6月下旬～8月下旬の毎日。旭川・美瑛～富良野間を上下合計6便運行。詳細はJR北海道電話案内センター（☎011-222-7111）へ。

富良野でラベンダー栽培が盛んになった理由

昭和30年代後半、富良野では幅広い用途があるラベンダー油をとるためにラベンダー栽培が盛んになったが、後に合成香料の登場によって栽培は下火になってしまった。それでも栽培をやめなかった富田忠雄（ファーム富田）氏の畑が1975年の国鉄カレンダーに載ったことをきっかけに、年々畑を訪れる旅行者が増え、やがて富良野を代表する風景となった。

自然と人間が織りなす
芸術的な風景を楽しむ

美瑛・四季彩の丘

　うねりのある丘の畑に色とりどりの花が咲き誇り、見事な景観をつくりだしている。晴天の日に一望できる十勝岳連峰の山並みも、感動的な美しさだ。

ふらのワイン工場
ふらのわいんこうじょう

地図p.111-A
JR富良野駅から🚗タクシー5分(夏期は🚌ワイン工場行きが運行)

　ワインができあがるまでの製造工程や、樽がいくつも並んだ貯蔵室などを見学できる。ワインの原料となる富良野ぶどうは、甘味と酸味のバランスがよく、風味豊か。試飲コーナーで富良野限定発売のワインを味わうこともできる。ぶどうヶ丘公園内の山の中腹にあるため、眺望もすばらしい。

📞 0167-22-3242 📍富良野市清水山
🕐 9:00～17:00
🈺 年末年始 💴 無料 🅿 30台

ふらのぶどう果汁工場
ふらのぶどうかじゅうこうじょう

地図p.101-J
JR富良野駅から🚗タクシー5分

　ワイン工場へと続く山道の入口に建つ、ブドウ畑に囲まれた工場。ここでは、ぶどうジュースの瓶詰め工程の製造ラインを見学することできる。観光案内所を兼ねた販売所ではふらのぶどう果汁の販売のほか、ジュースやソフトが味わえる。

📞 0167-23-3388(ふらの観光協会) 📍富良野市西学田二区 🕐 10:00～16:00(6～9月のみの営業)
🈺 期間中は無休(臨休あり) 💴 無料 🅿 40台

富良野チーズ工房
ふらのちーずこうぼう

地図p.101-J
JR富良野駅から🚗タクシー9分

　富良野産の牛乳を原料にしたナチュラルチーズの製造工程を見学できる。バターやパン、アイスクリームを自分で作る「手作り体験工房」(要予約)も人気がある。

📞0167-23-1156 📍富良野市中五区
🕐 9:00～17:00(11～3月は～16:00)
🈺 年末年始(11月に数日間休業する場合あり)
💴 無料 🅿 120台

北星山町営ラベンダー園
ほくせいやまちょうえいらべんだーえん

地図p.101-G
JR中富良野駅から🚶10分

　冬は町営のスキー場となる斜面に、ラベンダーをはじめとする花々が植えられている。開花期にはリフトで山頂まで上り、真上からラベンダー畑を観賞できる。山頂からは、十勝岳連峰を望む富良野盆地の風景が眼下に広がる。風景は開花時期が年により異なるので、事前に問い合わせが必要。

📞 0167-44-2123
　(中富良野町産業建設課産業係)
📍 中富良野町宮町1-41
🕐 リフト=9:00～18:00(リフト搭乗は～17:40)
🈺 期間中無休(6月下旬～8月のみ営業)
💴 入園無料。リフトは往復のみ400円 🅿 100台

日の出公園
ひのでこうえん

地図p.101-H
JR上富良野駅から🚶15分

　上富良野市街から北へ約2km、日の出山

にある公園。丘の斜面にラベンダーが植えられていて、初夏には一面紫色に染まり、感動的。高さ約60mの丘の上の展望台からは、十勝岳連峰を望む360度の眺望が楽しめる。北西側が花畑となっているため、夕陽をバックにラベンダー畑が見渡せる。

📞 0167-45-3150（かみふらの十勝岳観光協会）
📍 上富良野町東1線北27号　🕐 見学自由　🅿 50台

後藤純男 美術館
ごとうすみお びじゅつかん

地図p.101-H
JR上富良野駅から町営バスで🚏後藤純男美術館前下車すぐ

　数々の賞を受賞した日本画家・後藤純男の美術館。古都の風物や北海道の自然をテーマに描いた、数々の作品が興味深い。

📞 0167-45-6181　📍 上富良野町東4線北26号
🕐 9:00～17:00（11～3月は～16:00)
🈲 12/29～1/3　💴1100円　🅿 100台

ファーム富田
ふぁーむとみた

地図p.101-G
JR中富良野駅から🚶25分。またはノロッコ号専用のJRラベンダー畑駅（6月上旬から8月下旬のみ開設）から🚶7分

　約12haの広大な敷地に、季節ごとに花が咲く。ラベンダー、ポピー、カスミソウ、コスモスなど、その種類は100種以上。7月のラベンダーが咲く時期から8月が最も美しく、多くの人で賑わう。また、東へ4km離れた東中地区には、日本最大級のラベンダー畑「ラベンダーイースト」（7月のみ、9:00～16:30)もある。

📞 0167-39-3939　📍 中富良野町基線北15号
🕐 8:30～18:00（季節により変動あり）　🈲 無休
💴 無料（ラベンダーバス200円）　🅿 約180台

富良野・食べる

珈琲 森の時計
こーひー もりのとけい

地図p.101-J
JR富良野駅から🚌18分、🚏新富良野プリンスホテル下車すぐ

テレビドラマ『優しい時間』の舞台となった喫茶店。ドラマ同様、カウンター席は自分で豆を挽き、淹れてもらうスタイル。ブレンドコーヒーやアイスティーのほかに、森のカレー（1250円）なども好評。

📞 0167-22-1111　📍 富良野町中御料 新富良野プリンスホテル内　🕐 12:00～20:45(20:00LO)　🈲 無休、11月に臨時休あり　💴 ブレンドコーヒー600円　🅿 390台

千成
せんなり

地図p.111-B
JR富良野駅から🚶1分

　北海道ならではの味覚、ラム肉のしゃぶしゃぶ（1100円～）を楽しめる店。鍋の締めにラーメンが出るのも北海道らしいところ。サクラの葉を刻んで入れたさくらアイス（200円）は、食後にぴったりだ。

📞 0167-22-2376
📍 富良野市朝日町1-19
🕐 17:00～22:00
🈲 不定休
💴 夜1000円～
🅿 3台

麓郷

ろくごう

テレビドラマ『北の国から』の舞台となり、その名を全国に知られるようになった麓郷。小さな町の中にドラマゆかりの建物が点在している。

ドラマ『北の国から』とは

1981（昭和56）年に放送開始。田中邦衛さんが演じる黒板五郎の一家が、二人の子どもを連れて東京から富良野に移り住む場面から始まる。五郎や息子の純、娘の蛍が、周囲の人々や自然とふれあい、数々の試練を乗り越えて、人間的に成長していく過程が細やかに描かれている。ドラマは数年に1回程度のスペシャル版としても何回も放送され、2003年まで続いた。

ドラマの感動を再びと、ロケ地を訪れる人は多く、地元のふらの観光協会（☎0167-23-3388）でも、「北の国から」コースとしてモデルコースを用意しているので、併せて参考にしたい。詳しくはJR富良野駅前のインフォメーションセンター、もしくは観光協会のホームページで。

---

01 見学10分

麓郷木材（中畑木材）

麓郷のバス停近くにある材木店。地井武男さんが演じた中畑和夫は、この麓郷木材の主人がモデルになっている。建物の前に倉本聰氏のメッセージボードがある。

02 石臼挽中華そば900円

富良野とみ川

富良野産の小麦を石臼挽きした中華麺や野菜、チャーシュー、煮玉子など道内産の素材がたっぷり詰まったラーメンが評判。

♪0167-29-2666
⏰11:00〜15:00
休水曜（祝日の場合は営業）

オススメ

GOAL 麓郷の森 **06**

ここへの行き方
JR富良野駅からふらのバス麓郷行きで35分、終点下車

麓郷木材（中畑木材）**01** START
静念寺 卍
富良野とみ川 **02** 〔7分〕
麓郷小・中🅿
03 拾って来た家-やがて町
●純と結の家
〔8分〕
東麓
白鳥川
たびのやど ふらりん

---

03 見学30分

拾って来た家-やがて町

「'02遺言」で、五郎が廃材を集めて建てた家。廃棄されたスキー場のゴンドラや電話ボックスなどが使われ、ユニークな風貌だ。ドラマの最後で結婚した純と結が住んでいるとされる家もある。

♪0167-23-3388（ふらの観光協会）⏰9:30〜18:00（11/24〜4/15〜16:00）/休無休/¥500円（3施設共通券1200円）

まわる順のヒント

！HINT

麓郷の見どころはバス停から歩くには片道約30分と、やや遠いところにあるので、自転車の利用がベター。レンタサイクルは「拾って来た家・やがて町」で借りられる（左ページ参照、10:00〜17:00、1回1000円、4月中旬〜10月下旬）。自転車を使って効率よくまわろう。

---

06 見学1時間 ◎

麓郷の森

閑静な森の中に黒板家が住んでいたトタン屋根の家や、五郎が造った丸太小屋など、ドラマで使われた建物が点在する。敷地内にはおみやげの販売所もあり、休憩ポイントとしても適している。

☎ 0167-23-3388（ふらの観光協会）／🕐 9:30〜17:30（10/1〜11月下旬〜16:00）／🅿 11月下旬〜4月下旬／¥ 500円／🅿150台

オススメ！

五郎の石の家・最初の家 05

入口から徒歩3分で五郎の石の家

ポン布部川

ふらのジャム園 04
アンパンマンショップ S

N 1:20,200
0 　　　500m

富良野オルゴール堂

くゆるやかな上り坂

ところどころ視界が開けてのどかな田園風景が広がる

---

05 見学30分 ◎

五郎の石の家・最初の家

「'89帰郷」で、五郎が畑から掘り出された石をひとつひとつ積み上げて建てたエコハウス。中を見ることもできる。また、ドラマの最初に住み始めた家も残されている。

☎ 0167-23-3388（ふらの観光協会）／🕐9:30〜18:00（10/1〜11月下旬〜16:00）／🅿 11月下旬〜4月下旬／¥500円

---

04 ジャム432円〜 🛍

ふらのジャム園

無添加の手作りジャムを製造・販売。ジャム作り教室やいちご狩り、お花畑、併設のアンパンマンショップが好評。

☎0167-29-2233
🕐9:00〜17:30／🅿年末年始（冬期休園日あり）

ほかにも訪ねてみたい"富良野ドラマ"のロケ地

『北の国から』のほかに、富良野を舞台にしたドラマとして『優しい時間』『風のガーデン』の2作がある。どちらも新富良野プリンスホテル（☎0167-22-1111）の敷地内を中心に撮影が行われ、ゆかりの施設「珈琲 森の時計」や「風のガーデン」が残っている。ぜひ立ち寄ってみよう。

くまげら

地図p.111-B
JR富良野駅から🚶3分

　ドラマ『北の国から』にも登場した郷土料理の店。ふらの和牛をはじめ、富良野産のジャガイモやトウキビ、乳製品などを使った料理が目白押しだ。みそ仕立ての山ぞく鍋（2人前3400円）や、ふらの和牛のローストビーフ丼（2000円）が人気。

🎵 0167-39-2345
📍 富良野市日の出町3-22
🕐 11:30〜23:00
🈺 水曜
💰 昼1500円〜／夜2500円〜
🅿 30台

唯我独尊
かしこうぼうふらのでりす

ゆいがどくそん

地図p.111-B
JR富良野駅から🚶5分

　オリジナルのカレーと手作りのソーセージが自慢の店。人気はソーセージ付きカレー（1180円）。黒色のルーは、タマネギやニンジンをじっくり煮込み、コクと甘味がある。

🎵 0167-23-4784
📍 富良野市日の出町11-8
🕐 11:00〜21:00
　（20:30L.O.）
🈺 月曜（祝日の場合は翌日）
💰 昼1000円〜／夜1000円〜
🅿 10台

焼肉倶楽部Yamadori
やきにくくらぶ やまどり

地図p.111-B
JR富良野駅から🚶2分

　かつては酒蔵だった石造りの建物を改装した焼肉店。地元産の味わい深いふらの和牛を中心にオーダーしてみよう。和牛特上カルビ（2980円）が人気メニュー。

🎵 0167-22-3030
📍 富良野市朝日町4-22
🕐 11:00〜15:00、17:00〜22:00
🈺 不定
💰 食事2000円〜
🅿 10台

ふらのワインハウス

地図p.111-A
JR富良野駅から🚕タクシー5分

　窓越しに十勝岳や富良野市街のパノラマを眺めながら、地場産の厳選した食材を使用した料理を味わえる。チーズフォンデュ（900円〜）をはじめ、パスタ、スープカレーや牛肉の赤ワイン煮もおすすめ（メニューは変更になる場合あり）。

🎵 0167-23-4155
📍 富良野市清水山
🕐 11:00〜21:00（20:00L.O.）
🈺 年末年始
💰 昼1200円〜／夜2500円〜
🅿 60台

菓子工房フラノデリス
かしこうぼうふらのでりす

地図p.111-C
JR富良野駅から🚌新富良野プリンスホテル行きで10分、🚏富良野プリンスホテル下車🚶5分

　牛乳瓶のまま焼き上げ、とろっとした甘さの「ふらの牛乳プリン」が大人気。菓子の原材料は富良野を中心とした北海道産にこだわり、パティシエが独自のアイデアとセンスで、見た目も美しい洋菓子を製造・販売している。店内には十勝岳を望むデリスカフェもあり、自家焙煎のコーヒー450円やふらの牛乳プリンセット950円などが楽しめる。

🎵 0167-22-8005
📍 富良野市字下御料2156-1
🕐 10:00〜18:00
🈺 火・水曜（毎月1日と祝日の場合は営業）
💰 ケーキドリンクセット1100円〜
🅿 20台

富良野・買う

中御料／みやげ

ニングルテラス

地図p.101-J
JR富良野駅から🚌12分、🚏新富良野プリンスホテル下車すぐ

新富良野プリンスホテルの森の中に小さなログハウスの店15棟が建ち並び、森林浴を楽しみながらショッピングできる。ガラス細工や木工品など、心温まる作品ばかりで、見ているだけでもメルヘンの世界に迷い込んだような楽しさがある。

📞 0167-22-1111
（新富良野プリンスホテル）
📍 富良野市中御料
（新富良野プリンスホテル内）
🕐 12:00〜20:45
（7・8月は10:00〜）
🚫 無休
（店舗により不定休）
🅿 390台

旭川へ
旭川へ
花園橋
花園町
花園町
花園工業団地
花園新国道
北大沼
西学田工区
錦町
新光町
富良野橋
学田一区
錦町
錦町公園
住吉町
瑞穂町
国道38号線
根室本線
富良野総合スポーツ公園
朝日町
新富良野ヒルズ
福寿司（寿司）
ナチュラクスホテル
富良野病院
ふらの観光協会
ふらのバスターミナル
東中
ふらのワイン工場 P.106
🅿 ふらのワインハウス（洋食）P.110
富良野緑峰高
P.110 焼肉倶楽部 Yamadori（焼肉）
ふらのワイン工場入口 P.107 千成（和食）
くまげら（郷土料理）P.110
税務署
十字街
ふらの西病院
西中
桂木町
本町
信金前
唯我独尊（カレー）P.110
春日町
西町
桂木町1
富良野局
市立図書館
本通三
小玉家（そば）
鮮弥（お好み焼）
栄町
新富町
光明寺
富良野小
本通五
幸町
菓子司一久庵
中華料理翠月（中華）
高校前
若松町15
Aコープ
市場
北海道中心標
民宿佐藤
富良野神社
卸売市場
セブンイレブン
フラノマルシェ
フラノマルシェ
富良野高
文化会館
富良野市役所
裁判所
末広町
弥生町
河川球場
北の峰町
新空知橋
空知川河川運動公園
空知川
五条大橋
帯広へ
学田工業団地
北の峰入口
北の峰局
北の峰住宅
ローソン
基線
セブンイレブン
人形工房セントメリー
フォーラムフラノ
C
富良野リゾート ホテルエーデルヴェルメ P.117
ホテル ベルヒルズ P.117
シャーレ パーラップ フラヌイ P.117
ニュー富良野ホテル P.117
朝日ヶ丘公園
あかなら（喫茶）
ホテルナトゥールヴァルト富良野 P.117
D
北の宿 望峰 P.117
ビストロ ル・シュマン（洋食）
一線
富良野プリンスホテル
富良野プリンスホテル
下御料
P.117 リゾートイン
ノースカントリー
朝日ヶ丘公園
菓子工房フラノデリス（洋菓子）P.110

N

富良野駅周辺

1:18,000
0　　　300m

周辺広域地図 P.101

🎵 徒歩6分

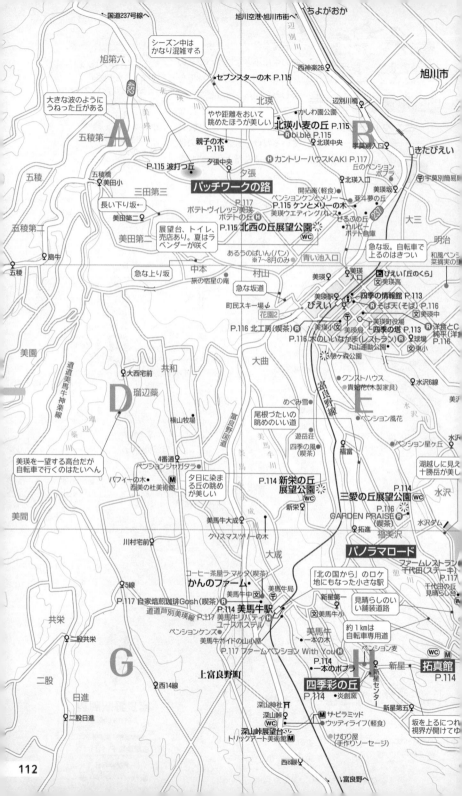

国道237号線へ
旭川空港・旭川市街へ
ちよがおか

シーズン中は
かなり混雑する

旭第六

452

旭川市

西神楽26

セブンスターの木 P.115

北瑛

辺別川橋

きたびえい

大きな波のように
うねった丘がある

やや距離をおいて
眺めたほうが美しい

かしわ園公園

宇莫別入口

宇莫別簡易局

A

五稜第一

美瑛川

北瑛小麦の丘 P.115

bi.ble P.115

親子の木
P.115

北瑛中央

カントリーハウスKAKI P.117

B

丘のペンション
ポプラ

五稜橋
美田小

夕張中央

P.115 波打つ丘

夕張

開拓庵(軽食)

北瑛入口

亜斗夢の丘

三田第三

パッチワークの路

ペンションケンとメリー
P.115 ケンとメリーの木

北瑛坂

大三

長い下り坂←

P.117

ポテトヴィレッジ美瑛
ポテトの丘

美瑛ウエディングパレス

せるふの丘

五稜第二

美田第二

展望台、トイレ、
売店あり。夏はラ
ベンダーが咲く

美田第二

P.115 北西の丘展望公園
WC

カルビー
ポテト倉庫

明治

急な坂。自転車で
上るのはきつい

和風ペンシ
菜摘実の里

島牛

急な上り坂

あるうのぱいん(パン)
※7〜8月のみ

青い池入口

中本
旅の宿星の庵

村田

五稜

美瑛
入口

美瑛高

びえい「丘のくら」

美園

町民スキー場

花園2

ぴえい

美瑛駅

美瑛局

P.116 北工房(喫茶)

共和

大西宅前

大曲

美瑛小

四季の情報館 P.113

そば天(そば) P.116

四季の塔 P.113

洋食とC
柳平(洋)

P.116

球場

美瑛町役場

P.116 木のいいなかま(レストラン)

丸山運動公園

東小

憩ケ森公園

瑠辺蘂

D

横山牧場

富良野線

クンストハウス

貴姑花(木製家具)

水沢6線

道道美馬牛神楽線

めぐみ雪

美園

尾根づたいの
眺めのいい道

E

ペンション風花

美瑛を一望する高台だが
自転車で行くのはたいへん

4番通

ペンションジャガタラ

遊品荘

四季の風
(喫茶)

ペンション星ケ丘

富良野国道

美馬牛線

福富

湖越しに見え
十勝岳が美し

美間

バフィーの木
西美の杜美術館

夕日に染ま
る丘の眺め
が美しい

P.114 新栄の丘
展望公園
WC

三愛の丘展望公園 WC

水沢

P.114

川村宅前

新栄

P.116
GARDEN PRAISE
(喫茶)

拓進

福美沢

水沢ダム

クリスマスツリーの木

大成

パノラマロード

美馬牛大成

コーヒー茶屋ラ・マルタ(喫茶)

かんのファーム

5線

美馬牛中

美馬牛局

「北の国から」のロケ
地にもなった小さな駅

ファームレストラン
千代田(ステーキ)
P.117

千代田の丘
見晴らし台

P.117 自家焙煎珈琲Gosh(喫茶)

道道芦別美瑛線 P.117

P.114 美馬牛駅

新星第一

見晴らしのい
い舗装道路

美馬牛小

共栄

二股共栄

美瑛リバティ
ユースホステル

美馬牛ガイドの山小屋

P.117 ファームペンション With You

約1kmは
自転車専用道

ペンション麦

G

H

P.114
一本のポプラ

新星センター

WC M

拓真館
P.114

上富良野町

四季彩の丘
P.114

新星

炎館窯

二股

深山神社

サ・ピラミッド

新星第五

西14線

深山峠
WC

ウッディライフ(軽食)

坂を上るにつれ
視界が開けてゆ

日進

二股日進

深山峠展望台
トリックアート美術館 M

M

けむり屋
(手作りソーセージ)

西8線

富良野へ

112

四季の情報館

しきのじょうほうかん

地図p.112-E
JR美瑛駅から🚶2分

　美瑛に着いたら最初に立ち寄りたい施設。観光情報から宿泊施設の紹介まで、あらゆる情報を提供してくれる。詳しいパンフレットやマップも手に入る。美瑛の特産品を販売するコーナーもある。列車待ちの空いた時間などにも立ち寄ってのんびりしよう。

🎵 0166-92-4378(美瑛町観光協会)
📍 美瑛町本町1-2-14 🕐8:30〜19:00(11〜4月は〜17:00、6・10月は〜18:00) 🈲 年末年始
💰無料 🅿10台、ほか美瑛駅公共🅿も利用

四季の塔

しきのとう

地図p.112-E
JR美瑛駅から🚶7分

　美瑛町役場にある三角屋根の高い建物。地上32.4mの塔の最上階からは、十勝岳連峰をバックに広がる町全体を見渡すことができる。

🎵 0166-92-4316(美瑛町総務課)
📍 美瑛町本町4-6-1
🕐 8:30〜19:00(11〜4月は〜17:00)
🈲 無休(11〜4月は土・日曜、祝日、年末年始休)
💰無料 🅿50台

美瑛の丘

びえいのおか

マイペースで走れる自転車は、美瑛の丘めぐりに最も適した移動手段。アップダウンの激しいところもあるが、全体的にはのんびり走ることができる。爽やかな風を受けながら、自分だけの絶景ポイントを見つけよう。

パノラマロード

自転車でまわると、想像以上に広く感じるエリアなので、時間にゆとりをもってまわろう。紹介しているコースは、できるだけ起伏の少ないルートを選び、走りやすさと眺めのよさを考慮。

01 見学30分
新栄の丘展望公園
しんえいのおかてんぼうこうえん

眺めのよい丘の頂上にある公園。トイレや休憩所、売店がある。夕焼けが美しい場所として有名

だが、昼間の眺めもすばらしい。

02 見学10分
美馬牛駅

周囲はどこまでも畑。赤い屋根の小さな小屋のような駅舎は、「北の国から〜89望郷編」の舞台となり、鉄道ファンならずとも注目を集める。

ここへの行き方
p.99参照

03 見学10分
一本のポプラ

畑の中にぽつんと立つポプラの木が、周囲の丘の起伏と空の広がりが美しい。木の周囲は私有地なので、近づかないで、道路から眺めたい。

地図内ラベル:
- START GOAL 美瑛駅
- N 1:98,000 0 2km
- 美瑛川
- 富良野線
- 237
- 30分 ゆるやかな上り坂が延々と続く
- 25分 約3kmにわたって下り坂が続く。クルマに注意
- 新栄の丘展望公園 01
- 三愛の丘展望公園 06
- 25分 クリスマスツリーの木あり
- 一部が歩行者・自転車専用道になっている
- 35分
- 美馬牛駅 02
- 四季彩の丘
- 25分
- 一本のポプラ 03
- 15分 04
- 20分 拓真館 05

04 見学1時間
四季彩の丘
しきさいのおか

広大な敷地に広がる花畑が人気の施設。食事処やトイレなど休憩施設も。

♪ 0166-95-2758／⏰ 8:30〜18:00（季節変動あり）／¥ 200円（募金）

05 見学40分
拓真館
たくしんかん

美瑛の丘の美しさを伝える前田真三の写真館。

♪ 0166-92-3355／⏰ 9:00〜17:00（冬期変動あり）／㊡ 1月下旬〜3月／¥ 無料

06 見学20分
三愛の丘展望公園
さんあいのおかてんぼうこうえん

遥か遠くに大雪山、目の前に十勝岳連峰を一望でき、パノラマロードで最も眺望がよく、気持ちのいい展望台。

オススメ

02 見学10分

波打つ丘

よく見ると、波のようにうねった形をした丘が続いている。周辺は牧場が点在しているが、場内には入らず、道路脇から撮影しよう。

03 見学10分

親子の木

見晴らしのいい丘の上に並んで立つ3本の木。周辺はジャガイモや麦の畑で、ジャガイモの白い花が咲く初夏はメルヘンチックな風景になる。

04 見学10分

セブンスターの木

パッチワークの路全体を見渡せる丘の頂上にある一本のカシワの木。近くに駐車場があって賑わうことが多いので、少し離れた場所から眺めよう。

パッチワークの路

鮮やかな緑の中に白い花が咲くジャガイモ畑や、黄金色に染まる麦畑などによって、丘がパッチワークのように色とりどりに見えるエリア。CMやポスターなどで見たことがあるような美しい風景が広がっている。

美瑛川　452

04 セブンスターの木　25分
20分

北瑛小麦の丘 05
P.115 bi.blé R

富良野線

北美瑛駅

クルマや大型バス多し。走行注意

親子の木 03

旧北瑛小学校の建物を利用したレストランあり

02 波打つ丘　25分

五稜橋

ゆるやかな上り坂が続く

ケンとメリーの木 06

20分

北西の丘展望公園 01

急な上り坂。自転車を降りて上ろう

20分

20分

見晴らしよく快適に走れる

237

美瑛駅　四季の情報館

N
1:67,000
0　　　1km

START GOAL

ここへの行き方 p.99参照

ここへの行き方 p.99参照

01 見学30分

北西の丘展望公園

遠くに十勝岳連峰を眺めることができ、園内にはラベンダー園や観光案内所、トイレなどの休憩施設がある。

休憩ポイント

●bi.blé（ビブレ）
（地図 p.112-B）

北瑛小麦の丘にある本格的なフレンチレストラン。ランチが3000円〜。

♪ 0166-92-8100
⏰ 11:00〜14:00LO、17:30〜19:30LO
⊗ 火曜（祝日営業、7・8月無休、冬期は月〜木曜）

06 見学20分

ケンとメリーの木

1972（昭和47）年にクルマのCMに登場したポプラの木。有名な撮影ポイントだが、道路脇から撮る場合はクルマに注意。

05 見学20分

北瑛小麦の丘

旧北瑛小学校の建物を利用したオーベルジュ。レストランやパン屋さん、また美瑛料理塾などがある。眺望もステキ。

美瑛・食べる

季節により変わる。今日の野菜カレーやみそカツのほか、アスパラオムレツ（5月下旬〜6月）などがおすすめ。

美瑛駅周辺／喫茶

北工房
きたこうぼう

地図p.112-E
JR美瑛駅から🚶7分

　自家焙煎によるコーヒーがおいしい喫茶店。豆の選別は手作業でやるなどのこだわりをもち、オリジナルブレンドは大豆ブレンド、マイルド、苦味、フレンチ、酸味の5種。週替わりでモカ・シダモやキリマンジャロなど、6種類のストレートコーヒーも楽しめる。

🎵 0166-92-1447
📍 美瑛町栄町3-5-31
🕐 10:00〜18:00
🈺 水曜
　（祝日の場合は翌日）
💴 コーヒー500円〜
🅿 4台

🎵 0166-92-1463
📍 美瑛町本町1-3
🕐 11:00〜14:30
　（そばはなくなり次第終了）
　17:00〜20:00（居酒屋）
🈺 日曜（7・8月は無休）
💴 そば550円〜
🅿 契約あり

🎵 0166-92-2008
📍 美瑛町丸山2-5-21
🕐 11:30〜15:00
🈺 月曜、第1・3月火曜、
　11〜2月
💴 昼1000円〜
🅿 7台

美瑛駅周辺／レストラン

洋食とCafé純平
ようしょくとかふぇじゅんぺい

地図p.112-E
JR美瑛駅から🚶10分

　こだわりのフライ料理で有名。とんかつ（定食1370円〜）は、歯ごたえがありながらやわらかく、厚みもたっぷり。エビフライやメンチカツのほか、海老丼（3本1100円〜）も人気メニュー。

🎵 0166-92-1028
📍 美瑛町本町4-4-10
🕐 11:00〜食材がなくなり次第閉店 🈺 月曜
💴 昼1100円〜 🅿 18台

美瑛駅周辺／軽食・喫茶

GARDEN PRAISE
がーでん ぷれいず

地図p.112-E
JR美瑛駅から🚗7分

　三愛の丘展望公園に隣接し、十勝岳連峰と美瑛の丘を眺めながら休憩できる。一般家庭を開放したアットホームな雰囲気の店内でハンバーグ（1100円〜）やウィンナーカレー（1100円）、自家焙煎のコーヒー（500円）や焼きたてのパン（80円〜）、ソフトクリーム（300円〜）などが味わえる。

美瑛駅周辺／そば

そば天
そばてん

地図p.112-E
JR美瑛駅から🚶3分

　北海道産のそば粉を使ったそば店。そばは風味がよく、コシも強い。天ざる（1320円）や、とろろそば（770円）などが人気。美瑛豚を使ったカツ丼（968円）やカツそば（1150円）もおいしい。夜は居酒屋。

美瑛駅周辺／レストラン

木のいいなかま
きのいいなかま

地図p.112-E
JR美瑛駅から🚗15分、または🚶30分

　旬の食材を使った料理が味わえる店。アスパラガスやトマト、キャベツ、ジャガイモなど、地元農家から仕入れる新鮮な食材を使ったメニューは

- 📞 0166-68-7550
- 📍 美瑛町字福富瑛進
- 🕐 10:00〜17:30(10・11月は〜16:30、冬期は〜16:00)
- 🈶 日曜(祝日の場合は営業)
- 💴 コーヒー500円 🅿 5台

美瑛駅周辺／レストラン

ファームレストラン千代田

ふぁーむれすとらんちよだ

地図p.112-H
JR美瑛駅から車で15分、自転車で35分

ふれあい牧場に隣接するレストラン。自社牧場で飼育した「びえい和牛」を使用したびえい和牛のステーキセットやビーフシチューセット(1980円)などを味わうことができる。このほか、日替わりで4種の部位が楽しめる「びえい和牛人気部位食べ比べプレート」(6980円)もおすすめ。

- 📞 0166-92-1718
- 📍 美瑛町字水沢春日台 第1-4221
- 🕐 11:00〜20:00(冬期〜15:00)
- 🈶 12/31〜1/3
- 💴 昼1280円〜 🅿 40台

宿泊ガイド

富良野	新富良野プリンスホテル	📞0167-22-1111／地図:p.101-J／⑦8106円〜(1泊朝食付き) ●ゴルフやスキー、熱気球などが楽しめる。全407室。
	富良野リゾートホテル エーデルヴェルメ	📞0167-22-1161／地図:p.111-C／⑦1万円〜(1泊朝食付き) ●光明石温泉の浴場や、洋食のフルコースディナーも人気。全74室。
	シャーレ バーラップフラヌイ	📞0167-22-2480／地図:p.111-C／⑦7722円〜(朝食付き) ●乗馬や気球など、オーナー自ら遊びを提供してくれる。全29室。
	ホテル ベルヒルズ	📞0167-22-5200／地図:p.111-C／1万1000円〜(1泊2食付き) ●光明石温泉の露天風呂、旬の素材を使った夕食が自慢。全96室。
	ニュー富良野ホテル	📞0167-22-2411／地図:p.111-C／1万円〜(1泊朝食付き) ●本格的な料理が味わえる和食・洋食レストランを併設。全77室。
	ホテルナトゥールヴァルト富良野	📞0167-22-1211／地図:p.111-C／1万1000円〜(1泊2食付き) ●道内産の野菜を使った和洋折衷のディナーが自慢。全79室。
	北の宿 望峰	📞0167-22-4247／地図:p.111-C／4860円〜(1泊2食付き) ●アットホームな宿で、古くからスキー客に親しまれている。全20室。
	ハイランドふらの	📞0167-22-5700／地図:p.101-J／7190円〜(1泊2食付き) ●夏には目の前にラベンダー畑が広がり、散策も楽しい。全26室。
	リゾートインノースカントリー	📞0167-23-6565／地図:p.111-C／5500円〜(1泊2食付き) ●オリジナルワインが作れる工房やレストランがある。全37室。
美瑛	ポテトヴィレッジ美瑛ポテトの丘	📞0166-92-3255／地図:p.112-B／コロナ収束まで休業中 ●バス・トイレ付き7室のほかコテージやログハウス、ドミトリーもある。全18室。
	カントリーハウスKAKI	📞0166-92-3588／地図:p.112-B／8000円〜(1泊2食付き) ●自家農園によるとれたて野菜を使った料理が食卓に並ぶ。全8室。
	ファームペンションWith You	📞0166-95-2748／地図:p.112-H／7150円〜(1泊2食付き) ●すべて自家製の素材を使った料理が自慢。全9室。
	美馬牛リバティユースホステル	📞0166-95-2141／地図:p.112-H／YH会員5400円〜・一般6000円〜(男女別相部屋)　●年間を通じて多彩なアウトドアメニューが用意されている。全6室。
白金温泉	森の旅亭びえい	📞0166-68-1500／地図:p.101-I／2万2000円〜(1泊2食付き) ●白金温泉にある隠れ家的な雰囲気の高級旅館。全17室
	白金四季の森ホテルパークヒルズ	📞0166-94-3041／地図:p.101-I／7150円〜(1泊2食付き) ●白金温泉の宿。露天風呂、サウナ、室内プールあり。全174室

富良野・美瑛

旭川

晴れた日には大雪山系を望む
北海道第2の文化都市

　旭川市は、札幌に次ぐ道内第2位の大都市。駅周辺にはホテルやオフィスビル、大型商業施設などが立ち並び、市街から少し外れた場所に史跡や博物館、工芸館などの文化施設が点在している。

 HINT

旭川への行き方

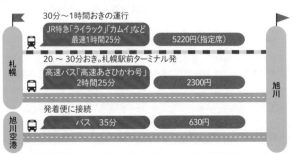

30分〜1時間おきの運行		
🚃	JR特急「ライラック」「カムイ」など 最速1時間25分	5220円(指定席)
20〜30分おき。札幌駅前ターミナル発		
🚌	高速バス「高速あさひかわ号」 2時間25分	2300円
発着便に接続		
🚌	バス　35分	630円

札幌　旭川　旭川空港

　上図のほか、富良野駅から旭川駅まで、JR富良野線の普通列車で58分〜1時間27分、1290円。1日11〜12便、昼間は1〜2時間に1本程度。美瑛駅からは27〜38分、640円。約1時間に1本運行。

　バスの場合「ラベンダー号」が便利で、1日8便運行。富良野からは所要1時間40分、900円。美瑛からは54分、630円。

エリアの魅力

動物とのふれあい
★★★★★
町歩き
★★★
グルメ
★★★

動物たちの生き生きした表情に感動する旭山動物園
名店がひしめき合う旭川ラーメン
博物館や工芸館などの文化施設

観光の問い合わせ

旭川観光物産情報センター(JR旭川駅内)
📞0166-26-6665

予約・問い合わせ

JR旭川駅
📞0166-25-6736

高速バス
高速あさひかわ号
北海道中央バス
📞0570-200-600(札幌バスターミナル)
ラベンダー号
ふらのバス(旅行センター)
📞0167-23-1121

空港バス・市内バス
旭川電気軌道バス(バス総合案内)
📞0166-23-3355
道北バス(旭川)
📞0166-23-4161

おトクなきっぷ

　旭山動物園へは、入園券とアクセスバスの乗車券が付いた「旭山動物園きっぷ」が札幌駅から6740円。

見る

三浦綾子記念文学館

みうらあやこきねんぶんがくかん

地図p.119-A
JR旭川駅から🚶15分

『氷点』や『塩狩峠』などを著した旭川出身の
作家・三浦綾子の文学館。『氷点』の舞台「外
国樹種見本林」の中にある。本館の展示資料
やオリジナルのＡＲ（拡張現実）」アプリに
よって、三浦文学をより身近に感じられる。
2019年に改装された分館では「口述筆記」
のなりきり体験ができ、作品にちなんだグ
ッズも販売。読書や喫茶など、気ままな時間
が楽しめる。

📞 0166-69-2626　📍旭川市神楽7条8-2-15
🕐 9:00～17:00（最終入館16:30）
㊡ 10～5月の月曜（祝日の場合は翌日）、12/30～1/4
💴 700円（小中高生無料）
🅿 30台（無料）

旭川市科学館「サイパル」

あさひかわしかがくかん「さいぱる」

地図p.119-A
JR旭川駅前から🚌旭川電気軌道バス
82・84番で5分、🚏科学館前下車すぐ

　楽しみながら体感的に科学を学べる。宇
宙コーナーでは無重力状態を疑似体験でき
る。最新鋭のプラネタリウム（330円）は必見。

📞 0166-31-3186　📍旭川市宮前通1条3
🕐 9:30～17:00（最終入館16:00）
㊡ 月曜（祝日の場合は翌平日）、月末の平日、
　　年末年始
💴 常設展示室1日410円、
　　＋プラネタリウムは
　　520円
🅿 81台

旭川

生き生きと元気な動物たちに会える！

旭川市旭山動物園の楽しみ方

動物たちが生き生きと動きまわる様子を、さまざまな位置や意外な視点から眺められる旭山動物園は、人気の観光スポット。大人も引き込まれてしまう楽しさの秘密はコレ！

もぐもぐタイムやワンポイントガイドは必見

それぞれの動物に対して、可能な限り野生に近い飼育環境をつくっているのが旭川市旭山動物園の特徴である。

飼育スタッフの解説を聞きながら、動物たちがエサを食べるところが見られる「もぐもぐタイム」は必見。開催時間と場所は入園した門の近くの掲示板でわかる。また、飼育スタッフが作成した手書きの看板は、動物たちのことがよくわかり、見学がより楽しくなる。

地図p.119-B
JR旭川駅から🚌旭山動物園行き（41、42、47番）で約40分、♀終点下車すぐ
📞 0166-36-1104　♀旭川市東旭川町倉沼
🕐 9:30～17:15（10月16日～11月3日は～16:30、11月11日～4月7日は10:30～15:30）、入園は閉園の1時間前（冬期は30分前）まで。夜の動物園（8月10～16日）は～21:00まで開園
🚫 4月8日～28日、11月4日～10日、12月30日～1月1日（2021年度）
💴 1000円　Ⓟ500台

ほっきょくぐま館

ダイナミックな飛び込み！

ダイナミックな水中ダイブや泳ぎをガラス越しに見ることができる。透明の半球ドーム「シールズアイ」から間近に観察するのもおもしろい。

←見ている人間に向かってドボン！

↑シールズアイからも観察できる

あざらし館

目と目がバッチリ合う!?

館内では、水中を縦横無尽に泳ぐ姿が見られる。まるで踊っているかのよう。

↑円柱水路を行き来する様子に思わず興奮！

オオカミの森（シンリンオオカミ）

野山を駆けまわる勇壮な姿が見られる

オオカミがどんな行動をとり、どのように暮らしているのかが分かる。機敏な身のこなし、鋭い目つきなどに注目。

←目が合うとドキッとするほどの迫力

エゾシカの森

生き生きした顔がよく見える！

↑近くで見ると容姿の美しさがよくわかる

オオカミの森に隣接し、2つの施設を通して約100年前の北海道の森の姿を感じられるようになっている。観察ホールからは、目の前で水を飲んだりエサを食べる姿を見られる。

チンパンジーの森・ちんぱんじー館

身軽な動きで目の前を通り過ぎる

↑スカイブリッジのまわりで遊ぶチンパンジー

さまざまな遊具を使って遊ぶチンパンジーを間近で見ることができる。好奇心旺盛なチンパンジーとアイコンタクトで友達になれるかな？

さる山

子ザルが何に好奇心をもつのか観察できる

ニホンザルの群れが暮らすさる山を、いろんな位置から眺められる。予測不能な動きがおもしろく、つい長居してしまう。

オランウータン舎・おらんうーたん館（ボルネオオランウータン）

高い所も悠々と空中散歩…見てるほうはドキドキ！

ジャック（父）とモリト（息子）、モカ（娘）が生活。仲良くじゃれあう様子やチャーミングな動きは目が離せない。

↑高い場所での空中散歩は必見

↑親子の暮らしぶりも参考になる？

オリジナルのおみやげを購入！

●カプセルZOO

動物園のオフィシャルグッズ。正門、東門、あざらし館休憩所に設置されている販売機で購入可能。何が出てくるかはお楽しみ。1回500円。

●レターセット

飼育展示係・中田さんのイラスト。封筒4枚、便せん4種各2枚、シール1枚入り。734円。

ぺんぎん館

キング、ジェンツー、フンボルト、イワトビの4種類のペンギンが暮らしている。地上ではヨチヨチ歩きだが、水中では機敏に泳ぐ様子にビックリ！

↑冬の積雪期はお散歩を間近で見られる

水中トンネルから見ると"空飛ぶペンギン"

レッサーパンダの吊り橋

気が向いたら渡ります！

↑ニューフェイスの女の子「円美（まるみ）」

小獣舎にあるレッサーパンダの吊り橋。いつ渡り始めるかわからないので、渡り始めたときは絶好のシャッターチャンスだ。

もうじゅう館

↓高い場所で休むヒョウを下から観察できる

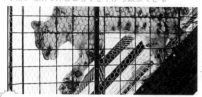

至近距離から観察できる

アムールトラ、ライオン、ユキヒョウ、ヒグマなどを上から見下ろしたり、下から見上げたりしながら観察できる。

くもざる・かぴばら館

スタントマンとのんびり屋さんが同居

尻尾を手足のように使うクモザルと、ネズミの仲間であるカピバラが同じ場所で生活している。どちらも個性的なキャラクターでおもしろい。

↑華麗な動きのクモザル

↑のんびり屋さんのカピバラ

シマフクロウ舎

不思議なシマフクロウの生態が見られる施設

→シマフクロウは国の天然記念物

シマフクロウが巣を作り繁殖できる高さ7mの樹木が目印。小川や池では、シマフクロウがニジマスを捕食する様子が見られるかも。

北海道産動物舎

北海道の在来種と外来種を比較展示

北海道の動物たちの現状や自然環境の影響などを伝える施設。ワシやタカ、フクロウ類、キタキツネ、エゾタヌキなどを展示している。

→北海道に生息する動物を中心に展示

食べる&買う

旭川駅周辺／喫茶

珈琲亭 ちろる

こーひーてい ちろる

地図p.107-D
JR旭川駅から🚶8分

　小説『氷点』にも登場した老舗の喫茶店の、レンガ造りの建物と店名を引き継いだ店。

レトロな雰囲気の店内で、自家焙煎コーヒーを味わえる。浅煎り・中煎り・深煎りを選べるブレンドコーヒーは550円。季節のケーキ（ケーキセット870円）なども用意されている。

📞 0166-26-7788
📍 旭川市3条通8丁目左7
🕐 8:30〜18:00　❌ 日曜
💰 コーヒー550円〜、ケーキ各種450円　🅿 近隣にあり

旭川中心部

1:10,000

♪徒歩4分

周辺広域地図 P.119

旭川

123

大雪地ビール館

旭川駅周辺／ビアレストラン

大雪地ビール館
たいせつじびーるかん

地図p.123-D
JR旭川駅から🚶5分

地ビールの製造工場を併設したビアレストラン。レンガ造りの倉庫を改装した店内は明るい雰囲気。ピルスナーやエールタイプのほかに、オリジナルビールや季節限定ビールを4〜5種類味わえる。地元の食材を使った料理やジンギスカンコーナーも評判だ。

♪ 0166-25-0400
📍 旭川市宮下通11丁目1604-1
🕐 11:30〜22:00
🈺 年末年始
💴 昼700円〜／夜3000円〜
🅿 30台

旭川駅周辺／海鮮料理

二幸本店
にこうほんてん

地図p.123-C
JR旭川駅から🚶10分

北海道の山海の味覚をふんだんに使った料理に定評がある店。なかでもおすすめなのが寿司。北海ちらしは3600円。毛ガニの味噌汁（800円）、ウニとイカのよくばり丼（3600

円）も好評。

♪ 0166-22-5070
📍 旭川市3条通7丁目右7
🕐 11:00〜14:30、16:30〜22:00(21:30LO)
🈺 不定
💴 昼1000円〜／夜4000円〜
🅿 近隣にあり

旭川市永山／ラーメン

あさひかわラーメン村
あさひかわらーめんむら

地図p.119-B
JR旭川駅前18番乗り場から🚌道北バス73・66・665番で35〜40分、♀永山10条4丁目下車🚶2分

地元で人気の旭川ラーメンの名店を8軒集めたフードテーマパーク。同じ旭川ラーメンでも各店が独自の味を作り出しているので、ぜひ食べ比べてみたい。館内には、ラーメンどんぶりをモチーフにしたベンチやラーメン村神社、みやげショップなどもある。

♪ 0166-48-2153
📍 旭川市永山11条4丁目119-48 パワーズ内
🕐 11:00〜20:00(店舗により異なる)
🈺 不定(店舗により異なる)
💴 ラーメン700円〜
🅿 150台

旭川駅周辺／ちゃんこ鍋

北の富士 本店櫻屋
きたのふじほんてんさくらや

地図p.119-A
JR旭川駅から🚶8分

創業80余年、旭川出身の元横綱・北の富士勝昭氏の甥が3代目店主を務めるちゃんこ鍋の名店。鶏ガラをベースにしたコラーゲンたっぷりの濃厚スープは、コクがあって素材の味を最大限に引き立てる。メニューは、タラバ蟹ちゃんこ（3900円）、鮭ちゃんこ（2900円）、鳥たたきちゃんこ（2900円）、豚みそちゃんこ（3100円）など、11種類が用意されている。

♪ 0166-22-8264
📍 旭川市1条通3丁目1687-1
🕐 11:00〜14:00LO、16:30〜21:00(LO20:00)
🈺 月曜(祝日の場合は営業)
🅿 20台

旭川駅周辺／郷土料理

和食・えぞ郷土料理 花まる亭
わしょく・えぞきょうどりょうり はなまるてい

地図p.123-D
JR旭川駅から🚶8分

カボチャの団子が入ったペロンタン汁（p.125左上写真、880円）や、鮭のチャンチャン焼（1760円）、旬の焼き物（660円〜）と刺身（880円〜）など、北海道ならではの食材を生かした郷土料理や創作えぞ料理が楽しめる。キンキの花まる風（3630円）も味わいたい。コース料理もあり、こちらは4400円〜。

☎ 0166-26-7206
📍 旭川市3条通8丁目
🕐 11:30～14:30、
17:30～23:00(土曜は夜のみ)
休 日曜(月曜が祝日の場合は
営業し、日曜休)
¥ 昼1200円～/夜5000円～
Ｐ 近隣にあり

旭川らぅめん青葉
あさひかわらぅめんあおば

地図p.123-D
JR旭川駅から🚶7分

　1947(昭和22)年創業、しょうゆ味の旭川ラーメンの草分け的存在。鶏ガラ、トンコツ、利尻昆布、野菜などをブレンドしたスープは、化学調味料を使用していない。

☎ 0166-23-2820
📍 旭川市2条通8丁目左8
二条ビル名店街1F
🕐 9:30～14:00、15:00～
18:30LO
休 水曜(祝日の場合は翌日)
¥ ラーメン750円～
Ｐ 近隣にあり

ギャラリー梅鳳堂
ぎゃらりーばいほうどう

地図p.123-D
JR旭川駅から🚶10分

　道内外の作家の手によるオリジナルの木工クラフト、陶器などを中心に展示販売するギャラリー。自然素材の布や衣服、アクセサリーなども並び、おみやげに最適の作品を多く揃えている。

☎ 0166-23-4082
📍 旭川市3条通8丁目買物公園
🕐 10:00～18:00
休 火曜、年末年始　Ｐ なし

梅屋アウトレットストア
うめやあうとれっとすとあ

地図p.119-A
📍 高砂台入口から🚶1分

　創業1914(大正3)年、創造性豊かな和菓子と種類が豊富な洋菓子が評判の老舗。道産素材にこだわり、1964(昭和39)年に発売されたシュークリーム(1個129円)は今も絶大な人気を誇っている。旭川産黒大豆「いわいくろ」をたっぷり使用した黒玉どら焼きは1個194円。

☎ 0120-286-586
📍 旭川市高砂台2-2-11
🕐 10:00～17:30
休 無休　Ｐ 5台

旭
川

宿泊ガイド

JRイン旭川	☎0166-24-8888／地図:p.123-C／Ⓢ8500円～Ⓣ1万4800円～／●旭川駅前、イオンモール旭川駅前上階にあり、交通、買物に便利な立地。全198室。
プレミアホテル-CABIN-旭川	☎0166-73-7430／地図:p.123-C／Ⓢ5300円～Ⓦ7600円～●シングルのベッドは全室セミダブルサイズ。天然温泉と朝食が好評。全355室。
星野リゾート OMO7 旭川	☎0166-29-2666／地図:p.123-B／Ⓢ9900円～Ⓦ1万800円～●カジュアルなスタイルで洗練されたイメージのシティホテル。全237室。
スマイルホテル旭川	☎0166-25-3311／地図:p.123-C／Ⓢ4700円～●朝食はカフェレストランでのハーフバイキング。全173室。
東横INN旭川駅前一条通	☎0166-27-1045／地図:p.123-D／Ⓢ3900円～Ⓣ5700円～●無料朝食あり。さらに火～木曜日限定で夕食カレー無料サービスも。全143室。
旭川トーヨーホテル	☎0166-22-7575／地図:p.123-A／Ⓢ4400円～Ⓣ5700円～●シングル、スイート、和室などいろいろな客室がある。全128室。
アートホテル旭川	☎0166-25-8811／地図:p.123-A／Ⓣ1人5300円～、2人6300円●浴室やサウナを備えた「フィットネススパ・アルパ」が人気。全265室。
くれたけイン旭川	☎0166-27-9111／地図:p.123-B／Ⓢ4500円～Ⓣ6000円～●無料のランドリーコーナー、ウェルカムドリンクなどサービスが充実。全102室。

そううんきょう　地図 p.225-C

層雲峡

標高2291mの旭岳を主峰とし、2000m級の山々が連なる大雪山系の麓にある層雲峡は、石狩川の源流部にある全長24kmの大峡谷。100m以上の断崖が続き、峡谷の中央部の層雲峡温泉には、大型の宿泊施設が立ち並ぶ。層雲峡観光協会 ♪01658-2-1811。

層雲峡への行き方

旭川駅から道北バス（p.118参照）層雲峡行きで1時間55分（2140円）、終点下車。または旭川駅からJR特急「オホーツク」・「大雪」で39〜46分（2450円）の上川駅下車、道北バス層雲峡行きで30分（890円）、終点下車。

見る　歩く

高さ100m以上の断崖が続く層雲峡にはいくつもの見どころがある。最もダイナミックな景色が観賞できるのが、大函・小函と呼ばれるポイント。小函は渓谷の最狭部な

がら、高さ約200mもの柱状の断崖がそびえる。大函は、柱状の巨岩が扇のように約500m並ぶ景観が見事。

層雲峡の数ある滝の中でも絶好のビューポイントは銀河の滝と流星の滝（写真上）。銀河の滝は、優雅な姿から「女滝」とも呼ばれる美しさ。流星の滝は、落差90mの絶壁を荒々しく流れ落ちる豪快な滝だ。

歴史のある層雲峡温泉街から、黒岳の5合目までを結ぶ大雪山層雲峡・黒岳ロープウェイ（往復2400円。♪01658-5-3031）も人気の観光スポット。大型リフト（600円）で7合目まで行き、頂上へはそこから1時間30分の登山。

また、温泉街から少し離れた大雪高原旭ヶ丘にある大雪 森のガーデン（5月中旬〜10月中旬、9:00〜17:00、800円。♪01658-2-4655、地図p.225-C）は、豊かな森の中に可憐な花々が咲く、美しくて感動的な公園だ。

層雲峡　1:66,000

釧路湿原
知床
網走

広大な自然を満喫する

おびひろ・とかち　　地図 p.225-G、K、L

帯広・十勝

広大な平野を利用して酪農と畜産が盛ん

日高山脈の東部に位置する十勝平野は、東西は約110km、南北は約160kmもある広大な平野で、その広さは新潟県とほぼ同じ。どこまでも続く畑や牧草地に防風林の並木が美しいシルエットを見せ、雄大な北海道の大地そのものを実感できる。また、国内屈指の農業王国としても知られ、十勝の特産品を使った味覚の数々も、このエリアの魅力になっている。

HINT

帯広への行き方

札幌からはJR特急「とかち」または「おおぞら」で最速2時間28分、帯広駅下車。または、高速バス「ポテトライナー号」で最速3時間25分（3840円）、帯広駅バスターミナル下車。釧路駅からはJR特急「スーパーおおぞら」で最速1時間32分。

HINT

まわる順のヒント

帯広の市街地を見てまわる場合は、路線バスの利用が基本。十勝の豊かな自然を満喫したいなら、北部にある然別湖や糠平湖（p.134）がおすすめ。帯広の市街地を外れた南部には、のどかな田園風景や美術館、華やかな庭園などが点在。十勝バスの「日帰り路線バスパック」（下記コラム参照）の利用が便利だ。

エリアの魅力

自然散策
★★★★
グルメ
★★★
大地の広がりと豊かな自然を楽しむ

観光の問い合わせ

とかち観光情報センター
☎0155-23-6403
帯広観光コンベンション協会
☎0155-22-8600

帯広駅

TEKU TEKU COLUMN

便利でお得な
日帰り路線バスパック

地元の十勝バスが、帯広周辺の見学施設や温泉施設の利用料と往復乗車券をセットにした「日帰り路線バスパック」を販売。ばんえい十勝や、おびひろ動物園を往復できるものから、郊外の真鍋庭園や中札内美術村を見てまわれるコースもある。帯広駅バスターミナル案内所（☎0155-23-5171）などで扱っている。

十勝川温泉は
世界でも珍しい泉質の温泉

帯広市に隣接する音更町にある十勝川温泉は、道東を代表する温泉地の一つで、世界でも珍しいモール温泉として知られている。モール温泉とは、泥炭などに由来する植物性の有機物を多く含むアルカリ性温泉のことで、火山活動に由来する。琥珀色の湯に入ると、肌をすべすべにし、皮膚を再生する作用があるとされ「美人の湯」と呼ばれている。帯広市街の銭湯やホテルでも、入ることができる。地図 p.225-L

↑区画整理された広大な畑がどこまでも続く

のどかな風景を楽しむ

広大な平野をもつ十勝地方は、国内でも有数の畑作・酪農地帯。区画整理された畑がどこまでも続く雄大な風景は、旅行者にとっては大きな魅力で、北海道の大地そのものを実感させる。

十勝の観光といえば、大雪山国立公園内の然別湖（地図p.225-G）、糠平湖（p.134）がある北部が人気だ。然別湖は水面の標高810mの天然の堰止湖で、湖畔には温泉が湧き、露天風呂や大浴場をもつホテルが建っている。これらの宿を拠点にカナディアンカヌーやシーカヤックで美しい湖上に繰り出したり、フィッシングや森林ウォークなどアウトドアアクティビティを楽しめる。

また、近年は帯広市街地や、市の南に点在する見どころにも注目が集まっている。美しい草花が咲き誇る真鍋庭園、紫竹ガーデンなどの

↑酪農も盛んで牧場も多い

観光庭園（p.132）や、かつて一大ブームを起こした旧幸福駅（p.130）、中札内美術村などが、近年特に注目を集めている場所だ。

中札内美術村（地図p.225-K、☎0155-68-3003、10:00〜17:00、9月下旬〜10月下旬は〜16:00、11月上旬〜4月下旬は休館、ドネーション）は、カシワの原生林の中に『北の十名山』で知られる相原求一朗美術館や小泉淳作美術館、北の大地美術館などが点在。旧広尾線の枕木を敷きつめた小道を歩きながら芸術散歩ができる。

また、クルマで10分ほどの場所にある**六花の森**（地図p.225-K、☎0155-63-1000、10:30〜16:00、10月中旬〜4月中旬は休館、1000円）には、六花亭の包装紙でなじみのある坂本直行の美術館もある。これらの施設は、時間にゆとりをもって訪ねたい。

↑広い敷地の中に美術館が点在する中札内美術村

帯広・十勝

帯広
1:35,700
0　　　500m
周辺広域地図 P.225

129

旧幸福駅
きゅうこうふくえき

地図 p.225-K
JR帯広駅から十勝バス広尾線で46分、🚏幸福下車🚶5分

1970年代に大ブームとなった旧広尾線の駅。廃線後も観光客が絶えないほどの人気で、近年は恋人の聖地として、カップルで訪れるケースが増えている。

☎ 0155-22-8600（帯広観光コンベンション協会）
📍 帯広市幸福町東1線
🕐休 見学自由　🅿 36台

ワイン城
わいんじょう

地図 p.225-L
JR根室本線池田駅から🚶10分

全国的にも有名な十勝ワインの製造工場。試飲コーナーがあるほか、ワインが眠る地下熟成室を見学できる。レストランやショッピングコーナーも充実している。

☎ 015-572-2467
📍 池田町字清見83-4
🕐 9:00〜17:00　休 年末年始　💴 無料　🅿 100台

食べる

帯広駅周辺／喫茶
六花亭帯広本店
ろっかていおびひろほんてん

地図 p.129
JR帯広駅から🚶5分

本店ならではの豊富な商品が並ぶ。2階の喫茶室では「雪こんチーズ」（224円）などのスイーツのほか、ピザや定食類が味わえる。

☎ 0120-12-6666
📍 帯広市西2条南9丁目6
🕐 11:00〜16:00（15:30LO）
休 水曜
💴 ホットケーキ600円、プディングケーキ420円。　🅿 17台

帯広駅周辺／洋食
十勝農園
とかちのうえん

地図 p.129
JR帯広駅から🚶8分

帯広や十勝の野菜や畜産品などの、地産地消をテーマとしたレストラン。おすすめは本場十勝和牛の肉料理。2020年10月から長期休業中だが、向かいの姉妹店CONDORは通常営業。

☎ 0155-26-4141
📍 帯広市西1条南9丁目6
🕐 17:30〜23:00（金・土曜、祝前日は〜24:00）
休 ※長期休業中
💴 コース5000円〜
🅿 近隣にあり

TEKU TEKU COLUMN

帯広・十勝ならではのご当地グルメも充実

帯広のグルメといえば豚丼。「元祖豚丼のぱんちょう」や、JR帯広駅・エスタ帯広西館の「豚丼のぶたはげ 本店」が人気だが、ほかに「中華チラシ」や「とかちハヤシ」なども注目を集めている。中華チラシ（写真）は、帯広にあった割烹の賄い食がルーツ。「あじ福東店」などで。とかちハヤシは十勝産の食材にこだわった逸品。エスタ東館の「とかち物産センター」で（いずれも地図 p.129）。

迫力いっぱいの真剣勝負を間近で観戦

ばんえい競馬を見に行く

北海道開拓の歴史を支えてきた大型の農耕馬に、重い鉄ソリを曳かせて競い合う「ばんえい競馬」は、帯広だけで開催されている珍しい競技。その観戦のポイントを紹介しよう。

↑馬の息づかい、騎手のかけ声が響きわたる

ダイナミックな感動、興奮がある！

ばんえい競馬とは、体重約1トンもある大型の馬（ばん馬）に、最大1トンもの重さになる鉄ソリを曳かせ、全長200mの直線コースで力と速さを競うレースのこと。かつては道内の4都市で開催されていたが、現在は帯広の**帯広競馬場**のみで行われている。

レースの見どころは、コースに2カ所ある障害。第1障害は高さ1.0m、第2障害は高さ1.6mの山場となっていて、これをいかに速く乗り越えられるかが勝敗を左右する。特に第2障害を越えるときは、騎手のかけ声と馬の息づかい、観客の歓声が響きわたり大いに盛り上がる。そして、ソリの後ろの端がゴール

↓障害を越えたあとのゴール前でも逆転劇あり

線を通過するまでゴールインとは認められないため、ゴール前で逆転劇が起こることもよくあるからおもしろい。馬券は全部で8種類あり、とにかく当てたい人は、3着までに入る馬を1頭だけ選ぶ複勝式馬券か、1着になる馬を選ぶ単勝式馬券がおすすめ。これで応援に熱が入ること間違いなし。ばんえい競馬ならではの興奮と感動を味わってみよう。

地図p.129　JR帯広駅バスターミナル12番乗り場から🚌十勝バス循環線・陸別線・芽室線で約10分、♀帯広競馬場前下車すぐ　♪0155-34-0825　♀帯広市西13南9　⏰4月下旬〜翌3月下旬の土・日・月曜、年150日開催（4月上旬〜12月はナイター開催）、開催日・開始時間は要問い合わせ　¥100円（入場料）　Ｐ750台

TEKU TEKU COLUMN

魅力的な店が集まる「とかちむら」へ

帯広競馬場の敷地内に隣接している「とかちむら」（♪0155-34-7307、営業時間と定休日は店舗により異なる）は、豚丼など地元の味が楽しめる店や、スイーツを用意したカフェ、新鮮な野菜や農畜産品の市場がある複合施設。特に産直市場は、十勝の生産者が持ち寄ったものだけでなく、北海道の内外から取り寄せた旬の食材が手頃な価格で手に入る。競馬観戦のついでに立ち寄ろう。
地図p.129

個性豊かな庭が点在する

北海道ガーデン街道を行く！

旭川、富良野、十勝には北海道を代表する7つの観光庭園が集中し、
春から夏にかけて、豊かな色彩美で訪れる人を癒してくれる。
北の大地の風土や気候が描きだす自然のアートをたっぷり楽しもう。

| 旭川 | 上野ファーム | 見学 60分 |

◎ 動植物を愛するオーナーが描く
こだわりたっぷりの花の園

オーナーの上野砂由紀氏が、英国の庭園をベースにしつつ、北海道の気候風土に合わせて造った「北海道ガーデン」。9つのゾーンに分かれた花壇には、さまざまな色あいの花が咲き誇る。園内には放し飼いのニワトリや犬の姿も。

♪ 0166-47-8741 ／ ♀ 旭川市永山町16丁目186／
◯ 10:00～17:00、4月下旬～10月中旬開園／休 開園時無休／¥ 1000円
地図p.119-B

ドライブの道中にも見どころが満載！

旭川 39
上野ファーム
✈旭川空港
美瑛
237
風のガーデン
富良野
38
道央自動車道
占冠IC　トマムIC
十勝清水IC
音更帯広 芽室IC JCT 帯広
音更帯広IC
十勝千年の森
紫竹ガーデン 236
真鍋庭園
十勝ヒルズ
✈とかち帯広空港
六花の森

パッチワークの路やパノラマロードで知られる美瑛の美しい風景が広がり、ドライブにも最適

南富良野町を代表するスポット、かなやま湖ではカヌー遊びが楽しめるほか、ラベンダー園も人気

六花の森から車で10分ほどのところにあるアートの森「中札内美術村」にもぜひ（p.129）

| 富良野 | 風のガーデン | 見学 30分 |

◎ 富良野を代表するガーデンで
ドラマの名場面に思いを馳せる

テレビドラマ『風のガーデン』のため、2年の歳月をかけて造られたイングリッシュガーデン。上野ファームの上野氏がデザインした庭には、約2万株450品種の花々が植えられている。

♪ 0167-22-1111（新富良野プリンスホテル）／ ♀ 富良野市中御料／◯ 8:00～17:00（時期により変動あり。入園は閉園の30分前まで）、4月下旬～10月中旬開園／休 無休／¥ 1000円
地図p.101-J

帯広　六花の森 ろっかのもり　見学 30分

◎ スイーツメーカー六花亭がつくった
のどかな山野草の森

坂本直行画伯デザインの包装紙で知られる六花亭製菓が、包装紙に描かれた十勝の草花でいっぱいの森をつくろうと開園。エゾリンドウ、ハマナシ、カタクリなど十勝六花が咲き競う。

♪ 0155-63-1000／📍 中札内村常盤西3線249-6／🕐 10:30〜16:00（変動あり）、4月下旬〜10月下旬開園／🈑 無休／¥ 1000円（シーズンパスパスポート1500円）　地図p.225-K

帯広　紫竹ガーデン しちくがーでん　見学 1時間

◎ 北海道の原風景そのものの
多種多彩な植物の競演

「北海道を花の島にしたい」と願う紫竹昭葉さんが開園。宿根ボーダー花壇、リボン花壇、ハーブガーデンなど22ゾーンで形成された庭は、広大な野原のような心地よさ。

♪ 0155-60-2377／📍 帯広市美栄町西4線107／🕐 8:00〜18:00、4月20日〜11月下旬開園（レストランは通年営業）／🈑 無休／¥ 1000円（シーズン券1500円）　地図p.225-K

帯広　真鍋庭園 まなべていえん　見学 1時間

◎ 和洋の庭園が一度に楽しめる
おとぎの国のようなガーデン

日本初のコニファー（針葉樹）ガーデンとして知られる。2万500坪の敷地は日本庭園、ヨーロッパガーデン、風景式庭園で構成され、回遊しながらそれぞれのガーデンを散策できる。

♪ 0155-48-2120／📍 帯広市稲田町東2線6／🕐 8:30〜17:30（10・11月は時短あり）、4月下旬〜11月下旬開園／🈑 期間中無休／¥ 1000円（年間パスポート2000円）　地図p.225-K

幕別　十勝ヒルズ　見学 1時間

◎ "花と緑と農"が身近に感じられる
丘の上のオアシス

広大な十勝平野を望む小高い丘にあり、季節ごとに美しい花が咲き誇る。園内には野菜中心の菜園「ヴィーズ・ポタジェ」など、テーマごとのガーデンがある。レストランも好評。

♪ 0155-56-1111／📍 幕別町字日新13-5／🕐 9:00〜17:00、4月下旬〜10月下旬開園／🈑 無休／¥ 1000円（ヒルズパスポート1500円）　地図p.225-K

清水　十勝千年の森 とかちせんねんのもり　見学 1.5時間

◎ 自然とアートがコラボした
北海道きっての"遊べるガーデン"

「千年後の人類への遺産となる森を育てる」をテーマにした施設。広大な土地に、世界的ガーデンデザイナー、ダン・ピアソン氏が設計した5つのテーマガーデンが展開されている。

♪ 0156-63-3000／📍 清水町羽帯南10線／🕐 9:30〜16:00（季節変動あり）、4月下旬〜10月中旬開園／🈑 無休／¥ 1200円　地図p.225-K

哀愁漂うコンクリートのアーチ橋

糠平湖に沈む "幻の橋"を訪ねる

11連のアーチが美しいコンクリート製の橋梁は、湖の水位の変化によって見え隠れする"幻の橋"と呼ばれている。

時代の移り変わりで置き去りにされた旧士幌線の遺構

　タウシュベツ川橋梁は、糠平ダムが完成する前年の昭和30年まで、国鉄士幌線（廃線）の橋梁として使われていた長さ130mのアーチ橋。ダムの完成によって湖に沈んだこの構造物は解体されることなく放置され、湖の水位の変化により一時期だけ姿を見せる「幻の橋」として有名になった。

　この橋を見るには、湖の西北にある丸山橋近くからのびる林道を使うことになるが、現在この林道は通行規制があり、クルマで向かう場合は北海道森林管理局東大雪支署（♪01564-2-2141）の通行許可が必要となる。クルマを持たない人は、地元のNPOが主催する見学ツアーを利用するのが最も便利だ。

TEKU TEKU COLUMN

アーチ橋見学ツアーが便利で楽しい

　タウシュベツ川橋梁だけでなく、糠平湖周辺には旧士幌線のアーチ橋が数多く残り、それらを見て歩くツアーがおもしろい。主催しているのはNPOひがし大雪自然ガイドセンター（9:00〜18:00、無休。♪01564-4-2261）だ。

　日中コース（5月7日〜水没の間、9:00〜、14:00〜の1日2回〈GWは3回〉、ほかに早朝コースもあり。3700円）のほか、冬にスノーシューをはき、湖を横断してタウシュベツ川橋梁へ向かうツアー（1月上旬〜、9:00〜、5000円〜、防寒着必要）などがある。所要時間は約3時間30分。

↑スノーシューで湖面を渡るツアーもあり

↑現役時代のタウシュベツ川橋梁。線路の左側が、のちに湖になる

↑未舗装の林道を進んだところにある

↑ダム湖の水位が下がる冬期から通年は9月頃まで見ることができるタウシュベツ川橋梁

幌加温泉

層雲峡・旭川へ／旧十勝三股駅へ

幌加温泉♨ 幌加温泉入口♀

素朴な1軒の宿に多種多様な湯が湧く昔ながらの湯治場

滝の沢橋

ほろか

丸山橋

第五音更川橋梁
国道の滝の沢橋から迫力ある姿が見える。国の登録有形文化財

ここに通行禁止のゲートあり。北海道森林管理局東大雪支署に申請すれば鍵を借りられる

幌加駅跡
ホームと駅名の表示板、手動の線路の切り替え器が残り、往時が偲ばれる。プラットホームは、国の登録有形文化財

未舗装道路が続く。地面がゆるい場所もあるので注意

218

タウシュベツ展望台
湖の対岸からタウシュベツ川橋梁を眺められる。双眼鏡や望遠レンズがあるといい

五ノ沢♀

長さ7mの五の沢橋梁。通行可能

糠平湖

タウシュベツ川橋梁
春頃から徐々に水位が上昇し見えにくくなるが、冬期は見えることが多い

北海道自然歩道
糠平温泉街からタウシュベツ展望台の先あたりまで、路盤が残る線路跡を歩ける。トロッコに乗れる場所もあり

上士幌町

ぬかびら営業所♀
ぬかびら

ダムから糠平湖東岸の道路は通行禁止

糠平ダム

ぬかびら源泉郷スキー場

上士幌町鉄道資料館
旧国鉄糠平駅跡地にあり、旧士幌線の歴史をわかりやすく解説。SL時代の資料は必見。4〜10月、月曜休、9:00〜16:00、100円、☎01564-4-2041

山の中腹に見える下の沢陸橋

泉翠橋
まで
えん
りよ
くしよ

くろいしだいら

第四音更川橋梁
音更川に架かるところは鉄の桁橋だったが、今は撤去され、崩れ落ちそうなアーチのコンクリートに年月を感じる

元小屋ダム

第三音更川橋梁
趣のある泉翠峡に架かる32mの橋。国道から間近に眺められる。国の登録有形文化財

N

1:107,000

0　　　　3km

—— 士幌線跡
—— 士幌線(旧線)跡

帯広へ

釧路

エリアの魅力

海鮮グルメ
★★★★★
町歩き
★★★
宿泊拠点
★★★★

霧に包まれたロマンチックな街並み
釧路湿原の玄関口
北海の幸を炉端焼きで味わう

観光の問い合わせ

釧路観光コンシェルジュ
☎0154-31-1996
釧路市観光案内所
（JR釧路駅内）
☎0154-22-8294
（たんちょう釧路空港内）
☎0154-57-8304

雄大な湿原をバックに
霧とロマンを楽しむ道東の港町

　釧路川の河口に開けた釧路市は、日本有数の漁港を擁する道東最大の街。また、釧路湿原国立公園への玄関口でもある。一年を通じて霧の発生率が高いことから霧の町と呼ばれ、ロマンチックな街並みや北海の幸を求めて訪れる人が多い。放浪の詩人・石川啄木もかつてこの街で過ごし、市内にゆかりの見どころが点在している。

予約・問い合わせ

JR釧路駅
☎0154-24-3176

スターライト釧路号
北海道中央バス（予約センター）
☎0570-200-0600
釧路駅前バスターミナル
☎0154-25-1223

阿寒バス
☎0154-37-2221

HINT
釧路への行き方

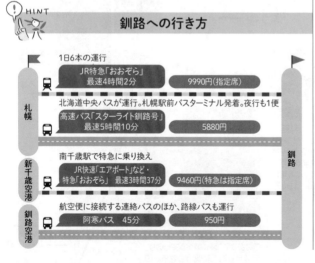

- 1日6本の運行
  JR特急「おおぞら」最速4時間2分　9990円（指定席）札幌→釧路
- 北海道中央バスが運行。札幌駅前バスターミナル発着。夜行も1便
  高速バス「スターライト釧路号」最速5時間10分　5880円
- 南千歳駅で特急に乗り換え
  JR快速「エアポート」など・特急「おおぞら」最速3時間37分　9460円（特急は指定席）新千歳空港→釧路
- 航空便に接続する連絡バスのほか、路線バスも運行
  阿寒バス　45分　950円　釧路空港

釧路駅は道東観光の拠点

左ページ下の図のほかにも、札幌、旭川、根室、北見からの高速バスが、いずれも午前と午後に1～2便ずつ運行。積雪などの道路事情によって運行が遅れる場合もあるので、乗車前にバスターミナルで確認しておこう。

飛行機によるアクセスは、p.232～も参照。東京や大阪など道外からのアプローチは、釧路空港まで飛行機を利用するのが一般的。

！HINT
まわる順のヒント

釧路市の中心地は釧路駅と幣舞橋の間。徒歩で往復しても30分程度。炉端焼きや郷土料理の店が多いのは幣舞橋東側の栄町。みやげは駅前の和商市場または幣舞橋北詰の釧路フィッシャーマンズワーフMOOで。

市内では1乗車210円の循環バス（たくぼく循環線）も便利で、釧路駅前、十字街、幣舞橋、MOOなどを約25分で循環する。

道東の魚介は和商市場で

釧路の駅前市場である和商市場は、カニやサケ、ウニ、イクラ、ホッケなど、道東で水揚げされた魚介を扱っている。丼のご飯を買い、鮮魚店の店頭で好きなタネを少しずつ買ってのせる「勝手丼」も名物。豪華海鮮丼が、1500円程度でできる。市場亭など地魚を味わえる食堂も。地図p.137-A

137

新鮮な素材はもちろん、炭にもこだわった人気店の3店

炉端焼きの店で海の幸を堪能
ろ　ばた　や

北海道でも指折りの港町・釧路は、魚介の炉端焼きを始めた町としても知られている。鮮度抜群の魚介類を炭火で焼き上げる、郷土の味をダイナミックに楽しもう。

炉ばた
ろばた

日本で初めて炉端焼きを始めた、創業以来半世紀以上続く元祖の店。炭は地元・鶴居産の炭を使用。炉を囲むようにコの字型のカウンターが配され、網の上で香ばしく焼かれる魚や野菜を眺めながら、食事や釧路の地酒が楽しめる。船番屋を再利用した木造家屋も味わい深く趣がある。

オリジナルメニュー

しかみそ800〜900円、いかみそ…時価

イカの胴に自家製のショウガ味噌を詰めて炭火で焼く。余った甘辛の味噌を焼き、野菜につけて味わうのがおすすめ

JR釧路駅から🚶15分
📞 0154-22-6636
📍 釧路市栄町3-1
地図p.137-D
🕐 17:00〜24:00
　（冬期〜23:00）、LOは30分前
🈁 日曜（GW、8〜10月中旬は不定休）
💴 予算3000円〜
🅿 近隣にあり

ここがこだわり 焼き手のベテラン・中島さんが、魚の種類や炭火の加減を見極めながらていねいに焼き上げる

↑釧路産の魚を絶妙な塩加減で味付け。炉端焼きのメニューは時価

↑香ばしい匂いに包まれた店内

TEKU TEKU COLUMN

釧路から広まった「炉端焼き」

今から65年ほど前、「炉ばた」の創業者が、囲炉裏をヒントに、地元・釧路産の魚介類や野菜を炭火であぶる炉端焼きを考案したといわれる。これが全国に広まり、釧路市内には現在たくさんの炉端焼きの店がある。

くし炉あぶり家
くしろあぶりや

道東産のシシャモ（オス・メス各2尾638円）やコマイ（528円）、羅臼産の真ほっけ（半身1078円）など、道内各地から取り寄せた厳選素材を使用。刺身や寿司、揚げ物、おでんなどメニューも充実。

北釧〆サバ刺身…748円

釧路沖まで来ると丸々と太り、魚体も大きく脂ののりも抜群によいサバを使用。あぶり家の職人技が光る

JR釧路駅から🚶10分
📞 0154-22-7777
📍 釧路市末広町5-6
地図p.137-C
🕐 16：30～23：30（23:00L.O.）
休 無休　P 契約あり

ここが
こだわり

釧路近海でとれた魚介類をはじめ、焼き物の素材は新鮮な北海道産。炭は備長炭を使用

↑掘りごたつやカウンター席を用意

↑鮮度にもこだわった道内産の素材

炉ばた 煉瓦
ろばた れんが

明治末期に建てられたレンガ造りの倉庫を改造した建物が目印。炉端焼きは、各テーブルに用意された炉で、自分で焼きながら食べるスタイル。水産会社が直営する店とあって、鮮度の良さはお墨付き。

JR釧路駅から🚶12分
📞 0154-32-3233
📍 釧路市錦町3-5-3
地図p.137-C
🕐 17：00～23：00（LOはフード22:00、ドリンク22:30）
休 年末年始
¥ セットメニュー4300円～
P 10台

醤油いくら丼
…1580円

ここが
こだわり

食材を自分で焼くことで、香りや炭のはぜる音など、炉端焼きの醍醐味を五感で楽しめる

鮭・イクラの加工をメインに行う水産会社ならではの極上イクラ丼。炉端焼きのシメにオーダーしたい

見る

米町公園
よねまちこうえん

地図p.145
JR釧路駅前から🚌くしろバスたくぼく循環線で10分、🚏米町公園下車すぐ

釧路港を一望する高台の公園。石川啄木の歌碑や旧釧路埼灯台を模した米町展望台があり、晴れた日には阿寒山系も見渡せる。

📍釧路市米町1-1　🅿10台

釧路市立博物館
くしろしりつはくぶつかん

地図p.145
JR釧路駅前から🚌くしろバス市立病院方面行きで9分、🚏市立病院下車🚶5分

地元出身の建築家、毛綱毅曠氏が設計した建物は、タンチョウが羽を広げた姿をイメージ。氷河期から近代に至るまでの釧路の自然や歴史を紹介。タンチョウやアイヌ民族に関する展示も多数ある。

🎵0154-41-5809　📍釧路市春湖台1-7
🕘9:30～17:00(入館は～16:30)
❌月曜(祝日の場合翌平日)・11月4日～3月の祝日、年末年始　💴480円　🅿30台

釧路フィッシャーマンズワーフMOO
くしろふぃっしゃーまんずわーふむー

地図p.137-C
JR釧路駅から🚢15分

釧路川にかかる幣舞橋のたもとに建つ、ショップとレストランの複合施設。海産物や乳製品などが買えるほか、釧路名物の岸壁炉ばた(5月中旬～10月)、郷土料理も味わえる。

🎵0154-23-0600　📍釧路市錦町2-4
🕘物販10:00～19:00(7・8月は9:00～、年末は～17:00)、飲食11:30～13:45、17:00～21:45、港の屋台11:30～14:00(一部店舗)、17:00～24:00
❌全館休業日は1/1。港の屋台は12/31も。ほかは店によって異なる　🅿76台(有料)

宿泊ガイド

釧路プリンスホテル	🎵0154-31-1111／地図:p.137-C／Ⓢ6050円～Ⓣ6630円～ ●太平洋や街の夜景を眺められる客室と展望レストランをもつ。全400室。
釧路センチュリーキャッスルホテル	🎵0154-43-2111／地図:p.137-D／Ⓦ6750円～Ⓣ9818円～ ●2015年に全館リニューアルし、ゆったりくつろげる。全48室。
ANAクラウンプラザ釧路	🎵0154-31-4111／地図:p.137-C／Ⓢ9200円～Ⓣ1万2700円～ ●フィッシャーマンズワーフMOOの隣に建つ。全180室。
ホテルパコ釧路	🎵0154-23-8585／地図:p.137-D／Ⓢ5200円～Ⓣ9460円～ ●飲食店街の近くに建つ。シングルもセミダブルベッドを採用。全221室。
釧路ロイヤルイン	🎵0154-31-2121／地図:p.137-A／Ⓢ7000円～Ⓣ9900円～ ●釧路駅のそばにあり、レストランでは朝食バイキングが無料。全153室。
ラスティングホテル	🎵0154-21-9111／地図:p.137-A／Ⓢ6270円～Ⓣ5720円～ ●朝食のバイキングは、80品目を超える料理が並ぶ。全84室。
ホテルクラウンヒルズ釧路	🎵0154-22-0109／地図:p.137-A／Ⓢ5520円～Ⓣ7568円～ ●釧路駅バスターミナルの向かいに建つ。全150室。
幣舞の湯 ラビスタ釧路川	🎵0154-31-5489／地図:p.137-D／Ⓢ6990円～Ⓣ9790円～ ●最上階の天然温泉大浴場からは釧路川や太平洋が望める。全226室。

厚岸・霧多布

厚岸は国内でも有数のカキの名産地で知られる。霧多布は日本で3番目に広い霧多布湿原があり、季節ごとに100種類以上の花が咲き誇る。観光に関する問い合わせは、厚岸観光協会（☎0153-52-3131）、浜中町観光協会（☎0153-62-2111）へ。

⚠ HINT
厚岸・霧多布への行き方

厚岸へは釧路駅からJR根室本線快速・普通列車で46〜58分（1130円）、厚岸駅下車。霧多布へは釧路駅からJR普通・快速列車で1時間13〜34分（1490円）、茶内駅下車、町営バス霧多布温泉ゆうゆ行きで30分（300円）、終点下車。町営バスは月〜金曜運行。土・日・祝日の利用は予約が必要。

見る 歩く

風光明媚な岬や湿原が点在するエリア。厚岸湾を一望できる断崖にある愛冠岬は、ロマンチックな名前からカップルに人気だ。夏に霧が多く発生し、幻想的な雰囲気に包まれる霧多布岬も有名。霧が多いことからこの名で呼ばれているが、正式名称は湯沸岬。琵琶瀬湾に面して扇型に広がる霧多布湿原は、4月上旬から初秋にかけて多彩な花々が咲き誇る。

釧路湿原

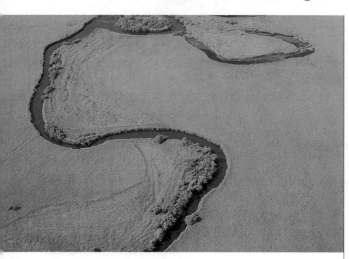

心をゆさぶる壮大な眺望と
野生動物との出会いに感動

　釧路湿原は釧路川流域に広がる日本最大の湿地。1980（昭和55）年にラムサール条約の登録地となり、1987（昭和62）年には268.6㎢が国立公園に指定された。貴重な植物や野生動物も多く、ヨシやスゲ類に覆われた大平原に河川、湖沼、池塘群が点在する景観は周辺の展望所から眺められる。

 HINT

釧路湿原への行き方

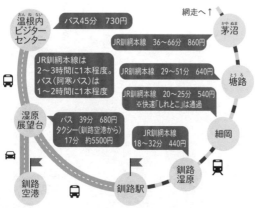

温根内ビジターセンター
網走へ↑
茅沼
塘路
細岡
釧路湿原
釧路駅
湿原展望台
釧路空港

バス45分　730円
JR釧網本線　36〜66分　860円
JR釧網本線　29〜51分　640円
JR釧網本線　20〜25分　540円
※快速「しれとこ」は通過
JR釧網本線　18〜32分　440円

JR釧網本線は2〜3時間に1本程度。バス（阿寒バス）は1〜2時間に1本程度

バス　39分　680円
タクシー（釧路空港から）17分　約5500円

エリアの魅力

雄大な展望
★★★★★
アクティビティ
★★★★
ハイキング
★★★★

圧倒されるほど壮大な眺望
貴重な動植物との出会い
ネイチャー体験ツアー

ラムサール条約

　特に水鳥の生息地として国際的に重要な湿地に関する条約。

予約・問い合わせ

JR釧路駅
☎0154-24-3176
美しい村・鶴居村観光協会
☎0154-64-2020
路線バス
阿寒バス
☎0154-37-2221（釧路）
くしろバス
☎0154-36-8181
タクシー
釧路個人タクシー協同組合配車センター
☎0154-22-3156

湿原めぐりの季節と服装

　5月上旬〜7月中旬と9月下旬〜10月下旬は雨が少なく、快適で歩きやすい。夏はアブやハチが発生するので、長袖・長ズボンで行動しよう。靴はスニーカーがおすすめ。飲食物は事前に購入しておいたほうがいい。

左ページ下の図を参照。釧路湿原への玄関口となるのは、JR釧路駅（p.136）。見どころは湿原の東部側・西部側に分かれ、それぞれJR釧網本線、阿寒バスが運行している。広域かつ交通が不便なため、レンタカー（p.236）やタクシーの利用も検討したい。

釧路湿原周遊のヒント

●湿原東部（細岡・達古武沼・塘路・茅沼）へ

散策起点の各駅へは釧路駅から釧網本線を利用する。細岡展望台へは釧路湿原駅、達古武沼へは細岡駅、塘路湖やサルボ・コッタロ展望台へは塘路駅が最寄り。列車の本数が少なく、運転間隔が空く時間帯もある。なるべく午前早めの列車で釧路駅を出発し、昼過ぎ～15時頃の列車に乗り継げるような予定を立てたい。くしろ湿原ノロッコ号についてはp.155参照。

●湿原西部（釧路市湿原展望台・温根内）へ

釧路駅前から阿寒バス鶴居線・幌呂線を利用する。朝夕を中心に1日6往復程度。ただし土・日曜・祝日は運休する便もある。バスは道路の状況により遅着や早着もあるので、余裕をもってバス停へ向かおう。釧路空港からは、直行バスがないのでタクシーを利用する。

●湿原北部（宮島岬・キラコタン岬）へ

宮島岬、キラコタン岬へは交通手段がなく、定期観光バスも立ち寄らない。したがってレンタカーもしくはタクシーと徒歩の組み合わせになるが、立ち入りには文化庁と地主の許可が必要。詳細は鶴居村教育委員会（℡0154-64-2050）に連絡を。鶴居村内の宿などで主催しているネイチャーツアー（右脚注参照）に参加するのが便利。

ネイチャーツアーを利用する

ホテルTAITOネイチャー倶楽部
℡0154-64-3111
キラコタン岬など釧路湿原内の特別保護区を立入許可を取ったガイドとともに歩くツアー。所要4時間、5400円。

鶴居どさんこ牧場
℡0154-64-2931
湿原の周辺をまわるホーストレッキング。5時間コース1万7300円、2時間コース9100円。

レイクサイドとうろ
℡015-487-2172
釧路川をオープンデッキカヌーで細岡まで約9kmを下る。4～11月のみで所要2時間。相乗りで7000円～。

釧路湿原

●釧路湿原を案内する観光タクシー

コース名／料金	観光コース
釧路湿原チョットみのたび ［金星釧路ハイヤー］℡0154-22-8141 9750円～(1.5時間以上)	釧路市内→釧路市湿原展望台→温根内ビジターセンター→釧路市内または釧路空港 ※1.5時間で利用する場合は、釧路市湿原展望台か温根内ビジターセンターのどちらかを選択するのがおすすめ
釧路湿原堪能のたび ［金星釧路ハイヤー］℡0154-22-8141 3万2500円～(5時間以上)	釧路市内→釧路市湿原展望台→温根内ビジターセンター→コッタロ展望台→塘路湖→細岡大観望→釧路市内または釧路空港 ※塘路湖ではカヌー体験もできる（要予約・別途料金）

※プランは相談可能。施設などの利用は各自負担。

●釧路湿原をめぐる観光バス

コース名／料金	運行期間	観光コース
しつげん55PASSで巡る 冬のたんちょう号 ［阿寒バス］5200円	1月25日～3月1日	釧路駅前8:50→鶴公園→阿寒国際鶴センター→山花温泉リフレ(昼食)→釧路湿原展望台→塘路駅前(下車可)→塘路湖→釧路駅前15:35
ピリカ号 道東三湖～摩周湖・ 屈斜路湖・阿寒湖を巡る1日コース ［阿寒バス］4600円	4月25日～11月18日の毎日	釧路駅8:00→釧路湿原北斗展望台→摩周湖第1展望台→硫黄山→屈斜路湖砂湯→阿寒湖温泉→釧路空港→釧路駅前16:50頃→MOO→釧路プリンスホテル16:55頃

※2020年の例。利用時には必ず最新の時刻や運行期間を確認してください。

釧路湿原

周辺広域地図 P.222-223

久著呂へ

摩周へ

弟子屈へ

国道391号線この木段の先は未舗装。道幅狭くガーブ多い。自転車の場合も狭い路肩に注意

木の階段を登ると双眼鏡がある展望台がある

ダンチョウ営巣地
駅から見られる

コッタロ温泉 P.152
最重要部湿原地P.152

標茶町

シラルトロ湖展望台
シラルトロ湖を望む

コッタロ湿原展望台 P143
広がりとその眺望の良さから人気がある展望台

シラルトロ湖
ダンチョウや水鳥が飛来する野鳥の楽園

憩の家 かや沼
(休業中)

ベンジョン
未知浦

かや沼のまち

サルボ展望台
釧路湿原と塘路湖、塘路湖をを見下ろす

塘路湖 P.153
釧路湿原最大の湖沼

シラルトロ湖

カヌーツーリング
レイク
サイド
とうろ

サルルン展望台
塘路から一歩向う左右に小さな池が。池の行方に川の地行右に大きな湖沼が見られる

喫茶ノロッコ&8001

二段展望台
釧路川が目の前で見られる

サルルン展望台 P.152-153
サルボ展望台この道の途中から分岐。断層の上のテラスから湿原を見渡せる

塘路湖エコ
ミュージアム
センター
あるっこっと

ハンノキ林の中。
見通し悪い

夢ヶ丘展望台
小湿地が見られる

達古武沼
水鳥の宝庫
湖に隣接してオートキャンプ場や遊歩道を完備

釧路町達古武オート
キャンプ場

キラコタン岬 P143
・釧路市南部から釧路湿原駅、1052号線経由で達古武岬まで徒歩30分ほどから釧路湿原まで。立ち入りには許可が必要で、ネイチャーツアーの利用を

道道から分岐してしばらくは舗装路。未舗装路の達古武岬までブリッて入れ、そこから釧路湿原まで徒歩。立ち入りには許可が必要で、ネイチャーツアーの利用を

P154

ほそおか

細岡展望台 P143

細岡展望台へは雄大の悠久雄大な眺望を登る

細岡ビジターズラウンジ P.143

ロッジハウス風の駅舎
細岡温泉駅

宮島岬 P143

釧路湿原国立公園

釧路湿原
P.142

温根内遊歩道 P.151
木道はほとんどだか原野の中の一本道

低層湿地がずっと広がる雄大な眺め

ゲート。
車両通行止め
P.151

温根内ビジターセンター

53

温根内ビジターセンター

釧路湿原

P.143 鶴居どさんこ牧場
(どさんこ温泉露天)

芦別さけ・ますふ化場

乗馬ができる名所。宮島岬へのトレッキングもやっている

丹頂の家
ダンチョウの営巣地が近く、姿を見ることができる

鶴見台
ダンチョウのトレッキングもやっている

243

雪里川

幌呂川

下幌呂

鶴居村

久著呂へ

144

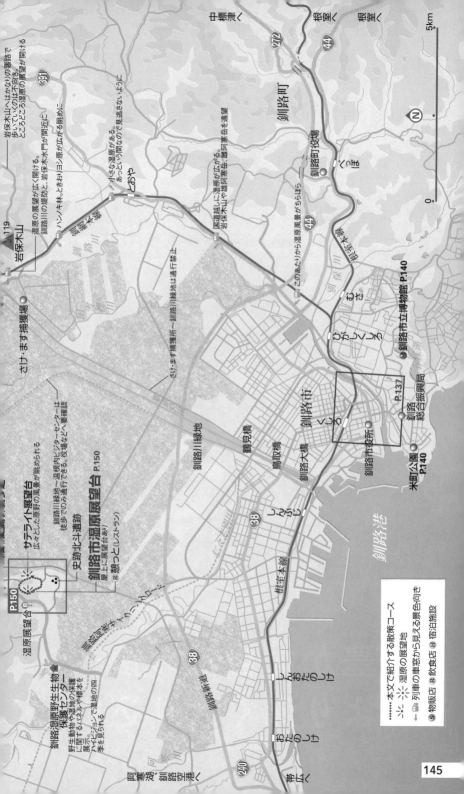

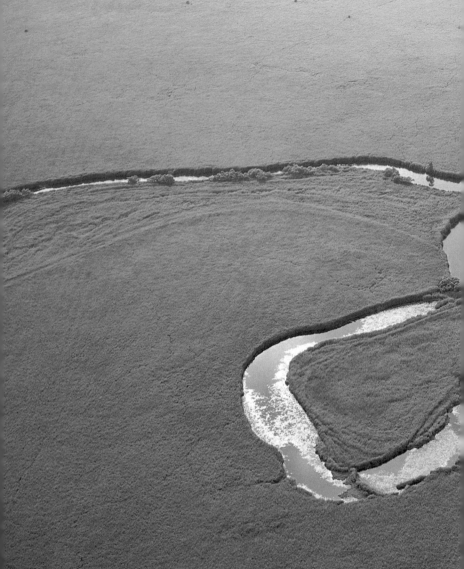

豊かな自然の懐へ
より深く入り込む

釧路湿原に
生息するタンチョウ

　一時は絶滅したといわれた特別天然記念物のタンチョウだが、長い保護活動によって、その数は増えている。湿原周辺でその姿を見られるスポットがある。

釧路・
釧路湿原

　釧路川流域に広がる日本最大の湿地帯。太古から延々と続く豊かで神秘的な自然美を見せる。周囲には、湿原を見渡すための展望台が設けられている。

途方もなく雄大で感動的な自然を体感!

釧路湿原 観察ガイド

釧路湿原は、貴重な野草と野生動物の宝庫といえる。その自然のすばらしさをより実感したいなら、湿原内を自分の足で歩いてみることをおすすめする。ここでは、湿原探勝のポイントと基礎知識を紹介しよう。

湿原の生成と特徴

釧路湿原の創生期は今から約2万年前、最後の氷河期(ボユルム)にまでさかのぼるといわれています。約1万年前に気温の上昇とともに地表の氷が溶け、膨張した海が内陸へと入り込む「海進(かいしん)」が起こって現在の湿原部分は入り江になっていました。

その後、6000年前頃を境に気温が下がり、海水が海に戻る「海退(かいたい)」が始まり、約3000年前にほぼ海水がなくなりました。以来、土砂や枯れた植物等が1年に1mmずつ堆積して泥炭層(でいたんそう)を形成し、日本の湿原面積の6割を占める釧路湿原ができあがったのです。

湿原は地層の状態によって低層・中間・高層の3種類に分けられますが、釧路湿原の場合は、常に湧水に浸かっている低層湿地が全体の約8割を占めます。さらに水位の上昇や下降具合で地表が見え隠れする中間湿地、ミズゴケが堆積することによって生成した高層湿原も見ることができます。

展望台から眺めると、スゲ、ヨシ(アシ)とハンノキの群落が一面を覆い、まるでアフリカのサバンナ草原のよう。水と寒さによって植物の根が盛り上がったヤチボウズや、人や動物が落ちると這いあがれないという深い水たまり、ヤチマナコが数多く見られるのも特徴です。

湿原で見られる動植物

釧路湿原は野鳥の宝庫です。例年3月になると、ハクチョウやカモなどの渡り鳥が北上の途中で羽を休め、同時にタンチョウが営巣のためにつがいで戻ってきます。また、春を迎えると冬鳥であるオジロワシ、オオワシなどが北上し、南からはアオサギ(一部留鳥)、カッコウが夏を過ごすために飛来します。オーストラリア大陸から無着陸で

釧路湿原の動植物

[キタキツネ]

●しぐさがかわいく、親しみがもてるキタキツネ。出会える確率は高いが、エサを与えたり直接ふれたりしてはダメ

[アカゲラ]

●全長約25cmの一般的なキツツキ。オスの後頭部は鮮明な赤色で、強いクチバシで木に穴をあけ、中にいる虫を食べる

[ヤチボウズ]

●カブスゲなどのスゲ類が繁茂した株が、冬期の土壌凍結で隆起し、春先のまだ土壌が凍結している状態のときに、流水で株の根元がえぐり取られる。このような状態が毎年重なり合ってヤチボウズとなる

渡ってくるオオジシギなども有名です。川や湖沼ではカワセミ、ヤマセミ、樹林帯ではアカゲラ、ヤマガラも見られます。

一方、植物は雪解けとともにハンノキ、ヤナギが芽を吹き、フクジュソウ、フキノトウ、ミズバショウ、エンコウソウなどが咲き始めます。6〜8月になると白い花をつけるオオバナノエンレイソウ、ピンク色のオオサクラソウなどが次々と咲き誇ります。

また、タンチョウのヒナが歩く7月頃には氷河期の遺跡種であるミツガシワが、コッタロ湿原で一面に見られます。

このように湿原にかかる木道、遊歩道を歩くと、数十種の花、野鳥、そして湿原をわたるエゾシカやキタキツネに出会うことができるのです。

湿原観察に出かけよう

釧路湿原は水鳥を守るための国際的に重要な湿地として、1980（昭和55）年にラムサール条約の登録地に、1987（昭和62）年には日本で28番目の国立公園に登録されました。自然を保護しながら賢く利用する「エコツーリズム」「ワイズユース」といった言葉が知られますが、国立公園である釧路湿原もその第一歩を踏み出そうとしています。

湿原内の動植物（植生）を守り、かつ観察や観賞することを目的に木道が敷かれ、その中心施設としてビジターセンターがあります。湿原の中を歩ける木道は3カ所で、いずれも距離は2〜5km。ビジターセンター

● 釧路湿原で確認された動植物数

植　物	約 600種	魚　類	約 35種
ほ乳類	約 28種	鳥　類	約 170種
両生類	約 4種	昆虫類	約 1150種
は虫類	約 5種		

↑11月に入ると、湿原はヨシの葉が黄色に色づく

は細岡、温根内、塘路湖畔にあります。

散策は軽装でも可。ただしハチなどの虫が出る時期（7〜9月）は、帽子と白い服の着用がおすすめです。カメラや双眼鏡などがあればより楽しめるでしょう。

タンチョウは3〜10月頃まで子育てのため湿原にいますが、春先は人間の姿が見えると巣を放棄してしまう恐れがあるので、絶対に近づかないようにしてください。

また、ゴミ等の投げ捨ても禁止。ゴミをあさりに来たと思われる迷いグマが、木道の途中で発見されています。キタキツネに至っては人間に慣れ、もらったり拾ったりしたエサを食べたことで皮膚病にかかるケースが急増。そのために年々頭数も減り、そのうち天然記念物に指定されるのでは？という冗談もささやかれているほどです。

自然を守るためにも、どうかマナーを大切にしてください。

［タンチョウ］

● 春から秋にかけて、子育てのため湿原内にいる。ただし、警戒心が強くなっているので、見かけても近づかないように

［エゾネコノメソウ］

● 5月末〜6月末に咲く。可憐な黄色い花が印象的。花そのものはごく小さく、葉、ほうを含めても5〜10mmの大きさ

［エゾフウロ］

● 6月中旬〜8月末に咲く。高さ30〜80cmの植物で、花は紅紫色、直径約3cm程度。東部の湿原外で見られる

［クシロハナシノブ］

● 6月中旬〜7月中旬に咲く。花の色が白から青紫色まであり、別名「湿原の貴婦人」と呼ばれる。湿原内北部でよく見られる

てくさんぽ

釧路市湿原展望台

くしろししつげんてんぼうだい

レストランもある大きな施設を起点に、湿原の中をぐるりと1周できるコース。高台にあるサテライト展望台からの眺めがすばらしい。

周辺広域地図 P.145

ここへの行き方
p.142参照

まわる順のヒント

HINT

起点となる釧路市湿原展望台では、散策するための地図や資料を入手できるほか、荷物を預けられるので、それらの準備を整えてからスタートしよう。ゆっくり1周するなら反時計回りがおすすめ。サテライト展望台へ急ぎたい場合は、時計回りのほうが早い。

---

01 見学 40 分

釧路市湿原展望台

資料展示室ではグラフィックパネルやジオラマで湿原の動植物、地形、地質、遺跡などを紹介している。3階はガラス張りの展望室、屋上には展望バルコニーがある。売店やレストランも併設。

♪ 0154-56-2424
🕐 8:30〜18:00（11〜4月は9:00〜17:00、入館は閉館の30分前まで）
🈵 年末年始 ¥480円

---

03 見学 20 分

サテライト展望台

釧路湿原展望台に併設された1周約2.5kmの遊歩道にある展望台。丘陵の斜面に木製の2層建てテラスが張り出し、湿原全体を西側から見渡せる。延々と原野が広がる雄大さは、釧路川を望む東の細岡展望台と対照的だ。周辺にはパノラマ案内板や水飲み場が設置されている。

MAP

N

▲鶴居村・温根内へ

53

ハンノキ林の湿地
急階段、途中から湿原が展望できる

温根内ビジターセンターへ 3km

あおさぎ広場
アオサギのコロニーが見られる

左右の丘の間に湿原が遠望できる

湧水あり

木道の左右にヤチボウズを見られる

ハギのトンネル

はばたき広場

2018年現在通行禁止

いざない広場

鶴居行き

7分

丘陵に張り出した2層の展望台。有料双眼鏡100円

03 サテライト展望台
釧路湿原のほぼ全域を遠望。ベンチ、水飲み場、東屋あり

屋上に有料双眼鏡100円。トイレ、レストラン、売店あり

釧路行き

START GOAL

01 釧路市湿原展望台

85m

急な坂道

駐車場

ふれあい広場

1時間
約2.5km

鶴居軌道跡探勝歩道

林間のゆるやかな坂道

急勾配の木の階段

こもれび広場
樹木の間から湿原がうかがえる

02 丹頂広場
ベンチあり

10分

アップダウンが多い

樹林がときおり開ける

こもれびの階段

階段 10分

つり橋

ケヤマハンノキとヤナギの並木

九十九折の階段。途中の踊り場にベンチ

3分

ひだまり広場

道道53号へ

木道入口

史跡北斗遺跡展示館
縄文時代の遺跡出土品を展示

湧水あり

史跡展望台

木道入口

北斗遺跡
竪穴住居跡群
●復元住居

オススメ！

---

02 見学 20 分

丹頂広場
たんちょうひろば

湿原の広がり、奥行きがよくわかる。湿原の中で羽を休めるタンチョウが見られることもある。

温根内遊歩道

おんねないゆうほどう

幅が広く歩きやすい木道を歩きながら、低層湿地と高層湿地の植物を間近に観察することができる。内回り、中回り、外回りと3つのコースがあるので、時間や予定を考えながら選んでまわろう。

01　　見学 30 分

温根内ビジターセンター

身近に湿原の生態を観察できる特別地域の中にある情報の拠点。花、ホタルなどの情報も紹介。建物脇の展望デッキは休憩ポイントにもよい。

♪0154-65-2323
🕘9:00～17:00（11～3月は～16:00）／休 火曜・年末始　💰無料　Ｐあり

02　　見学 1 時間 30 分

温根内遊歩道

温根内ビジターセンターを起点に、低層湿地と高層湿地の中に幅1.5mほどの木道が整備されている。ループ状に1周約500mの内回り、約2kmの中回り、約3kmの外回りが選べ、高層湿地へは外回りコースで行くことができる。高台の展望所では感じられない植生の変化がわかる。

オススメ

03　　見学 30 分

鶴居軌道跡探勝歩道

つるいきどうあとたんしょうほどう

1929～68年に使われていた鶴居線の軌道跡。低層湿地の畔に沿って土盛りされた遊歩道は、ほぼ平坦なので歩きやすい。ヤチハンノキ越しに広がる湿原風景や足元の草花、雑木林に点在するヤチボウズなど見どころも多い。

居市街へ
ゲート（車両通行止）
×
釧路川右岸堤防
舗装路

鶴居行き
釧路行き 53
ヤチダモの林
駐車場

周辺広域地図 P.144

ここへの行き方
p.142 参照

START GOAL
01 温根内ビジターセンター
建物わきに休憩用テラス

雑木林の中の階段

ハンノキの中を歩く
トンボとチョウ

ヤチマナコが見られる

木道入口
ミツガシワ

低層湿原とハンノキ林
木道の下はヤチ

低層湿原の花ハナタネツケバナ

釧路湿原のなりたち
低層湿地が見られる
02 温根内遊歩道

湧水あり

雑木林

木道入口

木道は幅約1.5m、湿原からの高さ約70cm

夏鳥、ヘイケボタル

ウメバチソウ

タヌキモ

高層湿原の花

カキツバタの群落が見られる

雄阿寒・雌阿寒岳を眺める
ツルコケモモ

小さなテラス式展望所
高層湿地が見られる

イソツツジ

未舗装の砂利道

ヒメシャクナゲ

03 鶴居軌道跡探勝歩道

高層湿原
奥行きのある湿原風景

ハンノキ林

1時間
約3km
（外回り）

ハンノキ林の中を歩く

野鳥が多い

ハンノキに遮られ視界が狭まる

外回りコース

西側に巨大なフキが続く

季節の鳥

木道入口

Ｎ

湿原展望台まで3.6km

151

塘路湖・コッタロ湿原

とうろこ・こったろしつげん

塘路湖を中心に大小5つの湖沼が点在。サルボ展望台からは湖沼群のパノラマ景観を楽しめる。西に広がるコッタロ湿原は、釧路湿原の原風景を残す唯一のエリアといわれている。

見学20分 04

サルルン展望台

サルルン沼を見下ろす標高80m付近にある展望スポット。湖沼群と湿原の広がりを同時に眺望できる。湿原の中を走る列車を撮影できる絶好のポイントとしても知られている。

オススメ!

05 見学30分

コッタロ湿原展望台

釧路川の原風景といわれる低層湿地として、特別保護地区に指定されるコッタロ湿原を眺める。道道クチョロ原野塘路線にあり、駐車場脇から木の階段と急な坂を上った高台にある。草原の中に数多くの池塘が点在する独特な風景が見られる。エゾシカやタンチョウも生息している。

まわる順のヒント

HINT

駅から塘路湖畔を経由してサルボ展望台からサルルン展望台まで徒歩で約1時間15分。同ルートを自転車で行くとサルボ入口駐車場まで約15分、そこから両方の展望台へは徒歩で約25分。

2つの展望台へは、駐車場からつづら折りの階段を上り、二手に分かれるところで右へ行き、サルボ展望台経由で往復する。右手のサルルン展望台への道は通行禁止なので注意。

コッタロ湿原展望台へは駅から自転車で片道約50分。コッタロ湿原への道道クチョロ原野塘路線は、未舗装の砂利道で路肩が緩く、走行は要注意だ。

GOAL トイレ

113段の急な階段を上る

コッタロ湿原展望台 コッタロ湿原と釧路湿原北部を望む 05

低層湿地が見られる

釧路川

ハンノキ林の歩く砂利道

カラフトが見られる

道道ク

30分

塘路駅〜サルボ展望台〜コッタロ湿原展望台 往復(一部自転車利用)

4時間30分
約26km

塘路駅〜サルボ展望台 往復(徒歩)

2時間30分
約5km

二本松橋
湿原内で釧路川を歩いて渡れる唯一の橋

軌道跡あり

ここへの行き方
p.142参照

周辺広域地図 P.144

細岡・釧路

オススメ!

03 見学20分 ◎

サルボ展望台

標高100mの小さな山の稜線にある展望台。塔の最上部からは南に湖沼群と塘路の町、東に塘路湖が望める。展望台に向かう道は急坂や足もとの悪い場所もあるので注意。

シラルトロ湖

塘路湖からサルボ丘を隔てた北側に広がる周囲9.8kmの沼。水鳥、オオハクチョウなどのバードウォッチングも楽しめる。

シラルトロ湖キャンプ場（休業中）

釧網本線

湖畔のキャンプ場からシラルトロ沼を眺望

蝶の森展望台

行徒歩危険の通

蝶の森
ミズナラなどの広葉樹林の中を歩く。遊歩道1周約40分

タンチョウは通年。秋～春はヒシクイ、オオハクチョウ、オオバンなどが多い、オジロワシ、オオワシも見られる。

現在通行禁止

391

車の窓から湿原とシラルトロ湖の景観

水鳥群生地

シラルトロ湖

南西側に釧網本線と塘路の町、池塘群を望む。塘路湖も一部見られる

この先行き止まり

04 サルルン展望台
竪穴住居跡

25分（徒歩）

03 サルボ展望台
89m

ゆるやかな山道

サルルン沼
エゾカオジロトンボが見られる

サルボ入口

コッタロ湿原入口

トイレ（観光シーズンのみ）

野生動物が出没

春と秋に水鳥が集まる

釧路川の合流が目の前で見られる
二股展望所（挽歌橋跡）

歩道あり

ベカンベが見られる

塘路橋 塘路湖エコミュージアムセンター「あるこっと」 02 R

トイレ

レイクサイドとうろ
レンタサイクル、レンタルカヌーあり 01 塘路湖

START

塘路

標茶町博物館

塘路・元村キャンプ場

茶ノロッコ&8001 R
タサイクルあり

3分

02 見学30分 ◎

塘路湖エコミュージアムセンターあるこっと

♪ 015-487-3003
① 10:00～17:00（11～3月は～16:00）
⑯ 水曜、年末年始
¥ 無料 ℗ あり

塘路湖の南岸にあるビジターセンター。精巧なジオラマやハイビジョンを使って、釧路湿原の構造や見どころを紹介。野外テラスでは塘路湖の自然や野鳥を観察できる。パソコンを使った情報検索サービスがある休憩ゾーンもある。

01 見学20分 ◎

塘路湖

周囲17.9km、面積6.37kmの釧路湿原最大の海跡湖。イトウやワカサギが生息しており、冬はワカサギ釣り、夏はカヌーが楽しめる。湖畔にはキャンプ場もある。

釧路湿原

153

MAP てくさんぽ

細岡展望台

ほそおかてんぼうだい

釧路湿原駅から歩いて行ける展望所。"大観望"と呼ばれる第2展望台からは湿原の中を蛇行する釧路川と、雌阿寒岳・雄阿寒岳を望む大パノラマが開ける。

01 見学30分 オススメ!

第1展望台

湿原はもちろん、釧路川の蛇行を最も雄大に眺められる展望所。東屋が立つアート広場があり、その前の階段下にテラス式の展望広場があって、それぞれ湿原の見え方が違う。時間をかけてのんびり、じっくりと湿原風景を楽しもう。

02 見学20分

第2展望台

左手に岩保木水門、正面に釧路川、地平線の彼方に雌阿寒岳・雄阿寒岳まで遠望でき、釧路湿原の中でも最も人気のある展望台といわれている。

03 見学20分

細岡
ビジターズ・ラウンジ

細岡展望台へ向かう遊歩道入口にある。館内では湿原に生息する動植物の写真や湿原の形態、生いたちなど数多くの資料を展示している。売店では湿原グッズやおみやげも販売。また1階にある喫茶コーナーではコーヒーが300円。2階のテラスは湿原を見渡せる展望台になっている。

📞 0154-40-4455
🕐 9:00〜18:00(4・5月は〜17:00、10・11月は〜16:00、12〜3月は10:00〜16:00)
❌ 年末年始 💰 無料

周辺広域地図 P.144-145

1時間30分
約5km

ヤチマナコが見られる
細岡カヌーポート

GOAL

ここへの行き方
p.142参照

釧路川の展望が開ける
雄阿寒・雄阿寒岳を望む

ログハウス風の無人駅で、周囲に売店などはない

細岡
トイレあり

ペンションのーむ

白樺林の中を歩く

踏切あり

START
急階段
釧路湿原
トイレ・自販機あり

ミズナラ林の中を歩く
03 細岡ビジターズ・ラウンジ

東屋、水飲み場
細岡展望台

01 第1展望台
(アート広場・展望広場)
・トイレ

若いハンノキ林越しに湿原風景

釧路川に近付く

02 第2展望台
(大観望)
車道から少し入ったところは湿原全域と釧路川の蛇行、雄阿寒・雌阿寒岳を眺望。パノラマ案内板あり

岩保木へ向かう荒れた道

雑木林

ヤチハンノキ林

◀ 釧路へ

📞 0154-36-5431 (レラ)
🕐 8:00〜21:00

釧路川カヌーツアー

湿原の中を流れる釧路川を下るカヌーツアーがある。コースは、細岡カヌーポートを発着地として、10kmほど離れた塘路湖から下ってくるツアーや、岩保木水門まで下っていくツアーなど数種類。2名以上から参加可能で1万8000円(2名)〜。内容や装備を含め、必ず事前に予約を。

ゆっくり進む観光列車で自然風景を満喫

ノロッコ号で 湿原の中を走る

釧路と網走を結ぶJR釧網本線は、釧路湿原を走る唯一の鉄道路線。春から秋にかけてはトロッコ列車の「くしろ湿原ノロッコ号」が運行し、見どころをゆっくり走る列車の窓から湿原風景を楽しめる。

↑釧路湿原駅に停車中の「くしろ湿原ノロッコ号」

開放感あふれる展望車両

釧路駅を発車した列車は、東釧路駅の先で市街地を抜けて原野へと入る。車窓左手に湿原が展開。遠矢駅を過ぎると左手に岩保木水門が見え、ヨシやスゲで覆われた平原にハンノキの原生林が点在する。

細岡展望台のある釧路湿原駅を過ぎると釧路川の蛇行が左手に迫り、対岸にヤチダモとヤナギの林がうかがえる。ここから細岡駅までは急勾配となり、列車のスピードがさらに落ちる。S字にカーブするため、先頭を行く機関車を窓から眺めることができる。

細岡駅を過ぎると右手に達古武沼へと続く低層湿原、左手に蛇行する釧路川を見下ろすように進む。このあたりから塘路駅までは野生動物がよく見られ、林の中にエゾシカがいるこ

↑窓ガラスがなく爽やかな風が吹き抜ける車両

塘路駅に停車中のくしろ湿原ノロッコ号

↑運がよいとエゾシカも

とも。目を凝らして車窓に集中しよう。

ノロッコ号の終点は塘路駅だが、釧路湿原はまだまだ続く。その先は釧網線の普通列車で楽しみたい。塘路駅を過ぎると、左右の車窓に湿原が見られる。右手の池塘群にはアオサギ、タンチョウがよく見られる。また茅沼駅の西側にはタンチョウの営巣地があり、野生のタンチョウを見られる確率が高いので、ぜひ注目してみよう。

↑線路の脇で羽を休めるタンチョウ（茅沼駅）

TEKU TEKU COLUMN

ノロッコ号利用のポイント

釧路駅発の場合、湿原は進行方向左に見えるので、席は左側を確保したい。指定席なら購入時に申し出る。ノロッコ号の基本編成は自由席1両、指定席の展望車3両。自由席で左側の席を確保したい時は、発車の30分〜1時間前から並ぼう。

運転日はゴールデンウイーク、6月上旬〜10月上旬のほぼ毎日1〜2往復。料金は、釧路駅〜釧路湿原駅440円、釧路駅〜塘路駅640円。指定席は別途530円。〈問い合わせ〉JR北海道電話案内センター♪011-222-7111

阿寒・摩周・屈斜路

エリアの魅力

自然景観
★★★★
温泉
★★★★
グルメ
★★★

個性の異なる3つの湖
アイヌ民族の文化を知る
湖畔に点在する温泉

緑の森に囲まれた阿寒湖

観光の問い合わせ

阿寒観光協会まちづくり推進機構
♪0154-67-3200
弟子屈町観光商工課
♪015-482-2191

JR摩周駅観光案内所
♪015-482-2642

ナショナルパークツーリズムてしかが
♪015-483-2101

摩周湖観光協会
♪015-482-2200
川湯温泉観光案内所
♪015-483-2670

交通の問い合わせ

路線バス
阿寒バス
♪0154-37-2221
♪015-486-7716(摩周)
タクシー
摩周ハイヤー
♪015-482-3939

深い原生林に抱かれた
コバルトブルーの3湖をめぐる

　道東を代表する美しい湖が点在するエリア。天然記念物のマリモが生息する阿寒湖、霧のベールに包まれる神秘の摩周湖、道内2番目の大きさを誇る屈斜路湖。いずれも周辺は深い森に包まれ、季節によってさまざまな表情を見せてくれる。

HINT

阿寒・摩周・屈斜路への行き方

　釧路駅から、阿寒湖温泉へ釧路空港経由の路線バスが3便運行。所要2時間、2750円。このほか、釧路空港から阿寒エアポートライナーが2便運行。1時間15分、2190円。
摩周湖、川湯温泉へは、JR釧網線摩周駅から阿寒バスを利用。駅前から摩周湖第1展望台まで25分、570円。1日1便。
川湯温泉へは美留和線で37分、570円。JR川湯温泉駅からタクシーで約10分、1800円前後。屈斜路湖へは阿寒バス摩周営業所から和琴半島まで35分、920円。1日2便、冬期は平日のみの運行。
　なお、夏期および冬期限定で弟子屈えこパスポートのバスが、摩周湖、川湯温泉、屈斜路湖方面へ運行。阿寒バスが運休の場合はこちらを利用することになる。2日券1500円。
　周遊観光には、阿寒バスが運行している定期観光バス「ピリカ号〜摩周湖・屈斜路湖・阿寒湖を巡る1日コース」が便利(p.237)。

阿寒湖遊覧（阿寒観光汽船）
あかんこゆうらん（あかんかんこうきせん）

地図p.158-B
♀阿寒湖バスセンターから🚢10分

　天然記念物のマリモが生息する阿寒湖で湖上遊覧が楽しめる。所要1時間25分。船は途中、湖上に浮かぶチュウルイ島に寄港。リアルタイムの阿寒湖の水中映像やCGなどを使って、マリモの生態を紹介しているマリモ展示観察センター「トーラサンペ」も約15分観覧。

📞 0154-67-2511（阿寒観光汽船）
📍 釧路市阿寒町阿寒湖温泉1-5-20
🕐 遊覧船は6:00〜17:00の間1〜2時間間隔で運航
　（4月は不定期、9/26〜10/20は最終16:00、
　10/21〜11月は最終15:00）
🚫 12月〜4月中旬運休　💴乗船料2000円
　モーターボートは要問い合わせ
🅿 近隣に有料🅿あり

阿寒湖アイヌコタン
あかんこあいぬこたん

地図p.158-B
♀阿寒湖バスセンターから🚢15分

　約200名のアイヌの人々が暮らす集落（コタン）。通り沿いには民芸品店が軒を連ね、一番奥にある「阿寒湖アイヌシアターイコ゚」では、アイヌ古式舞踊などが鑑賞できる。

阿寒湖アイヌシアターイコ゚
📞 0154-67-2727　📍 釧路市阿寒町阿寒湖温泉4-7-84　🕐上演内容や開演時刻は時期により異なる。　💴古式舞踊・イオマンテの火まつり各1200円、ロストカムイ2200円　🅿50台

硫黄山（アトサヌプリ）
いおうざん

地図p.158-A
JR川湯温泉駅から弟子屈えこパスポート屈斜路バスで5分、♀硫黄山下車すぐ、または🚗タクシーで5分

　屈斜路湖の東にある標高512mの活火山。茶褐色の山肌のあちこちから、硫黄分を含んだ水蒸気が吹き出している。

摩周湖
ましゅうこ

地図p.159-E
JR摩周駅から🚌阿寒バス摩周線、または弟子屈えこパスポート摩周湖バスで25分、♀摩周湖第1展望台下車すぐ

　世界屈指の透明度を誇るカルデラ湖。湖岸は水面に向かって急傾している。湖の中央に浮かぶ緑の中島は「カムイッシュ」と呼ばれ、アイヌ伝説が今も語り継がれている。

屈斜路湖・美幌峠
くっしゃろこ・びほろとうげ

地図p.159-D
屈斜路湖（砂湯）へはJR摩周駅から阿寒バス屈斜路線、または弟子屈えこパスポート屈斜路バスで35分。美幌峠へはJR摩周駅から🚗タクシーで70分。

　屈斜路湖は周囲57kmのカルデラ湖。湖岸にはコタン、池の湯などの温泉が点在し、東岸の砂湯では砂浜を少し掘るだけで温泉が湧き出す。美幌峠の展望台からは湖の全景が眺められる。

食べる

阿寒町／郷土料理
奈辺久
なべきゅう

地図p.158-B
♀阿寒湖バスセンターから🚶10分

阿寒湖産の魚料理が味わえる。ワカサギ天ぷら定食（1130円）ほか、ニジマスの刺身定食（1400円）も人気だ。

☎0154-67-2607
♀釧路市阿寒町阿寒湖温泉4-4-1
🕐11:00～15:00、18:00～21:00
🈳不定休
¥昼1100円～／夜1100円～
Ⓟなし

阿寒町／アイヌ料理
ポロンノ

地図p.158-B
♀阿寒湖バスセンターから🚶15分

ポッツェイモ（495円）はジャガイモを練って焼いたアイヌ料理で、もっちりした歯ざわりが特徴。メフン（鮭の背わたの塩辛）をパスタにからめためふスパ（990円）や、煮詰めた昆布ダレをかけたコンブシト（495円）も味わいたい。

☎0154-67-2159
♀釧路市阿寒町阿寒湖温泉4-7-8
🕐12:00～15:00、18:30～21:00（冬期は予約推奨）
🈳不定休 Ⓟアイヌコタン共有Ⓟ利用

川湯温泉／レストラン
オーチャードグラス

地図p.158-A
JR川湯温泉駅舎内

1936（昭和11）年築のJR川湯温泉駅の駅舎を利用したレストラン。名物は、客の7割が注文するというビーフシチュー（1800円／サラダ・ライス付き）。1日じっくり煮込まれた肉はとてもやわらかく、コクのあるソースとの相性抜群。

☎015-483-3787
♀弟子屈町川湯駅前1-1-18
🕐10:00～17:00
（16:30LO）
🈳火曜、あと不定休あり Ⓟ20台

158

宿泊ガイド

阿寒の森鶴雅リゾート 花ゆう香	♪0154-67-2500／地図：p.158-B／1万7000円〜(1泊2食付き) ●和洋織りまぜたビュッフェスタイルの夕食が好評。全95室。
あかん遊久の里 鶴雅	♪0154-67-4000／地図：p.158-B／2万900円〜(1泊2食付き) ●露天風呂や洞窟風呂など入浴施設が充実。日帰り入浴も可能。全225室。
ニュー阿寒ホテル	♪0154-67-2121・3232／地図：p.158-B／9405円〜(1泊2食付き) ●湖を望む大浴場や露天風呂が充実。夏は温泉プールも。全370室。
ホテル阿寒湖荘	♪0154-67-2231／地図：p.158-B／8030円〜(1泊2食付き) ●露天風呂は100％源泉かけ流し。客室から阿寒湖を一望できる。全78室。
ピュアフィールド風曜日	♪015-482-7111／地図：p.159-E／Ｓ1万2850円〜Ｔ1万2350円〜 (1泊2食付き)　●乗馬などアウトドアメニューが充実。全14室。
お宿 欣喜湯	♪015-483-2211／地図：p.158-A／9500円〜(1泊2食付き) ●広々として開放的な温度別2階建ての大浴場が自慢。全41室。

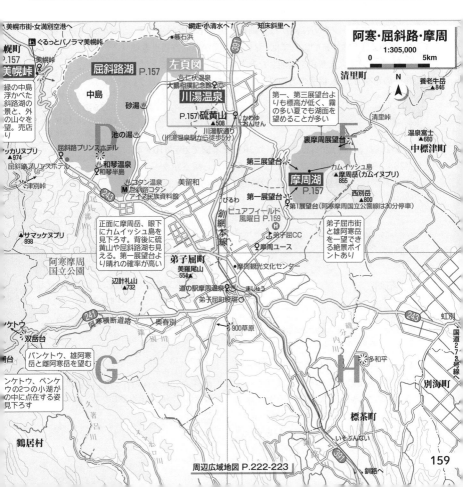

根室・納沙布岬

観光の問い合わせ

根室市観光協会
☎0153-24-3104
根室市商工観光課
☎0153-23-6111
知床ねむろ観光連盟
☎0153-77-9644
道の駅スワン44ねむろ
☎0153-25-3055

予約・問い合わせ
JR根室駅
☎0153-24-3208
根室交通バス（根室駅前
ターミナル）
☎0153-24-2201

眼前に浮かぶ北方領土を実感

太平洋とオホーツク海に向かって細長く突き出した根室半島。その先端にある納沙布岬に立てば、青い海に浮かぶ北方領土を間近に見られる。雄大な景色を堪能したあとは、真っ赤にゆで上がった特産の花咲ガニや、根室の名物料理「エスカロップ」を味わおう。

 HINT

根室への行き方

JR釧路駅（p.136）から根室駅へは、JR根室本線で2時間10〜43分（2860円）。1日6往復程度。または釧路駅前から根室駅ターミナルまで高速バス「特急ねむろ号」で2時間43分〜3時間13分（片道2290円）。

見る　歩く

納沙布岬
のさっぷみさき

地図p.161
♀根室駅前ターミナルから🚌根室交通バス納沙布行きで44分、♀納沙布岬下車すぐ

根室の市街地から20kmあまり東へ進んだ先にあり、本土最東端の岬として知られている。先端には初点灯が1872（明治7）年の北海道で最古という納沙布岬灯台が立ち、根室海峡を挟んで歯舞群島の貝殻島や水晶

島などの北方領土を見ることができる。

近くには北方領土返還要求運動の一環として建てられた「北方館」があり、ビデオや古地図、古文書などを通じて、北方領土問題の歴史などをわかりやすく紹介している。2階の展望室からは北方領土が望める。

北方館

♪0153-28-3277
📍根室市納沙布岬36-6
🕐9:00〜17:00（11月1日〜2月末日は〜16:30）
🚫無休（11〜4月は月曜、祝日の場合は開館）
💴無料
🅿70台（望郷の岬公園）

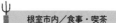

薔薇
ばら

地図p.161
JR根室駅から🚶10分

　根室ならではの名物料理といえば、エスカロップ。これはトンカツがのったご飯の上にデミグラスソースをかけた料理で、いわば洋風のカツ丼といったところ。開業45年以上のこの店でも、エスカロップ（950円）が人気。自家製のデミグラスソースはコクがあり、香ばしく揚がったカツとほどよくマッチしている。

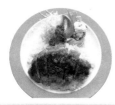

🍴 0153-24-4746
📍 根室市弥生町2-9
🕐 10:00〜15:00、16:30〜20:00
🈺 月曜
💴 エスカロップ950円
🅿 12台

魚信
うおしん

地図p.161
JR根室駅から🚶8分

　地元の寿司屋が仕入れに来るほど新鮮なカニ、サケ、北海シマエビ、ホッキ貝などが並ぶ。カニは花咲が中心で鮮度抜群。

🍴 0153-23-3817
📍 根室市緑町3-27
🕐 8:00頃〜17:00頃　🈺 日曜
💴 花咲ガニ3000円〜
🅿 30台

宿泊ガイド

ねむろエクハシの宿	🍴0153-24-4498／地図：p.161／1万1000円〜（1泊2食付き） ●アットホームなもてなしでファミリーやグループに人気。全9室。
イーストハーバーホテル	🍴0153-24-1515／地図：p.161／Ⓢ6820円〜／Ⓣ1万2540円〜 ●国道44号線沿いにあり、見晴らしのいいビジネスホテル。全67室。

知床

知床連山を映す原生林の中の五湖
最果ての秘境を訪ね歩く

アイヌ語で「大地が尽きるところ」という意味をもつ知床。知床連山と裾野に広がる原生林、断崖絶壁が続く海岸線など、最果ての秘境と呼ぶにふさわしい手つかずの自然が色濃く息づいている。ヒグマやエゾシカなど、野生動物も数多く生息。知床峠からは国後島を一望できる。

知床への行き方・まわる順のヒント

右ページの図を参照。知床半島北側付け根にある斜里（JRだと知床斜里駅）が知床の入口となるほか、羅臼へは釧路駅から阿寒バスで3時間40分。平日5便、土・日曜、祝日2便、4940円。観光の基地はウトロで、宿泊施設も集中する。観光内容も交通も季節によって、また年によっても大きく変わるので、最新の情報を必ず確認すること。

●行けるところ・行けないところ

知床半島の先端部には陸路で行くことはできないが、海上から船で見ることができる（p.170参照）。知床岬への上陸はできない。ウトロ側は、春から秋までは知床五湖まで行ける。そこから先、カムイワッカ湯の滝までの道は、夏期は手前の知床自然センターからウトロ温泉ターミナルからのシャトルバスで行くことができる。羅臼側は通年、相泊温泉まで行ける。

観光の問い合わせ

知床ウトロ観光案内所
（道の駅うろと・シリエトク内）
☎0152-24-2639
知床斜里町観光協会
☎0152-22-2125
知床羅臼観光案内所
☎0153-87-3330

予約・問い合わせ

JR知床斜里駅
☎0152-23-2634
高速バスイーグルライナー・
知床エアポートライナー
斜里バスターミナル
☎0152-23-0766
ウトロ温泉バスターミナル
☎0152-24-2054
網走バス
☎0152-43-4101
北海道中央バス予約センター
☎0570-200-600
路線バス・定期観光バス
斜里バス
☎0152-23-3145（本社）
阿寒バス（釧路）
☎0153-37-2221

観光船からの眺め

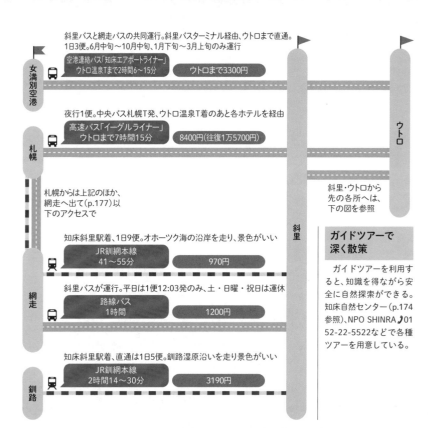

斜里バスと網走バスの共同運行。斜里バスターミナル経由、ウトロまで直通。1日3便。6月中旬～10月中旬、1月下旬～3月上旬のみ運行

空港連絡バス「知床エアポートライナー」
ウトロ温泉Tまで2時間6～15分　　ウトロまで3300円

夜行1便。中央バス札幌T発、ウトロ温泉T着のあと各ホテルを経由

高速バス「イーグルライナー」
ウトロで7時間15分　　8400円(往復1万5700円)

札幌からは上記のほか、網走へ出て(p.177)以下のアクセスで

知床斜里駅着、1日9便。オホーツク海の沿岸を走り、景色がいい

JR釧網本線
41～55分　　970円

斜里バスが運行。平日は1便12:03発のみ、土・日曜・祝日は運休

路線バス
1時間　　1200円

知床斜里駅着、直通は1日5便。釧路湿原沿いを走り景色がいい

JR釧網本線
2時間14～30分　　3190円

女満別空港　札幌　網走　釧路　斜里　ウトロ

斜里・ウトロから先の各所へは、下の図を参照

ガイドツアーで深く散策

ガイドツアーを利用すると、知識を得ながら安全に自然探索ができる。知床自然センター(p.174参照)、NPO SHINRA♪0152-22-5522などで各種ツアーを用意している。

知床

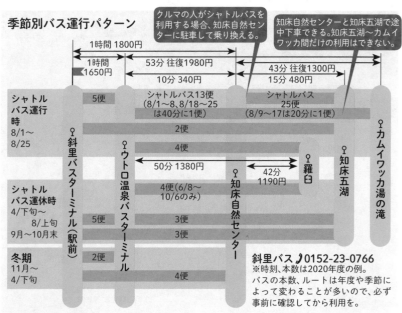

季節別バス運行パターン

クルマの人がシャトルバスを利用する場合、知床自然センターに駐車して乗り換える。

知床自然センターと知床五湖で途中下車できる。知床五湖～カムイワッカ間だけの利用はできない。

1時間 1800円
1時間 1650円　53分 往復1980円　43分 往復1300円
10分 340円　15分 480円

	斜里バスターミナル(駅前)	ウトロ温泉バスターミナル	知床自然センター	羅臼	知床五湖	カムイワッカ湯の滝
シャトルバス運行時 8/1～ 8/25	5便	シャトルバス13便 (8/1～8、8/18～25 は40分に1便)		シャトルバス 25便 (8/9～17は20分に1便)		
		2便				
		4便				
		50分 1380円	42分 1190円			
シャトルバス運休時 4/下旬～ 8/上旬 9月～10月末		4便(6/8～ 10/6のみ)				
	5便	3便				
		3便				
冬期 11月～ 4/下旬	2便					
		4便				

斜里バス♪0152-23-0766
※時刻、本数は2020年度の例。バスの本数、ルートは年度や季節によって変わることが多いので、必ず事前に確認してから利用を。

E

F

シャトルバス
運行区間（夏期）

P.174 フレペの滝
（乙女の涙）

P.172
知床五

172-173

男の涙

岩尾別　知床五湖

P.174

ウトロ

知床自然センター

知床五湖
フィール
ハウス

ウトロ崎

うとろ・シリエトク

175

知
床
横
断
道
路

季
風
ク
ラ
ブ
知
床
P.176

岩
尾
別

岩
尾
別

知
床
自
然
セ
ン
タ
ー

ホテル地の涯

知床斜里駅からの路線バス
に乗ると、車窓右側にオシ
ンコシンの滝が見える

9月にサケが遡上し
川を埋める

オシンコシン崎

オシンコシンの滝

遠音別

H
い
る
か
ホ
テ
ル
P.176

ウ
ト
ロ
温
泉
バ
ス
タ
ー
ミ
ナ
ル

ウトロ温泉

334

知床国道

真鯉

金
山
川

サケマスふ化場

オ
シ
ン
コ
シ
ン
の
滝
P.175

オ
ネ
ベ
ツ
川

羅臼岳
▲1661

知床峠

知床峠

半

334

ホ
ロ
ン
ナ
イ
川

斜里町

知床国立公園

遠音別岳
▲1330

羅
臼
湖

島

J

熊の湯

羅臼温泉

知床・らうす

羅

周辺は国内で5ヵ所しかない
「原生自然環境保全地域」。国
内最大の広さで、高山性の植
生が見られる山

羅臼町

335

惣万水産

P.176 知床羅臼の宿まるみ H

八木浜

マッカウス洞窟
（ヒカリゴケ洞窟

麻布

樺津

164

知床岬

獅子岩●

知床観光船 P.170

G

H

カシュニの滝

知床岳
▲1254

化石浜

●カムイワッカの滝
カムイワッカ湯の滝
♨カムイワッカ湯の滝

硫黄山
▲1562

知

観音岩●

床

セセキ温泉♨   ♨相泊温泉

北浜   昆布浜

**世界自然遺産に
登録された範囲**

前に羅臼岳、彼
方に根室海峡、国
後島が望める

♀岩見橋詰

岬

サシルイ岬   K

L

N

知　床

1:245,000

0   5km

周辺広域地図 P.222-223

165

最果ての秘境に残る
自然美に酔いしれる

知床・
知床五湖の二湖

　原生林に覆われた台地上にある、5つの小湖。遊歩道でめぐる湖はそれぞれ清冽な水をたたえ、ときに知床連山の山並みを映し出す。ぜひ訪れてみたい場所だ。

人間と自然との共存を目指す世界遺産

知床を知る

自然を強く感じられる知床。その特徴をしっかりと理解する
ために、厳しくももろい自然に足を踏み入れるためのルールや
マナーとともに、本当の知床を紹介しよう。

知床特有の自然とは、海と陸が相互に影響していること

　知床半島がユネスコ（国際連合教育科学文化機関）の世界遺産に登録されたのは2005年。知床周辺の特異な生態系と生物の多様性が評価されたのだ。陸上では海岸から山頂まで多様な植生が連続し、動物に豊富なエサを提供する。海洋では流氷が豊かな栄養分をもたらし、海獣や鳥類に至る生

● 知床関連年表

1914年	岩尾別に入植始まる
1964年	国立公園に指定される
1971年	加藤登紀子「知床旅情」大ヒット
1977年	しれとこ100平方メートル運動（～1997）
1980年	知床横断道路完成
1987年	林野庁が国有林伐採、抗議の声あがる
1988年	知床自然センター完成
2005年	世界自然遺産に登録

態系を形成する。そして川と海を回遊するサケ（卵や稚魚は魚や鳥の、成魚はヒグマのエサとなり、死ねば土壌の栄養となる）に見られるように、陸上と海洋の生態系が相互に作用している。それが選定の理由だ。

知床ルール～自然と観光の共存

　そんな知床を、見たい、ふれたいと人が感じるのは自然なことだが、人が立ち入れば生態系に影響を与えてしまう。知床ではその影響を最小限にとどめるために「知床ルール」と総称される自主規制がある。ゴミを捨てない、草花をとらない、散策路ではルート以外のところを踏まない、動物にふれない、エサを与えないなど、とにかく周辺に関わらないようにするのが趣旨だ。

　地元のこうした呼びかけに観光業者も呼応し、世界遺産登録後に観光客が増えたに

服装

●帽子
日よけのために必要。

●長そで長ズボン
ツルツルの化繊ならマダ
ニなど虫も付着しにくい。

●リュック
荷物はひとまとめにして
背負う。手に持つと歩く
ときにバランスが悪く、
疲れの元に。

●熊よけの鈴・携帯ラジオ
人がいることをヒグマに知らせるための鈴。音がすれ
ばヒグマのほうから人を避けて立ち去ることが多い。

危険な生物

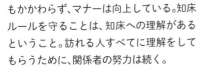

●マダニ
皮膚に深く食い込むので
病院での除去が必要。

●ツタウルシ
ふれるとかぶれる。また
ぐだけでかぶれる人も。

●キタキツネ
人体に危険なエキノコッ
クスが寄生しているかも。

ルール

●接近は厳禁
自分が危険なだけでなく、
今後、そのヒグマが人に
慣れ、思わぬ危害を加え
る可能性を生む。すみや
かにその場を離れること。

●エサを与えない
人間からエサをもらえる
ものだと思い、人間に近
寄るのは動物にとっても
危険。また、同じ味を求
めて民家に害を与えたり
する。

●道以外のところに踏み
込まない
人が踏みつけることで植
生が破壊され、遊歩道は
崩壊していく。遊歩道内
で渋滞していても、声を
かけて道を空けてもらお
う。

もかかわらず、マナーは向上している。知床
ルールを守ることは、知床への理解がある
ということ。訪れる人すべてに理解をして
もらうために、関係者の努力は続く。

厳しい環境と人との関わり

　知床半島は、その地形的な理由や厳しい
自然環境から、半島を一周する道路はない。
半島を横断する唯一の国道が開通したのは
1980年であり、今でも冬期は閉鎖される。
半島先端部（ウトロ以東）は特に環境が厳し
く、国策として開拓の手も入ったが、開拓農
家は迷走する開拓施策に翻弄され、1973年
を最後に全戸離農した。自然が厳しかった
からではない。国策として離農させられた
のである。今の知床に残る草原や踏み分け
道は、開拓の名残である。

　開拓者が離農した岩尾別地区を観光開発
の足がかりとする動きがあったときは「し
れとこ100平方メートル運動」（1977年〜。
現在は「100平方メートル運動の森・トラス
ト」に発展）を展開した。半島先端部＝知床

岬周辺の自然が、漁船で上陸する観光客に
より傷み始めたときには、遊漁船による上
陸を禁止する申し合わせを成立させた
（1984年）。

知床をめぐる多様な意見

　解決しづらい問題はまだ多数ある。放置さ
れた牧草地をエサ場とするシカが激増し、樹
皮を食べるために木が枯れていること。保護
を目的にヒグマの猟を自粛したため、ヒグマ
が増えて人の近くに現れるようになったこ
と。世界遺産登録に際し、絶滅危惧種である
トドを保護するためにエサとなるスケソウダ
ラ漁を規制＝地元の生活の糧を奪うこと。サ
ケ等の遡上をさえぎるという理由で、番屋や
道路を守る砂防ダムの撤去の検討など……。

　自然の一部を保護することで、逆に別の
自然が壊れてしまったり、地元の生活に深
刻な影響を与えることもあり、現在の知床
について、いろんな人がいろんな意見をも
っている。それらを知り考えること、それ
が、知床を理解する第一歩だといえよう。

船の上から知床の雄大さと自然の豊かさを実感

クルーズ船で 迫力の断崖に迫る

半島の先端部へは船で行くしか方法はないが、ときにヒグマまで目撃できるクルージングは知床観光の一番のおすすめだ。本書で紹介しているゴジラ岩観光以外に、クルーザー観光船ドルフィン（☎0152-22-5018）、知床世界遺産クルーズFOX（☎050-31-888-222）、知床遊覧船（☎0152-24-3777）、道東観光開発（☎0152-22-5018）の4社が運航。どこも、コース・内容はほぼ同じ。

相泊

知床沼　　知床岳
1254m

知床岬
① 文吉湾
②
③ メガネ岩
④ 観音岩
⑤ ⑥ 鮹岩
カシュニの滝　ポンベツ川
ルシャ川 ⑦

知床岬コース

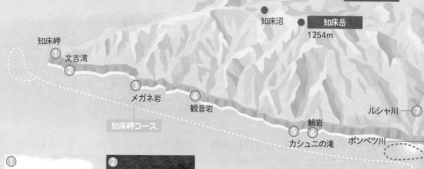

文吉湾／万が一のときの漁船の避難港。番屋が見える

N

この鳥瞰図は北西から南東方向を見ています

カシュニの滝
チャラセナイ川が洞窟越しに海に落ちる滝

知床岬
先端部は強風のため樹木がない。丘の上に灯台が見える。上陸不可

メガネ岩／逆台形の奇岩に穴が開いている

観音岩／確かに仏像のような形をしている

鮹岩／ユーモラスな形状の岩だ

ルシャ川
ヒグマがよく出現するポイント。番屋のすぐ近くだが、人間と共生しているように見える

硫黄の滝
硫黄川が大きな落差をもって落ちる。岩が赤茶色なのは硫黄成分のため。知床大橋がかかる川でもある

人知れず轟音をたてる滝を
海上から存分に眺められる！

　高い確率でヒグマをウオッチできることで人気のクルーザー。開放感のある甲板から眺める断崖や滝は迫力を増して眼前に迫り、知床連山を取り巻く雲の形は刻々と変化する。海上から小型船で眺めなければ味わえない知床の姿がここにある。

　ウトロ港を出港し、カムイワッカの滝付近で折り返す硫黄山コース（所要1時間10分、1日4便）と、知床半島先端で折り返す知床岬航路（所要3時間15分、1日2便）がある。

📞 0152-24-3060（丸は宝来水産 ゴジラ岩観光）
📍 斜里町ウトロ東51
💰 硫黄山コース＝3500円（4月25日〜10月運航）、
　ルシャコース＝6000円（GW、6〜10月運行）、
　知床岬コース＝8800円（GW、6〜10月上旬運航）
🏠 無休（荒天時を除く）　地図：p.175-A　🅿 60台

羅臼

硫黄山　オッカバケ岳
1562m　1462m

羅臼岳
1661m

ウプシノッタ川

サシルイ岳
1564m

カムイワッカ川

知床峠
738m

羅臼湖

硫黄川
硫黄の滝

知床横断道路

⑤　⑨　カムイワッカの滝

岩尾別川

岩尾別／ここにもヒグマ
が出ることがある。

⑩

知床五湖

ルシャコース

クンネポール
象の鼻

ホロベツ川／ここから先
（東）が世界遺産登録地域。

⑪

フレペの滝

硫黄山コース

⑫

ウトロ

⑨

シャトルバスで行ける「カムイワッカ湯の滝」（p.163）
の下流にあたる滝。かつて硫黄を採取したときの柵が残
っている

⑩
知床五湖の水は、このように崖の途中からしみ出している

⑪
クンネポール／洞穴が並ぶ不思議な光景

⑫
フレペの滝／遊歩道からよりこちらのほうが滝らしく見える

カムイワッカの滝

※この鳥瞰図は高さを2倍に強調しています。
また航路の軌跡はイメージであり、実際には波やうねりで随時変わります。　**171**

てくさんぽ

知床五湖

しれとこごこ

知床連山の雪どけ水が伏流水となり、湧き出したのが知床五湖。遊歩道にはヒグマの爪痕があったり、エゾシカが出現したり、ときに閉鎖されたりと、この地にすむ野生動物を身近に感じるエリアだ。一湖までのびる高架木道（往復1.6km）は、いつでも無料で利用できる。

地上遊歩道(大ループ3km・小ループ1.6km)の利用

■5月10日〜7月31日（ヒグマ活動期）‥‥‥‥‥‥‥‥‥
　ガイドが引率するツアーに参加しなければならず、事前に予約が必要となる。予約は知床五湖フィールドハウス（4月下旬〜11月下旬営業＜天候により異なる＞。7:30〜18:00＜時期により異なる＞ ☎0152-24-3323)

へ。ウェブサイトからの予約も可能（http://www.goko.go.jp/）。ガイド料は大ループが5000円前後で、ガイド会社により異なる。これには遊歩道の利用料がおとな500円も含まれている。小ループは当日フィールドハウスで受付、約3000円。
　ツアーは定員10名程度で、所要時間は3時間程度。

■開園日〜5月9日、8月1日〜閉園日（植生保護期）‥‥‥
　申請書を提出し、事前にビデオによるレクチャー（15分程度）を受ければ、ガイドがいなくても利用できる。遊歩道の利用料はおとな250円。

■利用時の注意点 ‥‥‥‥‥‥‥‥‥‥‥‥‥‥‥‥‥‥
　決められた周回順路を守ること／食べ物を持ち込んだり、野生動物へエサやりをしないこと／歩道や木道を外れて歩かないこと／ペットを連れて入らないこと／ツアー中ヒグマに遭遇した時は、決して大声を出さず、ガイドの指示に従い、目をそらさずにゆっくり後ずさりして離れること。

05 | 見学10分

一湖

　最後に現れる湖が一湖。高架木道が始まるところにある展望台からは、湖の向こうに羅臼岳を主峰とする知床連山を望む絶景を楽しめる。

06 | 見学10分

オコツク展望台

　ヒグマなどの動物よけの対策が施されている高架木道の途中にある展望台。知床連山を一望でき、反対側のオホーツク海の眺めも見事だ。

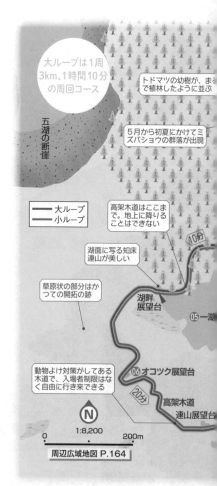

大ループは1周3km、1時間10分の周回コース

トドマツの幼樹が、まるで植林したように並ぶ

五湖の断崖

5月から初夏にかけてミズバショウの群落が出現

━━ 大ループ
━━ 小ループ

高架木道はここまで。地上に降りることはできない

湖面に写る知床連山が美しい

草原状の部分はかつての開拓の跡

湖畔展望台

05 一湖

動物よけ対策がしてある木道で、入場者制限はなく自由に行き来できる

06 オコツク展望台

高架木道
連山展望台

N
1:8,200
0　　　　　200m

周辺広域地図 P.164

04 見学10分

二湖

五湖の中で最も大きい湖。知床連山の凛々しい姿が迫り、水面にもその山容が映って見事な美しさ。立ち止まってしばし眺めてみよう。

03 見学10分

三湖

5月から初夏にかけてミズバショウの群落が出現。散策路を進みながら、長く湖面を見ることができる。ヒグマの爪痕が見つかることも。

展望よし

起伏が大きく階段がところどころある

ヒグマの爪痕のあるトドマツ

8分

硫黄山がよく見える

03 三湖

02 四湖

湖が近いからか、遊歩道にエゾアカガエルをよく見かける

4分

ウロのある大木

羅臼岳から硫黄山までキレイに見える

04 二湖

01 五湖

キツツキの穴とシカの食害が同居する木

6分

展望開ける

10分

12分

を抱いたトドマツ

ここへの行き方
p.163参照

知床五湖パークサービスセンター

知床五湖フィールドハウス

START GOAL

P 知床五湖

▶知床自然センター・ウトロへ

100台。普通車500円

知床五湖

02 見学10分

四湖

四湖まで来ると知床連山が見えてくる。正面は硫黄山。五湖の中で最も静かで神秘的。

01 見学10分

五湖

散策路から少し外れた枝道の先にある。5月にエゾアカガエルの産卵が見られることも。

知床五湖
パークサービスセンター

売店があり、軽食も食べられる休憩施設。コケモモのソフトクリーム300円が名物。出発の前後に立ち寄ろう。

ソフトクリーム300円

♪ 0152-24-2299
⏰ 8:00〜17:00／🈳 4月下旬〜11月下旬営業（期間中は無休）

てくさんぽ

フレペの滝

ふれぺのたき

知床自然センターから歩いて直接行ける、約40分のショートコース。展望台から海を見れば、知床半島が断崖に囲まれていることがわかり、海鳥の多さに驚く。また、知床連山とオホーツク海の眺めも美しい。林の中や草原でエゾシカと出会うことも多い。

1周2km
40分の
周回コース

海鳥のコロニー（営巣地）。岩がフンで白くなっている

灯台

チカポイ岬

フレペの滝

崖側に踏み跡があるが入らないこと

灯台への道は立ち入り禁止

プユニ岬

展望台

02

10分

02　見学10分

10分

●ススキの草原

「フレペの滝500m」「100㎡ハウス500m」の看板

振り返ると知床連山が見える

ところどころ砂利敷き。土の上にシカの足跡があるかも？

ここから先、草原で開放感あり

ここへの行き方
p.163参照

林の中のアップダウン。滑りやすい場所もあるので要注意

10分

15分

展望台

海へ流れ落ちるフレペの滝を見る展望台だが、滝の上半分しか見えない。知床の断崖のスケールの大きさを実感。

知床自然センター 01

START
GOAL

シャトルバス●
チケット売り場

P

▲知床五湖へ

▲知床峠へ

334

01　見学40分

知床自然センター

知床のさまざまな情報を提供。知床散策の拠点。

☎0152-24-2114 ⏰8:00～17:30(冬期は9:00～16:00)
／🈚年末年始／🅿120台

ウトロの街やオロンコ岩を一望できる。東を見れば知床連山も見える

幌別橋より先端側が世界遺産登録地域

幌別橋　▲ウトロへ

N

1:11,000
0　　　　200m

周辺広域地図 P.164

174

見る

オシンコシンの滝
おしんこしんのたき

地図p.164-E

♀ウトロ温泉バスターミナルから🚗10分

斜里から国道334号に入り、ウトロに到着する少し手前にある。知床半島内で最大の規模で、岩盤を滑り落ちるように流れる二筋の滝は迫力がある。**P**35台

食べる&買う

ウトロ／喫茶・軽食

ボンズホーム

地図p.175-A

♀ウトロ温泉バスターミナルから🚶1分

道内産のメークインを低温熟成させて甘味を増した「栗ジャガイモ」を使った料理が楽しめる。栗ジャガイモのグラタン（800円）、チーズ焼き（900円）、プリン（480円）が人気。ジャガイモの販売もあり。

♪ 0152-24-2271
♀ 斜里町ウトロ東217
🕐 11:30～18:00頃（夏期11:00～19:00頃）、早じまいあり
休 不定
¥ コーヒー480円　**P** 近隣

ウトロ／海鮮料理

ユートピア知床
ゆーとぴあしれとこ

地図p.175-A

♀ウトロ温泉バスターミナルから🚶3分

道の駅「うとろ・シリエト

ク」内にあるレストラン。オホーツク海の各港に水揚げされる、新鮮な海の幸を使ったメニューがおすすめ。日替り海鮮丼（2400円）ほか、知床産のサケを使った羅臼産塩水ウニ丼（2800円）が人気だ。

♪ 0152-24-2306
♀ 斜里町ウトロ西186-8
🕐 8:30～18:30（11～4月9:00～17:00）　休 年末年始
¥ 昼1200円～　**P** 100台

知床

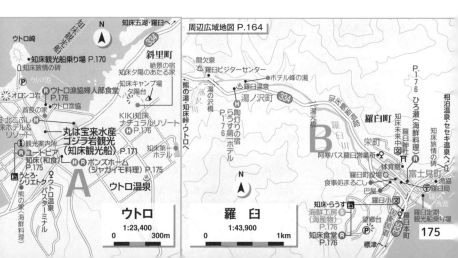

周辺広域地図 P.164

ウトロ
1:23,400
0　　　300m

羅臼
1:43,900
0　　　1km

175

ウトロ／定食

ウトロ漁協婦人部食堂
うとろぎょきょうふじんぶしょくどう

地図p.175-A
🚶ウトロ温泉BTから🥾5分

漁協直営の店。観光シーズン中のみの営業だが、新鮮なウニや魚介がリーズナブルな価格で味わえるとあって、地元の人や旅行客に人気の食堂。うに丼（時価）、いくら丼2000円などがおすすめ。

📞 01522-4-3191
📍 斜里町ウトロ東117
🕐 8:30～14:30LO
🈺 無休、11月～4月中旬休業
💴 ほっけ定食1500円
🅿 あり

羅臼町／海鮮料理

知床食堂
しれとこしょくどう

地図p.175-B
🚶羅臼本町から🥾1分

道の駅「知床・らうす」にある海鮮料理の店。その日に上がった新鮮な魚介を、窓越しに国後島や羅臼の海を見ながら堪能できる。おすすめは知床前浜定食2000円。

📞 0153-87-4460
📍 羅臼町本町361-1 道の駅「知床・らうす」深層館内
🕐 8:00～19:00(18:30LO)、11月初旬～4月下旬は～17:00(16:30LO) 🈺 無休 🅿 25台

羅臼町／海鮮料理

ひろ瀬
ひろせ

地図p.175-B
🚶羅臼営業所から🥾5分

羅臼港から水揚げされた新鮮な魚介類が味わえる店。前浜丼（2300円）は、ご飯の上に新鮮な旬の刺身が7品ほどのり、ボリュームも満点。

📞 0153-87-3388
📍 羅臼町富士見町57
🕐 10:00～21:00（冬期11:00～）
🈺 不定休（冬期日曜） 🅿 6台

羅臼町／みやげ

海鮮工房
かいせんこうぼう

地図p.175-B
🚶羅臼本町から🥾1分

道の駅「知床・らうす」に隣接している羅臼漁業協同組合の直営店。新鮮な魚介類や加工品を数多く販売している。羅臼昆布や羅臼産のウニ、サケなど、知床の海ならではの味覚が定番人気。オリジナルの加工品もおすすめで、羅臼昆布の旨みがきいた羅臼昆布しょうゆ（500mℓ670円）や、麺とスープに羅臼昆布を用いた羅臼らーめん5食入り（1188円）などは、おみやげにも最適だ。

📞 0120-530-370
📍 羅臼町本町361
🕐 9:00～18:00
🈺 11～4月の日曜、年末年始
🅿 25台

宿泊ガイド

北こぶし知床ホテル＆リゾート	📞0152-24-3222(予約)／地図：p.176-A／1万7892円～(1泊2食付き) ●ウトロ港に面した好立地と、露天風呂付客室や最上階大浴場など温泉施設が充実。
KIKI知床ナチュラルリゾート	📞0152-24-2104／地図：p.175-A／1万3500円～(1泊2食付き) ●高台に建つホテル。温泉大浴場はサウナ・ジャグジー付き。全176室。
季風クラブ 知床	📞0152-24-3541／地図：p.164-F／1万5400円～(1泊2食付き) ●細やかなもてなしが好評のプチホテル。14室。
いるかホテル	📞0152-24-2888／地図：p.164-F／Ⓢ6800円～(素泊まり) ●地元の漁師から仕入れた海の幸がたっぷり味わえる。全13室。
陶灯りの宿らうす第一ホテル	📞0153-87-2259／地図：p.175-B／1万2800円～(1泊2食付き) ●原生林に囲まれた山中にあり、天然温泉露天風呂も人気。全47室。
知床羅臼の宿 まるみ	📞0153-88-1313／地図：p.164-J／1万2000円～(1泊2食付き) ●客室からは目の前に国後島が望める。観光船も運営。全47室。

網走

神秘の流氷や最果ての監獄
厳寒地ならではの文化・自然にふれる

　青く輝くオホーツク海に面した網走。冬には遥かシベリアのアムール川から流れ着いた流氷が海上を埋め尽くし、神秘的な雰囲気に包まれる。博物館網走監獄や、網走湖畔に湧く温泉も楽しみたい。

 HINT

網走への行き方

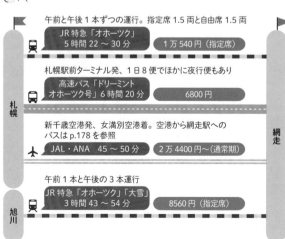

区間	交通機関	所要時間	料金
札幌	午前と午後1本ずつの運行。指定席1.5両と自由席1.5両 JR特急「オホーツク」	5時間22〜30分	1万540円（指定席）
札幌	札幌駅前ターミナル発、1日8便でほかに夜行便もあり 高速バス「ドリーミントオホーツク号」	6時間20分	6800円
札幌	新千歳空港発、女満別空港着。空港から網走駅へのバスはp.178を参照 JAL・ANA	45〜50分	2万4400円〜（通常期）
旭川	午前1本と午後の3本運行 JR特急「オホーツク」「大雪」	3時間43〜54分	8560円（指定席）

エリアの魅力

町歩き
★★★
グルメ
★★★
自然景観
★★★★

映画『網走番外地』の舞台
厳寒地ならではの流氷観光（冬）
高山植物が咲く原生花園（初夏）

観光の問い合わせ

網走市観光協会
♪0152-44-5849

予約・問い合わせ

JR網走駅
♪0152-43-2362
（みどりの窓口）

高速バス
ドリーミントオホーツク号
北海道中央バス（予約センター）
♪0570-200-600
網走バス
♪0152-43-2606（網走バスターミナル）

定期観光バス
網走バス
♪0152-43-4101

おトクなきっぷ

　札幌〜網走をJRで往復するにはRきっぷ（指定席利用、1万7500円〜、6日間有効）が便利。

網走

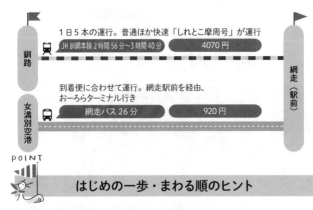

釧路	🚃 JR釧網本線 2時間56分～3時間40分	1日5本の運行。普通ほか快速「しれとこ摩周号」が運行 4070円

女満別空港	🚌 網走バス 26分	到着便に合わせて運行。網走駅前を経由、おーろら網走ターミナル行き 920円

網走（駅前）

POINT

はじめの一歩・まわる順のヒント

　観光情報は、網走駅に隣接した観光案内所へ。南3条～南6条の繁華街までは、駅から徒歩15分。天都山や能取湖、サロマ、小清水原生花園方面へ向かうバスの始発となる網走バスターミナルもある。主な見どころへは博物館網走監獄、オホーツク流水館、北方民族博物館などをまわる「観光施設めぐりバス」が便利（下地図のルート）。8:50～16:05頃の間、5～6便運行（2～3月は9～18便）、1月20日～3月は砕氷船ターミナル、7月31日～10月12日はフラワーガーデン「はな・てんと」も経由。チケットは観光案内所や網走バスターミナルで販売。1DAYパス800円。女満別空港線も利用できるあばしりフリーパスは2日券2000円、3日券3000円。

網走市駅観光案内所

　オホーツク流氷館と北方民族博物館の入場割引券を用意している。流氷観光砕氷船「おーろら」の乗船券の予約もできる。12:00～15:00、土・日曜、祝日は9:00～17:00、不定休。季節により変動あり。

紋別へのアクセス

　札幌からは高速バス「流氷もんべつ号（予約制。北海道中央バス ♪0570-200-600）」を利用。夏ダイヤ（4～11月）旭川経由は5時間20分・直行便は4時間20分。冬ダイヤ（12～3月）旭川経由は5時間40分・直行便は4時間40分。5000円。また網走からは冬季限定で、「ひがし北海道エクスプレスバス網走→紋別→網走4号」が運行、ガリンコ号ステーションを経由する（要問い合わせ・♪0152-45-5665）。

見る

オホーツク流氷館
おほーつくりゅうひょうかん

地図p.178
JR網走駅から🚌観光施設めぐりバスで12分、🚏オホーツク流氷館下車すぐ

マイナス15度の流氷体験室では本物の流氷に触れられ、クリオネやフウセンウオなども飼育している。ハイビジョンシアターでは、流氷下の幻想的な

世界を再現。展望台からはオホーツク海や知床を一望。

🎵 0152-43-5951　📍 網走市天都山244-3
🕐 8：30～18：00(11～4月は9：00～16：30、12月29日～1月5日は10:00～15:00)、最終入館30分前
🈴 無休　💴 770円(展望台は無料)　🅿 150台

北海道立北方民族博物館
ほっかいどうりつほっぽうみんぞくはくぶつかん

地図p.178
JR網走駅から🚌観光施設めぐりバスで15分、🚏北方民族博物館下車すぐ

北海道をはじめ、世界の北方圏の諸民族文化をテーマにした博物館。館内では、アメリカ、カナダ、ロシア、中国、北欧、日本から

収集した衣服や狩の道具などの生活用品を展示し、寒冷地域の暮らしを紹介している。

🎵 0152-45-3888　📍 網走市字潮見309-1
🕐 9：30～16：30(7～9月は9:00～17:00)
🈴 月曜(祝日の場合は翌平日)、年末年始　7～9、2月は無休、臨時休館あり
💴 550円　🅿 100台

流氷観光砕氷船「おーろら」
りゅうひょうかんこうさいひょうせん「おーろら」

地図p.178、181-B
JR網走駅から🚌観光施設めぐりバスで8分、🚏道の駅 流氷砕氷船のりば下車すぐ※p.182も参照

アムール川の河口付近で誕生した流氷は、1月下旬にオホーツク沿岸に姿を見せる。砕氷船は流氷で埋め尽くされた海上を、氷をかきわけクルージングする。

所要約1時間。

🎵 0152-43-6000(道の駅 流氷街道)
📍 網走市南3条東4-5-1
🕐 1月20日～4月3日運航。1月は9:00から4便、2月は9:30から5便、3月は4便、4月は11:30・13:30の2便　🈴 運航期間中は無休
💴 乗船料3500円　🅿 106台(道の駅 流氷街道)

TEKU TEKU COLUMN

足をのばして
小清水原生花園へ
こしみず　げんせいか

オホーツク海と濤沸湖に挟まれた約8kmの細長い砂丘275haに、色とりどりの花が咲き誇る。見頃は6～8月。ハマナス(6月中～7月下旬)やエゾスカシユリ(6月下～7月中旬)、エゾキスゲ(6月下～7月下旬)、ムシャリンドウ(7月上～下旬)など、約40種類の花々が天然の花畑を彩る。

◎JR網走駅から🚌網走バス小清水行きで32分、🚏原生花園下車前すぐ。またはJR釧網本線で約20分、原生花園駅(5～10月開設)下車すぐ。🎵0152-63-4187(インフォメーションセンターHana)📍小清水町字浜小清水　🅿 60台地図p.222-B

網走

179

博物館網走監獄
はくぶつかんあばしりかんごく

地図 p.178
JR網走駅から🚌観光施設めぐりバスで7分、🚏博物館網走監獄下車すぐ

　網走刑務所が網走監獄と呼ばれていた明治期に建造された歴史的建造物25棟を保存公開する野外博物館。館内の監獄歴史館では、基礎的な北海道開拓を担った囚徒たちの知られざる史実を紹介するシアターもある。2016年に庁舎など8棟が国の重要文化財に指定された。

📞 0152-45-2411　📍 網走市呼人1-1
🕐 9:00～17:00（8月1～16日は9:00～18:00、入館は閉館の1時間前まで）
🈺 無休　💴 1100円　🅿 400台

雑居房の廊下側の壁は、菱形の柱を等間隔にすき間を置きながら作られ、廊下にいる看守が房内を効率的に監視できるようになっていた

二見ヶ岡農場作業風景

受刑者の精神的、宗教的な救済を目的に設置。ここで音楽、映画を楽しんだ

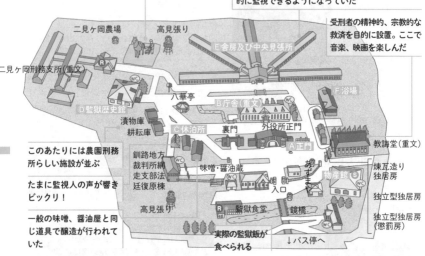

二見ヶ岡農場　高見張り　E舎房及び中央見張所
二見ヶ岡刑務支所(重文)
D監獄歴史館
八華亭
B庁舎(重文)　F浴場
漬物庫　裏門
耕耘庫　外役所正門
C休泊所
A正門　教誨堂(重文)
物産館(S)
釧路地方裁判所網走支部法廷復原棟
味噌・醤油蔵　入口　煉瓦造り独居房
鏡橋　独立型独居房
高見張り　R監獄食堂　独立型独居房(懲罰房)

このあたりには農園刑務所らしい施設が並ぶ

たまに監視人の声が響きビックリ！

一般の味噌、醤油屋と同じ道具で醸造が行われていた

あずまや

↓実際の監獄飯が食べられる　↓バス停へ

Ⓐ正門 ～番外地の入口～

通称「赤レンガ門」。当時の網走刑務所のものを原寸で復元。使用の煉瓦は普通の煉瓦より20～30%小さいのが特徴。

Ⓑ庁舎（重要文化財）～服役の厳しさを学ぶ～

1912(明治45)年から1987(昭和62)年まで使用された刑務所管理部門の主軸となった建物。内部には最高責任者の典獄室のほか、カフェを併設したミュージアムショップがある。

Ⓒ休泊所 ～厳しい開墾作業の休泊所～

受刑者が遠隔地で作業する際に寝泊まりに使用した小屋で、別名「動く監獄」。服役囚は1本の丸太枕で眠り、朝は看守が丸太の端を叩いて起こす仕組みに。

Ⓓ監獄歴史館

120年前の北海道中央道路（北見国道）の開削工事の様子や時代背景を体感する「体感シアター」などがある。

Ⓔ舎房及び中央見張所（重要文化財）
～国内随一の規模の木造獄舎～

明治45～昭和59年まで使われていた獄舎。中央見張りを中心に5棟が放射状にのび、独居房と雑居房あわせて226室で最大700人収容。

Ⓕ浴場 ～受刑者の息抜き～

雑居浴場の入浴の様子を人形で再現。脱衣、入浴、洗身、入浴、着衣を3分ずつ、計15分で効率よく入浴していた。回数は6～9月が月5日、他の月は1日だけだった。

食べる＆買う

網走市街／寿司

寿し安
すしやす

地図p.181-B
JR網走駅から🚶15分

ボタンエビ、イクラ、ウニ、カニの卵など、10種類の握りが楽しめるオホーツク生寿しは3300円。三色丼や、カニの内子などの珍味も。

♪ 0152-43-4121
📍 網走市南5条東2-8
🕐 11:00〜14:00、17:00〜21:00
❌ 不定休
💰 昼1000円〜／夜3500円〜
🅿 9台

網走市街／レストラン

グラングラシェ

地図p.181-B
JR網走駅から🚶12分。または♀網走バスターミナルから🚶3分

網走セントラルホテル内に

あるレストラン。人気の白いルーのオホーツク流氷カレー（2200円）はディナーのみの提供。ランチには和・洋・中華の料理が揃う。

♪ 0152-44-5151
📍 網走市南2条西3-7
　 網走セントラルホテル内
🕐 7:00〜10:00、11:30〜14:00、17:00〜21:00
　（20:30 L.O.）❌ 無休
💰 昼1000円〜／夜1500円〜
🅿 60台

網走市街／地ビール

YAKINIKU網走ビール館
やきにくあばしりびーるかん

地図p.181-A
JR網走駅から🚶7分

大麦や小麦など、こだわりの材料を使って仕込んだ上質の網走地ビールが味わえる。網走プレミアムビールグラス638円、上質の網走和牛の焼肉をはじめ、ビールに合うフードメニューも充実しており、あばしり和牛上カルビ

1782円が特におすすめ。

♪ 0152-41-0008
📍 網走市南2条西4-1-2
🕐 17:00〜22:00（金曜は〜23:00、土・日曜・祝前日16:00〜23:00、LOは各30分前）❌ 無休
💰 夜4000円〜　🅿 20台

網走市内／みやげ

刑務所作業製品常設展示場
けいむしょさぎょうせいひんじょうせつてんじじょう

地図p.178
JR網走駅から🚶20分、または♀刑務所前から🚶5分

網走刑務所の正面近くにある販売所。全国の刑務所の受刑者たちが、技術を身に付けることを目的に作った日用品や家具を購入することができる。刑務所内の窯で焼き上げた三眺焼の湯のみやコーヒーカップ、ガラスの酒器など手作りの温かな風合いが魅力。

♪ 0152-67-4360
📍 網走市字三眺
🕐 10:00〜15:45（土・日曜は9:00〜、12〜1月10:30〜15:00）
❌ 12・1月の土・日曜、祝日、悪天候時　🅿 近隣にあり

網走

紋別・網走　冬のオホーツクで神秘の自然を体験

流氷を
見に行こう！

冬のオホーツク海は、世界でも珍しい流氷が見られるところ。その光景は神秘的で寒さを忘れてしまうほど美しい。

紋別・ガリンコ号Ⅲ IMERU・ガリンコ号Ⅱ

流氷をガリガリ砕き、力強く進む姿は圧巻！

　紋別港ガリンコ号ステーションから出発する観光砕氷船。通常の船とは違い、船首に付いている特殊な2本のアルキメディアンスクリューで、氷を砕きながら豪快に進んでいく。

　流氷観光の所要時間は約1時間。船の中は暖房が完備されており、船内からも流氷を見ることができる。より近くで砕氷の様子を眺めたいなら、操縦席脇のデッキが見やすく、迫力もあるのでおすすめ。防寒具をしっかり身につけて楽しもう。

船の特長は、
・船体は2階建てで、冷暖房完備
・全席自由席
・1階に売店やビデオモニターがある
・流氷に乗り上がると前後左右に揺れる
・流氷観光の所要時間は約1時間

🎵 0158-24-8000(オホーツク・ガリンコタワー株式会社)　📍紋別市海洋公園1番地/地図p.221-L
🕐 1月10日〜3月31日の運航／6:00、7:30(臨時便)、9:00、10:30、12:00、13:30、15:00、16:15発の便あり。6:00は2月の土・日曜、祝日、16:00は2月のみの運航。完全予約制で、電話で申し込む。シーズン中はツアー客で混み合う便もあるため、必ず事前に問い合わせを。
¥ 乗船料　ガリンコ号Ⅲ 3500円・ガリンコ号Ⅱ 3000円(流氷がない日は500円引)
㊡ 期間中は、荒天時を除き無休　🅿 400台

※紋別へのアクセスはp.178参照。

総トン数／150 t
全長／35 m
幅／7m
旅客定員／195名
最高速力／10.4ノット
(時速約20.4km)

←迫力満点の船首

↓前方の流氷を砕くスクリュー

網走・おーろら、おーろら2

氷に乗り上げ砕いていく
スリル満点の流氷見物

　網走港おーろらターミナル(道の駅「流氷街道網走」)から運航している大型の観光砕氷船。南極観測船と同様に、流氷に船首を乗り上げて船の重みで氷を砕いて進んでいく。砕氷速力約3ノットで、最大80cm厚の氷を砕く能力があり、流氷にぶつかると、下から

↓氷の海を間近に見られる

総トン数／491 t（おーろら2は489 t）
全長／45m
幅／10ｍ
旅客定員／450名
最高速力／14.3ノット
（時速約26km）

突き上げられたような衝撃がある。特に氷が厚い場合は、いったん後退して助走をつけてから勢いよく氷にぶつかる。その姿、振動は迫力満点だ。割れた氷が1階のデッキをよぎることもあり、乗客は砕けた氷が見やすい1階デッキに集まることが多い。船の特長は、

・船体は2階建て。2階客室の上に展望デッキあり。暖房、トイレ完備
・一部の特別席（400円）を除き、ほとんどが自由席
・2階に売店とコーヒーラウンジがある
・晴天時は知床半島、羅臼岳が遠望できる

♪ 0152-43-6000（道東観光開発おーろらターミナル）
📍 網走市南3条東4-5-1道の駅、流氷街道網走内
地図p.181-B
🕐 1月20日〜4月上旬の運航／1月:9:00、11:00、13:00、15:00。2月:9:30、11:00、12:30、14:00、15:30。3月:9:30、11:30、13:00、15:30。4月:11:30、13:30。サンセットクルーズは2/12〜3/7までの金〜日曜16:30。要予約で出航15分前までに乗船手続をする。流氷のない日は能取岬までの海上遊覧。所要時間は約1時間
💴 乗船料3500円（流氷のない日は2700円）
🈺 期間中は、荒天時を除き無休　🅿 106台

※網走へのアクセスはp.177参照。

TEKU TEKU COLUMN

流氷見物に出かける前に

　1〜3月の厳冬期は、洋上の温度がマイナス20度以下になることが多いので、服装はもちろん、マフラー、手袋、耳あて、帽子など万全の防寒具を用意しよう。特に足元が冷えるので、靴下は厚手のものを。
　また、双眼鏡を用意すると、アザラシなどの動物を探しやすい。デジタルカメラは、気温が低いとバッテリー能力が低下して、駆動時間が短くなってしまうので、使用しないときは必ずバッグにしまっておくなどの配慮が必要だ。
　流氷は、「前日まで観測できていても、当日になったらすっかり消えてしまった」ということがある。時間によっても絶えず状況が変わるので、必ず見られるわけではないということを頭に入れておこう。

流氷物語号はストーブ列車

　流氷物語号は、オホーツク海に流氷が着岸する2月に、網走駅〜知床斜里駅間で運転される臨時列車。大きな窓を配したベンチシートの展望車両の車窓の外には、雄大な流氷が広がっている。
　また、1号車以外の全車両には石炭焚きのダルマストーブが設置されており、車内販売で購入できるスルメをあぶって食べることもできる。運行期間は2月1日〜28日間の毎日、運賃は網走駅から知床斜里駅まで840円。浜小清水、北泊駅に停まる。

→北浜駅付近では特に海岸に近づく

流氷を見に行こう！

宿泊ガイド

ホテル網走湖荘	♪0152-48-2245(予約専用)／地図：p.178／1万1000円〜(1泊2食付き) ●網走湖畔に建ち、天然温泉に入れる露天風呂などが人気。全153室。
天都の郷 ホテル本陣網走湖	♪0152-44-5577／地図：p.178／8700円〜(1泊2食付き) ●天都山の中腹にある和風旅館。料理はバイキング。全105室。
温泉旅館もとよし	♪0152-48-2241／地図：p.178／6350円〜(1泊2食付き) ●天然温泉のある宿。別館「鉄ちゃんと鉄子の宿」も好評。全20室。
網走セントラルホテル	♪0152-44-5151／地図：p.181-B／⑤6580円〜①1万円〜 ●市街の中心部にある。和洋室やデラックスツインなどもあり。全96室。
ホテルサンアバシリ	♪0152-43-3155／地図：p.181-A／⑤4499円〜①4899円〜 ●JR網走駅から🚶2分。近くにコンビニやレストラン多数あり。全34室。
サロマ湖鶴雅リゾート	♪0152-54-2000／地図：p.222-A／1万3500円〜(1泊2食付き) ●露天岩風呂と、サロマ湖一望の北欧風大浴場がある。全75室。

TEKU TEKU COLUMN

足をのばしてサロマ湖へ

　網走駅からバスで40〜50分ほどの場所にあるサロマ湖(地図p.222-A)は、北海道最大の湖で、全国でも3番目の大きさ。湖畔には今も豊かな自然が残り、それらを見て歩くのがおもしろい。

　探勝の拠点となるのは、栄浦にある**ワッカネイチャーセンター**(8:00〜17:00、6〜8月は〜18:00。10月中旬〜4月下旬休。♪0152-54-3434)。休憩所を兼ねた建物の中では、オホーツク海沿岸の自然をパネルやビデオ上映で紹介しているほか、湖岸散策に便利なレンタサイクル(1台650円)を借りることができる。

　周辺の見どころは、ワッカネイチャーセンターの近くから延々とのびる**ワッカ原生花園**。サロマ湖とオホーツク海を隔てている竜宮街道の東のつけ根から始まり、幅200〜700m、全長約20kmにもおよぶ巨大な海岸草原だ。この一帯は、砂丘や湿地が混在しているため多様な生態系を形成していて、草花の種類は300種以上といわれている。6月下旬〜8月にかけては、エゾスカシユリ、エゾカンゾウ、ハマナスなどた

くさんの花々が咲き誇り、見ごたえ十分の散策を楽しめる。

　サロマ湖へ向かうバスは便数が少ないので、事前に下記に問い合わせを。
◎JR網走駅から常呂バスターミナル行きバス(890円)を利用し、終点で北見市営バス(120円)に乗り換えて20分でサマロ湖入口に着く。直行便は早朝の運行。バスの問い合わせは、網走バス(♪0152-43-4101)か、北見市交通ターミナル(♪0152-54-3732)へ。

内尻文
稚利礼

最果ての町と島へ

稚内

日本海とオホーツク海に囲まれた
日本最北の街と岬をめぐる

　日本で最も北にある街。ノシャップ岬から海を見渡せば、利尻島や礼文島、さらにはサハリンの島影まで眺望できる。北緯45度31分22秒、日本最北端に位置する宗谷岬には、自らの足で最果ての地を踏もうと多くの観光客が訪れる。

HINT

稚内への行き方

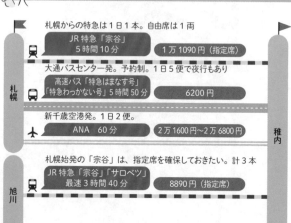

札幌からの特急は1日1本。自由席は1両

| 札幌 | JR特急「宗谷」 5時間10分 | 1万1090円（指定席） |

大通バスセンター発。予約制。1日5便で夜行もあり

| 高速バス「特急はまなす号」「特急わっかない号」5時間50分 | 6200円 |

新千歳空港発。1日2便。

| ANA　60分 | 2万1600円～2万6800円 |

札幌始発の「宗谷」は、指定席を確保しておきたい。計3本

| 旭川 | JR特急「宗谷」「サロベツ」 最速3時間40分 | 8890円（指定席） |

エリアの魅力

町歩き
★★★
グルメ
★★★
自然景観
★★★★

日本最北端の宗谷岬
感動的なノシャップ岬の夕日
オホーツク海の旬の味覚

観光の問い合わせ

稚内観光協会
☎0162-24-1216
稚内市観光案内所
☎0162-22-2384

予約・問い合わせ

JR稚内駅
☎0162-23-2583

高速バス
特急はまなす号
特急わっかない号
北都交通
（札幌予約センター）
☎011-241-0241
宗谷バス
（稚内駅前ターミナル）
☎0162-22-3114

飛行機
ANA
☎0570-029-222

市内バス・定期観光バス
宗谷バス（営業部）
☎0162-32-5151

観光タクシー
北都ハイヤー（稚内）
☎0162-33-2525

左ページ下の図を参照。起点となる札幌からは飛行機が、札幌と旭川からはJR特急と高速バスが運行している。特急の指定席で札幌・稚内間を往復する場合は、Rきっぷなどの割引切符がお得。

また、東京からは1日1便（夏期は2便）、羽田からの直行便が運航。往復運賃など割引運賃も設定されている（p.233参照）。到着便に接続して、稚内駅前ターミナル経由フェリーターミナル行きの連絡バスが運行。駅前まで所要30分、フェリーターミナルまで35分、いずれも700円。

POINT

はじめの一歩のすすめ方

　駅前のバスターミナルにある観光案内所（10:00〜18:00、12/31〜1/5休）で、情報を入手できる。フェリーターミナル（☎0162-24-1216、5/1〜6、5/25〜9/30営業）、稚内空港（☎0162-33-2927、9:30〜15:30）にも案内所がある。

HINT

まわる順のヒント

　見どころの多くは、稚内駅から徒歩15分圏内に集中。ノシャップ岬、宗谷岬へはバスを利用するが、宗谷岬へ向かうバスの本数は4便と少ないため、綿密な計画が必要となる。

　宗谷岬へは、稚内駅から浜頓別・音威子府方面行きバスで50分。岬周辺にはタクシーは常駐しておらず、帰りのバスの確認を。ノシャップ岬へはバスが頻発。稚内温泉から稚内駅へ帰る場合、ノシャップ方面（バス停を背に左方向）へ向かうバスのほうが所要時間が短い。

　バスの時間を気にせず効率よくまわるには、定期観光バスの利用がよい。市内、ノシャップ岬、宗谷岬などをまわる半日コースが2コース設定されている。また、各タクシー会社では観光タクシーもある。

気軽に立ち寄れるリッチな展望台

　JR稚内駅や稚内フェリーターミナルにも近い場所にあるサフィールホテル稚内は、12階の展望室を一般に無料開放している。稚内市街地から宗谷岬方面の眺めがすばらしく、バーラウンジもあるので、ここでのんびりと列車や船の出発を待つのもいい。

最北のローカル線宗谷本線の旅

　旭川と稚内を結ぶ最果てのローカル線で、自然景観あふれる車窓展望が楽しめる。南稚内駅手前は、日本海に浮かぶ利尻島のビューポイント。

稚内中心部

1:12,500
0　　　　　200m

周辺広域地図 P.187

♪徒歩4分

大慶寺　　ノシャップ岬へ
宝来2
禅徳寺
稚内カトリック教会
宝来2
P.188 氷雪の門
宝来(二)
九人の乙女の碑
南極観測樺太犬記念碑
宝来(一)
第一貯水池
宝来1
P.190
車屋源氏郷土料理
ゲストハウスモシリ
しおさいプロムナード
稚内港北防波堤ドーム
P.188
ホテルトランク稚内
ロックガーデン
北門神社
中央(一)
網元
中央公園
国民宿舎氷雪荘 P.191
開運
稚内公園
P.188
神社前
北の味心竹ちゃん
ホテル美雪
中央公園
サフィールホテル稚内 P.191
A
法雲寺
商工会議所
食堂よしおか
中央(二)
稚内市温水プール水夢館
B
ゲストハウス氷雪
P.190 なら館(寿司)
開基百年記念塔 P.188
北方記念館
郵便局前
北洋
わっかない
ノシャップ、稚内温泉夢、宗谷岬(大岬行き)行きなど9便が発着
ノシャップ行きの便が、1時間に約3便の割合で発車している
稚内局
空港連絡バスなどが発着
中央(三)
観光案内所
(1Fバス待合所内)
キタカラ
わっかない
稚内霊園
北海道P.190
P.190 北門館[コーヒー]
開運(二)
稚内市役所
市役所前
中央3
稚内フェリーターミナル
港湾合同庁舎
フェリーターミナル入口
宗谷本線
ポートサービスセンタ
稚内総合文化センター
中央(四)
水産ビル
国際フェリーターミナル
NTT
40
稚内漁協
宗谷岬へ
名寄・旭川へ

見る

稚内公園
わっかないこうえん

地図p.188-A
JR稚内駅から🚶25分、車で5分

　稚内市街地の西側、街を見下ろす丘陵地にあり、晴れた日にはサハリンの島影を望むこともできる広々とした公園。園内には、日本領ではなくなったサハリンへの望郷の念を込めて1963（昭和38）年に建てられた「氷雪の門」（右写真）をはじめとする数々のモニュメントや、展望室からサロベツ原野や利尻島、礼文島を一望で

きる「開基百年記念塔」などがある。見学時間の目安は徒歩で2時間。

📍稚内市中央1　🕐園内散策は自由
🅿50台

稚内港北防波堤ドーム
わっかないこうきたぼうはていどーむ

地図p.188-B
JR稚内駅から🚶8分

　稚内港沿いにある全長427m、高さ13mの防波堤。強風と高波に見舞われる土地柄、より頑強な波よけが必要とされ1931（昭和6）年から5年かけて完成した。半アーチ型の波よけに、70本の古代ローマ建築風の円柱と回廊が施された重厚なデザインが、遠くから見ても印象的だ。北海道遺産に指定。

♀稚内市開運1丁目　🅿近隣にあり

POINT
てくナビ／駅からドームに向かう海沿い
には全長215mの、ハマナスをイメージし
たタイル張りの散策道「しおさいプロム
ナード」があり、稚内港を眺めながら散歩
が楽しめる。

宗谷岬
そうやみさき

地図p.187-B
♀稚内駅前ターミナルから🚌宗谷バス鬼志別ターミ
ナル行きで50分、♀宗谷岬下車すぐ

　旅行者の誰もが一度は訪ねてみたいと思
う最果ての観光地。北緯45度31分22秒に
あり、一般の人が行くことのできる場所と
しては日本最北となる。岬の先端には「日本
最北端の地の碑」(下写真)が立ち、利尻島や
礼文島のほか、海を挟んだ43km先にはサ
ハリンの島影を望む。碑は北極星の一稜を
かたどった三角錐をデザインしたもので、
中央部に北を意味するNの文字が入ってい
る。記念写真を撮る絶好のポイントだ。近く
には、間宮林蔵の立像や、宗谷岬音楽碑、宮
沢賢治文学碑もあるので散策してみたい。

♀稚内市宗谷岬
🅿72台

宗谷丘陵・白い道
そうやきゅうりょう・しろいみち

地図p.187-B
♀宗谷岬から🚶1時間、🚗15分

　白い道は宗谷丘陵(p.191参照)フットパ
スコース内にあるホタテの貝殻を敷き詰め
た全長約3kmの、文字通り真っ白な道であ
る。天気の良い日には利尻富士やサハリン

を望むことができる。道の途中にはベンチ
もあるので、ぜひ立ち止まって腰を下ろし
てみたい。澄んだ青い空と海、牧草地帯の鮮
やかな緑、360度息をのむような絶景が楽
しめる。

📞0162-23-6468(稚内市役所観光交流課)
♀稚内市宗谷岬　🅿200台(宗谷岬公園の🅿利用)

ノシャップ岬
のしゃっぷみさき

地図p.187-A／♀稚内駅前バスターミナルから🚌宗
谷バスノシャップ、または富士見・坂の下行きで10
分、♀ノシャップ下車🚶5分

　眼前にオホーツク海と日本海が広がり、
利尻富士、礼文島、サハリンの島影を一望で
きる。ここから見る夕陽はすばらしい。近く
には、北の海に生息する100種の魚や生物
を飼育・展示するノシャップ寒流水族館が
あり、北の海に生息する魚を展示している。

📞0162-23-6278(ノシャップ寒流水族館)
♀稚内市ノシャップ2-2-17
🕐ノシャップ寒流水族館は9:00〜17:00(11月、
2・3月は10:00〜16:00)、最終入館20分前
🈺4月1〜28日、12月1日〜1月31日　💴500円(小・
中学生100円、隣の青少年科学館と共通)　🅿30台

POINT

てくナビ／バスを降りたら、右方向に赤
と白のストライプの稚内灯台を探そう。
見つけたら、そこへ向かって直進し、突き
当たりを左折すると岬に出る。

稚内

稚内温泉 童夢
わっかないおんせん どーむ

地図p.187-A
♀稚内駅前ターミナルから🚌宗谷バス富士見・坂の下線で18分、♀稚内温泉前下車すぐ

　道北最大級の浴室面積を誇る日帰り温泉施設。神経痛などに効くナトリウム塩泉の温泉だ。寝湯、打たせ湯、薬湯、ジェットバス、露天風呂など8種類の浴槽があり、休憩室も完備している。時間をかけてのんびりと過ごせる。晴れた日には利尻島や礼文島が望める。

♪ 0162-28-1160　♀稚内市富士見4丁目1487
🕐 9:45～22:00(入館は～21:30)
🈺 第1月曜
　（祝日の場合は翌日、月により変動あり）
💰600円　🅿100台

食べる＆買う

稚内市内／寿司
なら鮨
ならずし

地図p.188-B
JR稚内駅から🚶3分

　稚内近海でとれた新鮮なネタが自慢。1カン150円～と値段も良心的で、地元でも人気の寿司屋だ。子持ちのボタンエビや、肉厚なホタテなど、握り10カンが味わえる稚内郷土生寿し(松)は3500円。また、ホタテやタラバガニ、ホッキ、イクラ、ウニなどを存分に味わえるジャンボ生ちらしも3200円で人気がある。丼物は、ウニ、カニ、イクラなどがのる浜磯丼(3000円)がおすすめ。いずれも鮮度抜群のネタばかり。

♪ 0162-23-6131
♀稚内市中央2-13-3
🕐 11:00～14:00、
　16:00～23:30
🈺 不定
💰並寿司1500円～
🅿6台

稚内市内／郷土料理
車屋・源氏
くるまや・げんじ

地図p.188-B
JR稚内駅から🚶5分

　日本海とオホーツク海産の魚介類を使った鍋物や刺身が味わえる。たこしゃぶ鍋(1人前2178円)は、宗谷の大ダコをしゃぶしゃぶで食す名物料理で、味噌、醤油、ゴマをブレンドした自家製ダレとの相性が抜群。5～9月限定の生ウニ刺(1320円)も楽しめる。旬の刺身の盛り合わせと焼き魚が付いた地物定食(2750円)もおすすめ。

♪ 0162-23-4111
♀稚内市中央2-8-22
🕐 11:00～14:00、
　17:00～22:00
🈺 不定
💰昼1000円～／夜3000円～
🅿20台

稚内市／喫茶店
北門館
ほくもんかん

地図p.188-B
JR稚内駅から🚶3分

　コーヒー専門店だが、サンドイッチなど軽食メニューも豊富。

♪ 0162-22-0486
♀稚内市中央3-8-24
🕐 9:00～19:00　🈺 木曜
💰コーヒー400円～、サンドイッチとのセット650円～
🅿近隣にあり

宗谷岬／食堂
食堂最北端
しょくどうさいほくたん

地図p.187-B
♀宗谷岬からすぐ

　宗谷岬にあるラーメンとカレーだけの何の変哲もない食堂だが、ライダーなど多くの

♪ 0162-76-2222
♀稚内市宗谷岬2-10
🕐 8:00～18:00
　（夏期6:30～20:00頃）
🈺 12月頃～3月、夏期無休
💰ほたてラーメン800円、モズクラーメン1200円
🅿近隣にあり

旅行客に愛されてきた。ここで、ワンカップ（350円）片手にラーメンをすすると、旅情がひときわ不思議と増してくる。

🛍 稚内市内／海鮮市場 🛍

北市場
きたいちば

地図p.188-B
JR稚内駅から🚶1分

海産物や干物を販売する店。店内はカニの品揃えが豊富で、ボイルしたタラバガニやズワイガニはもちろん、生け簀では活きのいい毛ガニも手に入る。2021年4月に稚内副港市場に移転。

📍 稚内市港1-6-28
🕐 8:00～17:00（変動あり。冬期は9:00～15:00頃）
🈳 無休
🅿 248台

🛍 宗谷岬／みやげ 🛍

ゲストハウス・アルメリア

地図p.187-B
📍宗谷岬から🚶15分

宗谷岬とサハリンを見下ろす丘の上にある風車の建物が目印。館内では宗谷黒牛のステーキ肉や海産物が手に入る。また食事もできる。2階の休憩所には、無料で利用できる望遠鏡が設置されている。

📞 0162-76-2636
📍 稚内市宗谷岬
🕐 10:00～17:00（季節変動あり）
🈳 10月下旬～4月上旬休、そのほか不定休あり
🅿 100台

TEKU TEKU COLUMN

氷河期の地形が残る宗谷丘陵

宗谷岬の南に広がる宗谷丘陵（地図p.187-B）は、丸みをおびた丘に小さな谷が入り乱れる珍しい地形になっている。これは、氷河期後に土が凍結と融解を繰り返してできた周氷河地形と呼ばれるもの。現在の宗谷丘陵は、今から約1万年前に終わったウルム氷期のあとにできたものだと考えられている。

道北エリアには、このような地形が随所で見られるが、特にこの宗谷丘陵は度重なる大火によって森林が消失し、地形が際立って目につくのが特徴。地形がはっきりとわかるのは国内でも珍しく、2004年には北海道遺産に指定された。

宿泊ガイド

サフィールホテル稚内	📞0162-23-8111／地図p.188-B／Ⓢ6000円～Ⓣ1万円～ ●ウォーターフロントにある12階建てのホテル。全143室。
国民宿舎 氷雪荘	📞0162-23-7116／地図p.188-B／1万1000円～（1泊2食付き） ●全室バス・トイレ付き。夕食は新鮮な海の幸が味わえる。全22室。
ペンション斗夢ソーヤ	📞0162-76-2551／地図p.187-B／5500円～（素泊まり）／ ●囲炉裏で網焼き料理が楽しめる（1万2600円。要予約）。全14室。

利尻・礼文

エリアの魅力

自然と親しむ
★★★★★
花の名所
★★★
グルメ
★★★★

北の外れの離島風情
映画『北のカナリアたち』のロケ地
ブランド魚介の利尻ウニ

　美しい山容を描く名峰・利尻富士を抱いた利尻島と、色鮮やかな高山植物に彩られた礼文島。稚内から約60km、日本最北に位置する2つの離島には、豊かな自然と新鮮な海の幸、そして島に暮らす人々のやさしい笑顔があふれている。

礼文島・香深港

	1月	2月	3月	4月	5月	6月	7月
観光の目玉	【利尻・礼文】タラチリ鍋、カジカ汁	【利尻】りしり寒歓まつり（第2土・日曜）【礼文】礼文っ子雪まつり（第1日曜）	【利尻・礼文】タラチリ鍋、カジカ汁	【利尻・礼文】ミズバショウ、エゾエンゴサク開花	【利尻】チシマフウロ、クロユリ開花【礼文】ウニ漁解禁、レブンアツモリソウ開花	【利尻】エゾバフンウニ漁解禁（中旬）、北見神社祭（下旬）【礼文】礼文花まつり（第2土・日曜）、高山植物最盛期	【利尻】昆解禁【礼文】昆解禁、礼社祭（8〜日）、厳島祭（14〜16
旅じたく	長袖ハイネックセーター、厚手コート、手袋、ブーツ（すべり止め付）、使いすてカイロ		フリース、セーター、長袖トレーナー、厚手ジャンパー、スニーカー			長袖トレーナー、ウィンドブレーカー、スニーカー	長袖トレーナー、スニーカー
天候＝平均気温	北風が強く吹雪くことも	流氷が接岸する	根雪がとけ始める	根雪のこる	ハダ寒い日も	霧が発生しやすい	風が暖かくなる21.1

天候＝平均気温（グラフ）

利尻（沓形）の平均最高気温 / 利尻（沓形）平均最低気温

	1月	2月	3月	4月	5月	6月	7月
平均最高気温	-2.0	-1.7	1.8	7.6	12.6	17.0	14.4
				1.5	5.6	10.0	
平均最低気温	-6.8	-6.9	-3.5				
（降水量）	15	15	13	15	8	15	10

平均気温は1981〜2010年間の平均による

利尻・礼文の行き方 ※2020年2月現在

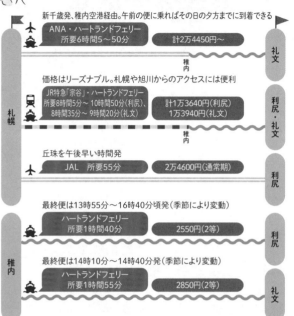

札幌	新千歳発、稚内空港経由。午前の便に乗ればその日の夕方までに到着できる		
	ANA・ハートランドフェリー 所要6時間5〜50分	計2万4450円〜	礼文
		稚内	
	価格はリーズナブル。札幌や旭川からのアクセスには便利		
	JR特急「宗谷」・ハートランドフェリー 所要8時間5分〜10時間50分(利尻)、 8時間35分〜9時間20分(礼文)	計1万3640円(利尻) 1万3940円(礼文)	利尻・礼文
		稚内	
	丘珠を午後早い時間発		
	JAL 所要55分	2万4600円(通常期)	利尻

稚内	最終便は13時55分〜16時40分頃発(季節により変動)		
	ハートランドフェリー 所要1時間40分	2550円(2等)	利尻
	最終便は14時10分〜14時40分発(季節により変動)		
	ハートランドフェリー 所要1時間55分	2850円(2等)	礼文

稚内港フェリーターミナルへ

利尻・礼文へのフェリーが発着する、稚内フェリーターミナルへは、稚内駅から🚶15分。稚内空港からの連絡バスは稚内駅を経由、フェリーターミナルが終着。

予約・問い合わせ

フェリー
ハートランドフェリー
(稚内港フェリーターミナル)
☎0162-23-3780
www.heartlandferry.jp

飛行機
ANA
☎0570-029-222
JAL
☎0570-025-071

利尻・礼文

両島を効率よくめぐるには

それぞれの島をゆっくり観光するなら、利尻では最低2日は必要。利尻富士に登山するなら、必ず前泊を。礼文島も最短で丸1日、高山植物の最盛期なら2日は旅程を確保したい。

また、夜行で早朝に稚内に到着すれば、1日で両島をまわることも可能。始発のフェリーで出発し、各島でフェリーに接続する定期観光バス(p.200、210)を利用するといい。

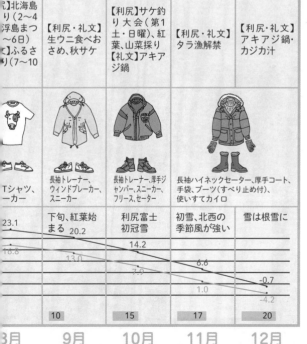

	【利尻・礼文】 生ウニ食べおさめ、秋サケ	【利尻】サケ釣り大会(第1土・日曜)、紅葉、山菜採り 【礼文】アキアジ鍋	【利尻・礼文】 タラ漁解禁	【利尻・礼文】 アキアジ鍋・カジカ汁
Tシャツ、 ーカー	長袖トレーナー、 ウィンドブレーカー、 スニーカー	長袖トレーナー、厚手ジャンパー、スニーカー、フリース、セーター	長袖ハイネックセーター、厚手コート、手袋、ブーツ(すべり止め付)、使いすてカイロ	
23.1	下旬、紅葉始まる 20.2	利尻富士初冠雪	初雪、北西の季節風が強い	雪は根雪に
		14.2		
	13.0	7.9	6.6	
			1.0	-0.7
				-4.2
	10	15	17	20
3月	9月	10月	11月	12月

■ 17 は1カ月で1mm以上雨・雪が降った日数(稚内地方気象台調べ)

【○○】北海島り(2〜4浮島まつ〜6日)〉ふるさり(7〜10

旅情あふれる風景の中
天然の花畑を歩く

礼文島から眺める
利尻山（利尻富士）

海から直接そびえ立っているように見える利尻山を中心に、豊かな自然が残る利尻島。島固有の花も多く、湖、湿原、山岳と、変化に富んだ風景を楽しめる。

さまざまな花が咲く
礼文島・桃岩遊歩道

　本州では高山地帯に
しか咲かない花々を海
岸線付近で見ることが
できる。"レブン"という
名を冠した島固有の草
花も多く、初夏は多くの
観光客で賑わう。

利尻

エリアの魅力

本格的な山登り
★★★★★
絶品の海産物
★★★★
アクティビティ
★★

美しい姿を見せる利尻富士
コンブとウニが島の代名詞
ここでしか見られない高山植物

観光の問い合わせ

利尻町観光協会
☎0163-84-3622
利尻町観光案内所
（沓形FT内）
☎0163-84-2349
（6〜9月）
利尻富士町観光協会・
利尻富士町商工観光係
☎0163-82-1114
利尻富士町観光案内所
（鴛泊FT内）
☎0163-82-2201

色とりどりの高山植物を眺め
利尻富士の自然を存分に楽しむ

　利尻山を中心に、美しい沼や森林などが随所に見られる利尻島。ウニや利尻昆布など魅力的な海の幸も豊富だ。名前に「リシリ」の地名が冠せられた植物が数多く生息し、ここでしか見られない花がたくさん咲く。

POINT

はじめの一歩のすすめ方

利尻島のメインの玄関口は鴛泊（おしどまり）フェリーターミナル。各種交通手段は、ここを起点に手配を。

鴛泊FT 1階

```
←積込車輌待機場
エレベーター
乗船券自動発券機
エスカレーター
        自動販売機
まごころレンタカー
丸田商店   トヨタ（鬼脇方面）レンタカー
```

フェリー
エスカレーター
（フェリー乗船口へ）
オートバイ駐車場
観光宿泊案内所ℹ️
乗船案内
待合ロビー
公衆電話
プリクラ
売店

宗谷バス
インフォメーション
多目的トイレ
出入口
定期観光バス乗り場

路線バス
（沓形方面）乗り場
正面出入口
路線バス
さとう食堂

●定期観光バスを利用する
ターミナル内の案内所で、チケットを購入する。

●観光情報を入手
乗り場出入口そばの観光案内所で、マップや宿泊情報が手に入る。

フェリー乗船口は2階にある。

●観光タクシーの乗り場は
ターミナルを出てすぐ右側に乗り場がある。予約が確実。

●路線バスの乗り場は
バス停はターミナルを出て左側。道路を挟んで沓形方面・鬼脇方面のバス停が。

●定期観光バスの乗り場は
ターミナル左側の駐車場内にある。

●沓形FT（フェリーターミナル）
到着の場合

鴛泊港フェリーターミナル

宿泊先が決まっていれば、ほぼすべての宿から送迎をしてくれるので、それを利用しよう。主要観光スポットへはタクシー、路線バスを利用するしかない。まず鴛泊港フェリーターミナルに向かってからスタートするほうが主な見どころを効率よくまわれる。

●利尻空港到着の場合

バスかタクシーで鴛泊へ。台数は多くないが、常駐している。利尻空港から鴛泊港フェリーターミナルまでタクシーで約10分。

POINT

利尻島の歩き方

利尻島では、時間や予算によっていろいろなスケジュールを立てられる。各観光スポットをまわる方法もいくつもあり、天候によって、アクセス手段を臨機応変に変更することも可能だ。目的に合わせて効率のいい方法を選択したい。

●観光タクシーでまわる

各観光スポットをめぐって利尻島を一周するコースは、3時間で1万7000円～2万円前後が基本。利用する場合は、島のタクシーの台数が限られているので、予約をしたほうが確実。予算や時間に合わせたスケジュールにも対応してくれるので、事前に相談しよう。

昼食などは地元の運転手さんがおすすめする、おいしい食堂に連れていってくれることもある。

●レンタカーでまわる

ワゴン車クラスは3時間1万円～1万2000円程度で、以後1時間ごとに2000～2500円程度が加算されていく。軽自動車は3時間5000～6000円程度（以後1時間超過するごとに2000円程度加算）。

島の外周道路は渋滞もないため、各ポイントでの見学時間を含めても3時間あれば十分。料金は北海道本土より割高感があるが、レンタカー会社により異なるので事前に調べておこう。

●レンタルバイクでまわる

バイクは鴛泊FT近くでレンタサイクル（p.201参照）と一緒に貸し出している。50ccスクータークラスで1時間1000円程度が基本。島をぐるりと一周すると3時間程度かかる。

●路線バス・定期観光バスでまわる

路線バスは島外周の道道を走る。鴛泊港FTから鬼脇方面へ向かうAコースと、沓形方面へ向かうBコースの2路線がある。島内めぐりに利用したいが、1日に合わせて1～2便しか運行していないので、綿密な計画が必要。定期観光バスはp.200～201参照。

交通の問い合わせ

定期観光バス
宗谷バス利尻営業所
📞0163-84-2550

観光タクシー
富士ハイヤー
📞0163-82-1181

レンタカー
利尻レンタカー
📞0163-82-2551
まごころレンタカー
📞0163-82-1551
マルゼンレンタカー
📞0163-82-2295
レンタルバイク旅館雪国
📞0163-82-1046

↑利尻島の海の玄関口・鴛泊港

↑鯨のような形のペシ岬

↑島の見送りは熱烈的

↑路線バス1日乗車券は2000円で乗り放題。発売期間は4月下旬～10月

197

秋になると道の両側にススキが生える草原。風が強い日は直接当たるのでつらい。

富士岬

ポンモシリ島

富士野園地

夕日ヶ丘展望台

205

ベシ岬

富士岬

卍本立寺

ぐりーんひる♨

P.205 夕陽館H

鷲泊本町

栄町

鷲泊港

本泊漁港

本泊

本泊

会津藩士の墓

利尻富士町役場

鴛泊米町

高山植物展示園

P.205

姉

宗教寺

学校鷲泊

旅館雪国H

P.20

利尻山本泊神社

P.204 利尻富士温泉保養施設♨

105

北海富士神社

利尻空港

カルチャーセンター
＆りっぷ館

湾内

利尻・彩くるロード

完全に舗装された約25kmのサイクリングロード。海岸沿いや森の中、草原の真ん中などバラエティに富んだコースが楽しめる。途中の利尻富士温泉での休憩がおすすめだ。

野塚展望台〜会津藩士の墓〜利尻町運動公園［約25km・3時間］

A

B

大磯

小ポン山 413▲

ポン山 ▲444

10分 P

P.203 利尻北麓野営場

トイレ、公衆電話などの設備あり。シーズン中は混雑している。

45分

ボロフンベ

海を眺めながらの走行が気持ちいい。一部車道を走るところもあるのでクルマには注意しよう。

利尻富士町

日本百名水「甘露泉水」は3合目にある。これより上には水飲み場がないので、ここで補給する。

六合

栄浜神社

栄浜

栄浜

倒木やゴロゴロした石がある道を進む。両側ともトドマツで覆われているので眺望はよくない。しかし、初夏にはエゾムカシヨモギやコミヤマカタバミなどの珍しい花を観察できる。

利尻廣獄神社

新湊

新湊

天望山公園

沓形の町や、その先にある海岸線の展望が良好。トイレと電話はあるが、水飲み場はない。

八合目 30

七合目避難小屋 40分

礼文石

E

会津藩士の墓

種富町

冨野

利尻町役場

きつねの森

見返台園地展望台

WC

P

六合目

一時間

沓形港

P.204 海底探勝船遊覧

P.205 正部川旅館H

沓形岬 P

北見富士神社

沓形

利尻町

沓形登山コース

上級者向きの難しいコース。特に7合目以降は登山のエキスパートにとっても難所が続く。5合目までクルマで行けるので、時間は短縮できる。

［登り＝約5時間、下り＝約4時間］

P.205 アイランドイン リシリH

泉町

P.205 町営ホテル利尻H

▲利尻町森林公園キャンプ場

P.204 利尻らーめん味楽R

神居ポン山 ▲140

大山祇神社

神居

文利尻高

・利尻町運動公園

蘭泊

蘭泊

蘭泊神社

日 本 海

P.200 人面岩・寝熊の岩

久連

北のいつくしま弁天宮

久連

I

J

長浜

長浜

N

利尻島

1:82,800

0 ──── 2km

周辺広域地図 P.220

野塚岬
野塚
01 野塚展望台
沼口
WC

トドマツを中心とした針葉樹の林の中を進む。しばらく上り坂が続くので飛ばしすぎると疲れしまう。

ラナルド・マクドナルド上陸記念碑
雄忠志内
碑忠志内利尻山神社

神恵神社
観音岩
八大錬泊神社
錬泊

ポン山・姫沼探勝路
トドマツ林の中を進むハイキングコース。山に向かって進む往路は、ほとんどが上り。「軽い登山」くらいの心構えは必要。姫沼の周りを20分で一周する散策路もある。そちらは木道が整備されていて歩きやすい。

旭浜
旭浜
旭浜利尻山神社

ゴロゴロした石場の登り。避難小屋をすぎると、初夏リシリゲンゲやリシリオウギなど、ここでしか見れない高山植物を見ることができる。

鴛泊登山コース
もっともポピュラーな登山コース。といっても完璧な備えと心構えは必要。日本百名水の「甘露泉水」や、6合目の第一見晴台、頂上付近の高山植物群など登山の疲れを忘れさせる見どころはたくさんある。（P.202参照）
［登り=約6時間30分、下り=約4時間］

459
石崎山

山頂に近づくにつれ急傾斜が多くなる。危険なところにはロープが張られている。

石崎
石崎神社
共同寺

官山
八合目
利尻山避難小屋
大山神社
30分
25分
1719
利尻山 P.202
1721
立ち入り禁止
七合目
G

二石
二ツ石
二石神社

目の「背負子投げの難所」のすぐあとの「親不知子知」など、登山の上級者にとっても難所が続く。崩れるところもあるので心の注意が必要。

石崎灯台

豊仙沢川

滝の沢川

清川
清川

鬼脇登山コース
7合目より上はルートが崩壊しているため立入禁止になっている。7合目までのルートも整備されていないため、今では登山する人はいない。

利尻島
礼文サロベツ国立公園
シマザクラ群生地

411
鬼脇ポン山

利尻島郷土資料館 P.201
大沢寺
鬼脇
北見神社
北のしーま

金崎
金崎

針伏山
302

オタドマリポン山
164

アヤメ

沼浦キャンプ場

オタドマリ沼 P.201
WC
沼浦展望台
沼浦

仙法志ポン山
320

メヌウショロポン山
155

三日月沼

禅竜寺
南浜
南浜
エゾカンゾウ

K

エゾカンゾウ
ワタスゲ

L

白
登神社
政泊
利尻町立博物館 P.200

野中
野中
野中稲荷神社

本町

御崎
仙法志崎
御崎
仙法志御崎公園 P.200

定期観光バス・レンタサイクルでまわる

利尻島
一周ガイド

日帰りの人や短時間でまわりたい人には
定期観光バスがおすすめ。時間がとれる人には
島の空気を感じられるレンタサイクルがおすすめだ。

フェリーの到着時刻に合わせて運行

　春から秋にかけて運行されている定期観光バス。午前のAコースと午後のBコースがあり、Aコースは沓形港FTからも利用できるので、自分のスケジュールに合わせて選択できる。特に予約の必要はなく、7・8月の混雑時には増便も走るので、満員で乗れなくなるという心配もない。

⊚ 定期観光バス

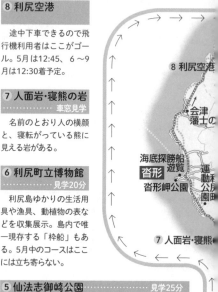

8 利尻空港

　途中下車できるので飛行機利用者はここがゴール。5月は12:45、6〜9月は12:30着予定。

7 人面岩・寝熊の岩 ────── 車窓見学

　名前のとおり人の横顔と、寝転がっている熊に見える岩がある。

6 利尻町立博物館 ────── 見学20分

　利尻島ゆかりの生活用具や漁具、動植物の表などを収集展示。島内で唯一現存する「枠船」もある。5月中のコースはここには立ち寄らない。

5 仙法志御崎公園 ────── 見学25分

　利尻島最南端の岬にある公園。利尻島の中でも抜群の透明度を誇る海岸を散策できる。

● **利尻島を一周する定期観光バス 2 コース**

宗谷バス利尻営業所　☎0163-84-2550

	5月	5月
A 秀峰利尻富士めぐりコース	（5月3〜6日） 9:25発→13:00着	（5月20〜31日） 9:25発→13:00着

　見学ポイント　鴛泊港FT→姫沼→野塚展望台(車窓)→オタドマリ沼→仙法志御崎公園→利尻町立博物館
→人面岩・寝熊の岩(車窓)→利尻空港(途中下車可)→鴛泊港FT
（5〜7月は博物館ではなく郷土資料館に立ち寄るなど順序変更あり）
●沓形営業所から乗車可、5月8:35発、6〜9月8:20発

	5月	5月
B 利尻スポットめぐりコース	−	−

　見学ポイント　鴛泊港FT→野塚展望台(車窓)→オタドマリ沼→仙法志御崎公園→人面岩・寝熊の岩(車窓)→
沓形岬公園→鴛泊港FT

1 姫沼 ………………………………… 見学30分

澄み切った湖面に利尻山を映し出すきれいな沼。15分程度で一周できる遊歩道が整備されている。

Ⓐ 秀峰利尻富士めぐりコース

START
鴛泊FT → → → → →
GOAL

ポイント名にある時間は
このコースでの見学時間です

鴛泊港FT
2 野塚展望台
1 姫沼
尻富士温泉保養施設

········· 定観バスルート
········· サイクリングロード

利尻山

見返台園地展望台
利尻島
3 利尻島郷土資料館

4 オタドマリ沼
6 利尻町立博物館

5 仙法志御崎公園

← ← ← ← ← ← ← ←

6〜9月
9:10発→12:45着
Ⓐ コース:所要3時間35分/3400円(5〜9月)

14:25発→17:05着
Ⓑ コース:所要2時間40分/3200円

2 野塚展望台 ………………………………… 車窓見学

海に向かって左側に礼文島、右側に稚内方面が見渡せる展望台。

3 利尻島郷土資料館… 見学20分

1913(大正2)年に建てられた洋風の旧鬼脇村役場の旧庁舎内に、利尻の歴史やニシン漁の資料を展示している。5月3日〜6日、5月21日〜7月のみ。

4 オタドマリ沼 ………………………………… 見学25分

雄大な利尻山をバックに、アカエゾマツ原生林に包まれた沼。近くに並ぶ食堂では活ウニ料理が楽しめる。

TEKU TEKU COLUMN

レンタサイクルでスポーティーに!

野塚展望台〜鴛泊港FT〜沓形〜利尻町運動公園まで約25kmの利尻・彩くるロードがある。多少のアップダウンはあるが、変化に富んだコースが続く。

鴛泊FTを起点に東は野塚展望台までの往復と、西は会津藩士の墓(種富駐輪公園)までの往復を走る。通しで片道約22.6km、往復約45.2km。所要約3〜4時間。どちらか片方だけ走るなら往復約2時間ほど。

※自転車は鴛泊港FT前で借りられる。5〜9月のみ営業で、1日電動タイプで2500円〜。コース中には売店や自販機などはないので必ず事前に用意を

苦労の先には最高の展望が待っている

利尻山登山にチャレンジ！

利尻富士の愛称で親しまれている利尻山は標高1721 m。
日本百名山のひとつにも選ばれ、晴天時の頂上からは
礼文島やサロベツ原野、サハリンまでもが眺望できる。

登る前の身じたく＆心構え

- 見た目以上に距離があるので、十分に時間の余裕をもった計画を立てよう。早朝出発の登山を心がけたい。
- 登山前は、最寄りの警察官駐在所、利尻森林事務所、宿泊先などに、スタート時間、人数、コース、予定の下山時刻などを記入した登山計画書を提出すること。
- 天候が変わりやすいので、悪天候などの場合は登山を中止する決断も必要。
- 夏場の登山でも、長袖、長ズボンを着用し、防寒着、雨具、タオル、着替え、手袋などは必ず携帯する。靴は靴底の厚いものを。携帯トイレを各宿泊または登山口で入手。ルートに携帯トイレブースは3カ所。
- 非常時を考え食料は多めに携帯を。登山道の途中に水場はないので、必ず登山前に十分用意すること。甘露泉水で汲む場合は水筒を用意しよう。
- 登山道以外の歩行や、単独歩行は絶対にしない。

※上記は比較的天候が穏やかな6〜8月の身じたくと心構え。雪の残る季節や風の強くなる季節などは、さらに注意点が増え、必要な持ち物も増える。疑問点は事前に役場や宿泊先等に問い合わせよう。

↑登山届入れ

鴛泊港

↑山頂から見る沓形港方面

↑エゾノツガザクラ

↑エゾノハクサンイチゲ

1時間10分
火山灰と小石のルート。滑りやすいので注意が必要

45分
リシリヒナゲシやリシリゲンゲが群生するお花畑は7月上旬が見頃

1時間
途中にある第2見晴台は岩だらけの広場。長官山はもうすぐそこだ

35分
森林限界となり、ハイマツが群生している

35分
ジグザグな坂道が続く

35分
エゾマツ、トドマツが両側にうっそうと茂る

35分
道をふさぐ倒木を乗り越えて登るところも

鴛泊港〜登山口は約3km。タクシーで10分、1000円

↑リシリヒナゲシ　　　↑エゾツツジ

↑9合目以上の急登

利尻山避難小屋

緊急時には30人程度の避難が可能な避難小屋だが、設備はなにもない無人の施設。5月頃まで残雪がある。

山頂（北峰）

山頂には小さな社がある。大パノラマが広がるが、20～30人もいれば混雑するほど狭い。南峰への登山道は現在通行止になっている。

山頂

沓形分岐

9合目

山頂までは足場の悪い急な登りが続く。不安定な場所にはロープが張られ、登山者をサポート。

8合目・長官山

ここまで来れば山頂が目の前に見える。眼下には利尻島東海岸一帯、晴れた日には稚内西海岸も眺望できる。

7合目・七曲

ジグザグの道を繰り返して高度を上げていく。登山道は岩が階段状に続き、比較的登りやすい。ただし、雨や霧のあとは滑りやすいので注意しよう。

6合目・第一見晴台

展望がひらけ、礼文島がはっきりと見える。また、晴れている日には水平線にサハリンも望める。混雑していなければ、座って休憩しよう。

6.5合目

↑携帯トイレブース

5合目

登山道の両側にはダケカンバの森が広がる。

4合目・野鳥の森

エゾムシクイ、コマドリ、クマゲラなどの野鳥のさえずりが聞こえ、双眼鏡があれば姿を見ることができる。

3合目・甘露泉水

日本名水百選に選ばれたおいしい水が湧き出ている。ここより上に水場はないので、容器をあらかじめ用意して、ここで十分補給しておこう。

登山口

利尻北麓野営場

公衆電話、トイレ、ケビンなどの設備がある。シーズン中は甘露泉水が目当ての観光客も多く、混雑している。なお、ケビンは事前に予約が必要。ケビン：1棟5230円（4人）。☎0163-82-2394

利尻登山

鴛泊登山コース

往復11.4km
登り約6時間30分
（休憩1時間含む）
下り約4時間
（休憩15分含む）

登山口は鴛泊市街から約3kmの利尻北麓野営場。野営場まではクルマで行くことができ、駐車場も完備されている。各宿泊施設で野営場まで送迎してくれるので利用したい。一般的な登山コースだが、レベルは中級者向け。登山経験のまったくない初心者には辛い場所も多い。

11.4km
10時間
30分

見る&歩く

利尻富士温泉保養施設
りしりふじおんせんほようしせつ

地図p.198-B、205
鴛泊港FTから🚗で5分

　地下1500mから湧く豊富な温泉を利用した、町営の日帰り施設。利尻富士を望みながら露天風呂でゆっくりくつろげる。ジャグジーやサウナ、休憩所やレストランもあり、地元の町民だけでなく、登山客など年間6万人が利用する。また、温泉の余水を活用

した温水プール「湯泳館」が隣接し、横には足湯もある。6月上旬から10月中旬まで、源泉のままの約35℃に設定された心地よい温度の足湯を無料で利用できる。

♪ 0163-82-2388
📍 利尻富士町鴛泊字栄町227-7
🕐 11:00〜21:30(9〜5月は12:00〜21:00)
🈺 無休(11〜4月は月曜休)
💰 入浴料500円、バスタオルレンタル200円
🅿 30台

カルチャーセンター&リップ舘
かるちゃーせんたーあんどりっぷかん

地図p.205
利尻富士温泉保養施設に隣接

　カルチャーセンターでは絵画のほか、高山植物などのパネルを展示。リップ舘1階では利尻島の歴史や文化に関して、2階では島内で発掘された土器などを展示。

♪ 0163-82-1721
📍 利尻富士町鴛泊字栄町227-7
🕐 9:00〜17:00 🈺 月曜、11月〜4月 🅿あり

食べる&買う

鴛泊／食堂

さとう食堂
さとうしょくどう

地図p.205
鴛泊港FTからすぐ

　利尻産のもずくやわかめ、銀杏草などがたっぷり入った利尻海藻ラーメン(1200円)はぜひ味わってみたい。ウニの季節には新鮮な生ウニ御膳(4500円)かウニ丼(4500円)がおすすめ。定食もいろいろある。

♪ 0163-82-1314
📍 利尻富士町鴛泊港町
🕐 9:00〜16:00(季節変動あり)
🈺 不定休(11〜3月休業)
💰 海鮮利尻ラーメン1350円
🅿 なし

鴛泊／ラーメン

利尻らーめん味楽
りしりらーめんみらく

地図p.198-E
沓形港FTから🚶10分

　ミシュランの北海道版に紹介されて以来、注目を浴びているラーメン店。夏の観光シーズン中は行列覚悟の人気店。2018年から新横浜ラーメン博物館にも出店中。おすすめは利尻昆布の出汁をベースに動物系スープを合わせ、焦がした醤油の香りが引き立つ、焼き醤油らーめん960円。とろろ昆布のトッピングも好評。

♪ 0163-84-3558
📍 利尻町沓形字本町67
🕐 11:30〜14:00
🈺 木曜
💰 焼き醤油らーめん960円
🅿 あり

鴛泊／みやげ

丸田商店
まるたしょうてん

地図p.205
鴛泊FTからすぐ

　利尻島みやげの定番、利尻昆布(540〜3000円)は、予算に合わせて選べる。そのほかに「利尻の昆布クッキー」(650円〜)や、きざんだ利尻昆布の入った「利尻昆布サブレ」(648円〜)なども人気。

♪ 0163-82-1413
📍 利尻富士町鴛泊字港町
🕐 7:00〜17:30
🈺 不定
🅿 近隣にあり

宿泊ガイド ※冬期休業に注意

鴛泊	旅館雪国	☎0163-82-1046／地図:p.198-B／7150円～（1泊2食付き） ●アットホームな雰囲気が魅力の宿。風呂は利尻富士温泉の湯を使用。
	利尻マリンホテル	☎0163-82-1337／地図:p.205／1万4300円～（1泊2食付き） ●ペシ岬が近いので、周辺の散策も楽しい。無料レンタサイクルあり。
	利尻富士観光ホテル	☎0163-82-1531／地図:p.205／1万1000円～（1泊2食付き、入場税込） ●鴛泊FTに近く、海側の客室からは利尻山や美しい朝日が望める。
	ペンション ヘラさんの家	☎0163-82-2361／地図:p.205／1万4850円～（1泊2食付き） ●木の香りがいっぱいで、ゆっくりと静かに過ごせるペンション。
	北国グランドホテル	☎0163-82-1362／地図:p.205／1万1200円～（1泊2食付き）　●温泉と露天風呂を完備した、7階建てのレンガ調のホテル。4月下旬～11月上旬の開業。
	田中家ひなげし館	☎0163-89-0811／地図:p.205／1万2100円～（1泊2食付き） ●利尻富士温泉、高山植物園が近く、家庭的なもてなしが好評。
	ホテルあや瀬	☎0163-82-1560／地図:p.205／1万5750円～（1泊2食付き） ●鴛泊のほぼ中央に位置し、新鮮な海の幸を提供する料理自慢の宿。
	旅館大関	☎0163-82-1272／地図:p.205／8500円～（1泊2食付き） ●高台にあるこぢんまりとした宿。旬の食材を使った田舎料理を味わえる。
	旅館夕陽館	☎0163-89-2525／地図:p.198-B／9900円～（1泊2食付き） ●客室から美しい朝日や夕陽が望める。手作りする海苔も好評。
	ペンション群林風	☎0163-82-1888／地図:p.205／6600円～（1泊2食付き） ●林に囲まれた自然豊かな環境に建つ宿。食事は魚介類が中心の和食。
	マルゼンペンション レラ モシリ	☎0163-82-2295／地図:p.205／1万1000円～（1泊2食付き） ●利尻山を望む露天風呂が好評。ネイチャーガイドオフィスも併設。
沓形	町営ホテル利尻	☎0163-84-2001／地図:p.198-E／1万3200円～（1泊2食付き） ●利尻・礼文で唯一の、源泉かけ流しの温泉のある宿泊施設。冬季休業。
	正部川旅館	☎0163-84-2072／地図:p.198-E／1万450円～（1泊2食付き） ●新鮮な海の幸を使った料理が味わえる老舗旅館。
	アイランドイン リシリ	☎0163-84-3002／地図:p.198-E／1万9000円～（1泊2食付き） ●利尻島の中心街にあり、利尻富士と日本海を眺められる。冬季休業。

礼文

エリアの魅力

絶景の海岸線
★★★★
花を見ながらハイキング
★★★★★
ホスピタリティの宿
★★★★

300種類も自生する高山植物（初夏）
歩きごたえのあるハイキングコース
海鮮加工品みやげが豊富

観光の問い合わせ

礼文島観光協会
☎0163-86-1001
礼文島観光案内所
（香深FT内4〜9月）
☎0163-86-1196

可憐な高山植物が風に揺れる
花の浮き島を歩く

　利尻島の北西に位置する礼文島は、なだらかな丘陵が続く細長い島。島自体が高緯度にあることから、約300種類もの高山植物が自生し、別名「花の浮島」とも呼ばれている。花の見頃は5〜8月。

POINT

はじめの一歩のすすめ方

礼文島の玄関口は香深港フェリーターミナル。ほとんどの宿で送迎があるので、うまく利用しよう。

フェリー乗船口は2階。エスカレーターで上がる。

香深FT 1階

```
フェリー
自動販売機
喫煙スペース
エスカレーター
礼文島      エスカレーター
観光案内所 ⓘ
待合ロビー
乗船券自動発券機
多目的トイレ
発券カウンター
エレベーター
ペリカン便
出入口
TV
宗谷バス
インフォメーション
（定期観光バス）
路線バス乗り場
（船泊、元地、知床方面）
定期観光バス乗り場
駐車場
みやげ店      礼文ハイヤー
```

●観光情報を入手
フェリー乗り場そばの観光案内所で、マップや宿泊情報が手に入る。宿の斡旋も。☎0163-86-2655

●観光タクシーの乗り場は
ターミナルを出てすぐ右側に乗り場がある。予約が確実。

●路線バス乗り場は
ターミナルを出てすぐ左側に、船泊、元地、知床方面のバス停が。

●定期観光バスを利用
ターミナル内の案内所で、チケットを購入する。

●定期観光バス乗り場は
ターミナル建物の真横。路線バス停留所の先を左折する。

礼文島の歩き方

主な見どころは、島南西部の桃岩・元地海岸周辺と、島北部のスコトン岬周辺に分かれる。高山植物や利尻山を見ながら歩けるハイキングコースもいくつか設定されているので、時間、目的、体力に合わせて効率のいいプランを立てたい。

●観光タクシーでまわる

料金は小型車で1時間7500円が目安。各観光スポットをまわるコースは定期観光バスの「夢の浮島礼文めぐりコース」とほぼ同じで、3時間2万3100円〜。元地方面だけなら約7500円、スコトン方面だけなら約1万5000円前後。ただし台数が少ない（6台）ので、6〜8月のハイシーズンは予約をしたほうが確実だ。

●路線バス・定期観光バスでまわる

路線バスは香深港FTから船泊・スコトン方面、元地方面、知床方面へ向かう3路線がある。ハイキングコースを歩く場合は起点と終点にバス停が設けられているが、いずれも1日3〜5便の運行なので綿密な計画が必要だ。

見どころの多くはバス道路沿いにあるので、乗車してから運転手に目的地を告げれば、バス停以外の場所でも降りることができる。定期観光バスはp.210〜211参照。

●ノースライナー号（送迎バス）

香深港FTから、船泊・スコトン岬方面の宿をまわる無料送迎バス。6〜8月の間、フェリーの到着時刻に合わせて運行。ただし、利用できるのは提携宿の宿泊者のみで完全予約制。予約時に宿に確認を。

定期観光バス・路線バス
宗谷バス礼文営業所
☎0163-86-1020

観光タクシー
礼文ハイヤー
☎0163-86-1320（香深）
☎080-5548-6464

レンタカー
小型・普通自動車は6時間1万4300円〜（ガソリン代込み）。4月25日〜9月30日営業。
ニッポンレンタカー
☎0163-89-6677

↑ハイキングで利用の場合は、帰りの時刻に注意を

↑スコトン岬に止まる観光バス

礼文

TEKU TEKU COLUMN

映画『北のカナリアたち』のロケ地をめぐる

吉永小百合主演の映画として話題を呼んだ『北のカナリアたち』（2012年公開）は、礼文島や利尻島を中心に、稚内や札幌で撮影が行われた。

礼文島では、スコトン岬付近や西上泊、地蔵岩近くの海岸などの風景が映画に登場した。撮影は極寒のなかで行われ、美しい冬の礼文島の風景がスクリーンに映し出されている。吉永小百合をはじめロケ隊が宿泊していたホテルは「花れぶん」。子役たちは親と一緒に「ペンションう〜に〜」に滞在した（p.217参照）。

西海岸トレッキング 愛とロマンの8時間コースを歩く！

礼文島のハイキングは、最北端・スコトン岬からゴロタ岬などをめぐる「岬めぐりコース」や、島の南部を歩く「桃岩展望台コース」が人気。しかし、それらとは比べものにならないほどハードな「8時間コース」もある。

スコトン岬から4時間コースを歩き、スカイ岬からさらに西海岸を南下して香深方面へ戻るルートで、途中には岩場や急坂などの難所も。それだけに歩き通したときの達成感もひとしおだ。水分や食事、雨具を用意するなど、十分な装備でチャレンジしよう。

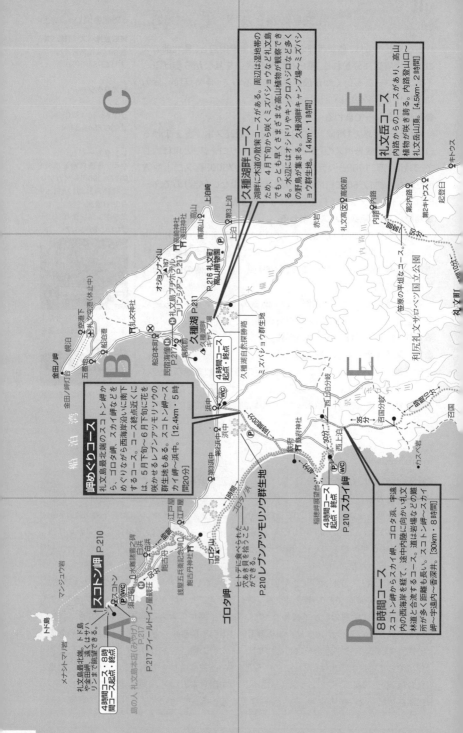

礼文町

C

B

F

E

A

D

金田ノ岬

船泊湾

船泊湾

メノウ浜

久種湖畔コース
湖畔に木道の散策コースがある。周辺は湿地帯のため、4月下旬からさまざまな高山植物が観察できるもっとも早くくるまざまな高山植物が観察できる。水辺にはオシドリやキンクロハジロなど多くの野鳥が集まる。久種湖畔キャンプ場～ミズバショウ群生地。[4km・1時間]

礼文岳コース
内路からのコースがあり、高山植物が咲き誇る。内路登山口～礼文岳山頂。(4.5km・2時間)

岬めぐりコース
礼文島最北端のスコトン岬から、ゴロタ岬、スカイ岬などをめぐりながら西海岸沿いに南下するコース。コース終点近くには、5月下旬～6月下旬に花を咲かせるレブンアツモリソウの群生地もある。スコトン岬～香深井岬間[12.4km・5時間20分]

8時間コース
スコトン岬からスカイ岬、ゴロタ浜、宇遠内の西海岸を経て、途中内陸に向かい礼文林道と合流するコース。道は岩場などの難所が多く距離も長い。スコトン岬～スカイ岬～宇遠内～香深井[30km・8時間]

メノウトマリ岩

トド島

マンジュウ岩

金田ノ岬灯台

五番地

幌泊

幌泊灯台

空港下

礼文空港(休止中)

本泊

船泊白浜

船泊

⊗

船泊本町 P.217

民宿海楽 P.217
コロンブスの道 P.217

上泊

南高山▲

礼文神社

上泊白道

⛩久種神社
P.216 礼文町
高山植物園

高山 P.211

▲礼文岳 P.211

高山

礼文高校

礼文高校前

内路

内路

内路

赤岩

カスベ岩

西上泊

50分

35分

久種湖自然探勝路

ミズバショウ群生地

久種湖 P.211

キャンプ場

起登臼

第2キャントラス

第2内路

桃岩路

第2トラス

トラス

礼文岳プチシアタ
コロンブス P.217

⛩金田神社

⛩久種神社

1時間

4時間コース
起点・終点
WC
P

1時間

第3浜本

宇遠内海岸
(休止中)

コロタ浜

岩屋

江戸屋
江戸屋

ヒトデに食べられた穴あき貝を拾うことができる

西上泊分岐

1時間半

30分

西上泊

西上泊

稲穂岬展望台
稲穂岬民宿

敷布神社

⛩

P
WC
4時間コース
起点・終点
P.210 スカイ岬

世界の平坦地な草原。

利尻礼文サロベツ国立公園

↑スコトン岬 P.210

✕スコトン
P
WC

須古頓 S

⛩水神社

白浜

H

水道施設記念碑

鮑古丹兵庫県庁舎

鮑古丹白浜

鉄川兵衛記念碑

鮑古丹神社

⛩

コロタ山
180 m

コロタ岬

ゴロタ浜

スカイ岬

P.210 レブンアツモリソウ群生地

鳥の人 礼文島本店(みさき) S
P.217 フィールドイン星観荘 S
4時間コース・8時間コース起点・終点

礼文島最北端、トド島や金田ノ岬岬、遠くはサハリンまで眺望できる。

208

礼文林道コース

利尻富士と東西の海を見ながら散策できるコース。途中には6月下旬～7月下旬にかけて白い可憐な花を咲かせるレブンウスユキソウの群生地がある。香深井林道口～レブンウスユキソウ群生地～元地林道口。[8km・2時間]

礼文滝コース

沢沿いのコース。周辺にはまうかずの自然石が広がり、高山植物も多い。途中、ロープをつたって降りる長い斜面あり。礼文林道途中の礼文港入口（看板あり）～礼文滝。[2km・往復2時間]

桃岩展望台コース

コースは草地や岩場、湿地帯など変化に富み、礼文島に咲く高山植物のほとんどを見ることができる。ビューポイントも多く、東西の海が同時に見える。（P.212～213参照）香深下～桃岩展望台～知床。[5km・2時間]

礼文島

周辺広域地図 P.220-221
1:82,500
0　　　2km

209

定期観光バスでまわる

礼文島一周ガイド

路線バスの本数が少ないので定期観光バスが便利。
路線バスでめぐる「フリー派」のための情報も掲載。

5 レブンアツモリソウ群生地
6/1〜20のみ 見学10分

小高い山の斜面に群生
地があり、一周すると20
分ほどかかる。

フリー派 香深港FT（フェリーターミナル）から🚌スコトン行きで49分、🚏浜中下車🚶15分。バス停からは山の方に向かって車道沿いに歩く（運転手に告げれば群生地の前で降車可能）。遊歩道は5月中旬〜6月中旬の9:00〜17:00開通

6 スコトン岬
見学20分

断崖がそのまま岬になった礼文島北端の地で、一年中強い風が吹きつける。「日本最北端」と目されたこともあったが、宗谷岬より約4分南であるため「最北限」を名乗る。天気がよければサハリンを望むこともできる。

フリー派 香深港FTから🚌スコトン行きで59分、🚏終点下車すぐ。岬先端へは売店脇の緩い下り坂を経て🚶2分

4 西上泊・スカイ岬
見学20分

漁港のある西上泊から斜面を5分ほど上がると、青い海に西海岸特有の奇岩が続く雄大な景観が開ける。周辺では8〜9月にかけてツリガネニンジンやアサギリソウが見られる。

フリー派 香深港FTから🚌スコトン行きで49分、🚏浜中下車🚶2時間

メノウ浜・地蔵岩

メノウ原石が打ち寄せる浜。北方には高さ50mの地蔵岩がそびえ立つ。

フリー派 香深港FTから🚌元地行きで10分、🚏終点下車🚶5分で地蔵岩

● **定期観光バスはスケジュールに合わせて選べる2コース**

宗谷バス礼文営業所　📞0163-86-1020

	5月（5/3〜5/6）	5月（5/20〜5/31）
Ⓐ **夢の浮島礼文めぐりコース**	8:40発→12:35着	8:40発→12:35着
見学ポイント・コースはこのページで紹介	Ⓐ コースはレブンアツモリソウ開花時期は15分延長。6〜9月期は、	
Ⓑ **礼文スポットめぐりコース**	−	−
見学ポイント 香深港FT→西上泊・スカイ岬→江戸屋山道散策→スコトン岬→香深港FT		

3 久種湖(くしゅこ) ·················車窓見学

日本最北にある周囲約6kmの湖。湖畔沿いに約4kmの遊歩道がある。周囲は湿地帯で、4月下旬〜5月にかけてミズバショウの群生が見られる。またアオサギやマガモなど渡り鳥も多く飛来し、バードウォッチングも楽しめる。

フリー派 香深港FTから🚌病院前行きまたはスコトン行きで46分、🚏病院前下車すぐ。遊歩道の入口は久種湖畔キャンプ場を通って10分(運転手に告げればキャンプ場前で降車可能)

2 日食観測記念碑 ·················車窓見学

1948(昭和23)年5月9日午前10時22分に、この場所で金環日食が観測された。

フリー派 香深港FTから🚌病院前行きまたはスコトン行きで15分、🚏キトウス下車🥾10分(運転手に告げれば碑の前で降車可能)

1 見内(みない)神社 ·················車窓見学

アイヌの婦人を奉った神社。安産の神様として地元の信仰を集めている。社殿の入口が海を向いているのは、御神体が人目を避けるためと語り継がれている。

フリー派 香深港FTから🚌病院前行きまたはスコトン行きで11分、🚏香深井下車🥾5分(運転手に告げれば神社前で降車可能)

Ⓐ 夢の浮島礼文めぐりコース

START

| 香深FT |

ポイント名にある時間は
このコースでの見学時間です

GOAL

7 桃台・猫台 ·················見学20分

「桃」と形容するにはあまりに巨大な高さ250mの桃台(下写真)と、ネコが背を丸めた姿に似た猫岩(p.212)を同時に望めるポイント。

フリー派 香深港FTから🚌元地行きで8分、🚏元地港下車🥾5分

8 北のカナリアパーク ·················見学25分

吉永小百合主演の映画「北のカナリアたち」のロケセットの小学校をそのまま保存したメモリアルパーク。正面に利尻富士が雄大だ(p.216参照)。

フリー派 香深港FTから🚌知床行きで8分、🚏終点下車🥾20分

※ **フリー派** の路線バスも、宗谷バス礼文営業所が問い合わせ先。

	6月	7・8月	9月	10月
	8:35発→12:35着	8:35発→12:35着	8:35発→12:35着	−
桃台・猫台のあと香深港FTに寄ってから北のカナリアパークへ向かう。 Ⓐコース:所要3時間/3400円				
	14:05発→16:30着	14:05発→16:40着	14:05発→16:30着	−
Ⓑコース:所要2時間35分/3200円				

てくさんぽ

桃岩展望台

ももいわてんぼうだい

島南西部にある桃岩展望台コースは、6〜9月にかけて色とりどりの高山植物が咲き誇る道。礼文という島を体感するために、ぜひ歩いてみよう。

礼文林道コース

↑桃岩登山口

新桃岩トンネル

桃岩登山口
START
10分

桃岩トンネル

急坂が続くのでゆっくり歩こう

桃台・猫台・

桃岩
◯250m

●トイレ

01 桃岩展望台

02 見学5分

猫岩

猫が背中を丸くして海を眺めているかのように見える名物岩。遊歩道からは遠くに小さく見えるだけだが、その形は判別できる。

猫岩 **02**

道幅が狭く、尾根づたいの道

東西の海が見える

50分 桃岩展望台コース

03 見学20分

元地灯台

突き出した高台にある小さな灯台で、眼下に広がる大海原の眺めがすばらしい。周辺は、夏になると草花によって緑の絨毯を敷きつめたようになり、気持ちよく歩ける。

レブンソウ、レブンウスユキソウなどこの島ならではの花が咲き誇る

レブンキンバイソウの群生地あり

元地灯台 **03**

↑桃岩遊歩道

海の向こうに利尻富士を見ながらゆっくり下っていく

オススメ!

N

0　1:20,500　1km

50分

北のカナリアパーク
04

知床バス停
◯トイレ

↑雲の上に浮かんでいるように見える利尻富士

↑香深港フェリーターミナル

↑チシマフウロ

↑レブンウスユキソウ

↑イブキトラノオ

まわる順のヒント

(!) HINT

最北端の島を自分の足で歩く！

　礼文島にはいくつかのハイキングコースがあるが、比較的手軽に楽しめるのがこの桃岩展望台コース。バスを利用すれば、桃岩登山口から知床バス停まで約4.2km、1時間50分だ。全部通して歩いても約3時間。

　大切なのは靴。できれば底の厚いトレッキング用の靴を着用したい。革靴などはNG。服装は、夏でも長袖・長ズボンと、寒さを避けるための上着が必要。携行品として、飲料と軽食（パンやチョコレートなど）の用意を忘れずに。

　桃岩展望台コースは花のハイシーズン、つまり6月にはバスツアーなどの人たちで鈴なりになることもあるので、訪れる時期と時間の検討が必要。

---

01 見学 20 分

桃岩展望台

　独特な形をした高さ250m桃岩を目の前に見る展望ポイント。周囲には花畑が広がり、天気がよければ利尻富士まで見ることができる。

---

04 見学 20 分

北のカナリアパーク

　2012年に公開された映画『北のカナリアたち』の撮影で使用された小学校の校舎などを保存展示。記念品の販売コーナーあり。海の向こうに利尻富士を望む光景は、思わずカメラに収めたくなる。

↑エゾゼンテイカ

GOAL 香深港

1時間

右手に海を見ながらほぼ平坦な道が続く

オススメ

高山植物の宝庫

礼文島で見られる

礼文島は、たくさんの種類の高山植物が見られる場所として人気がある。
ハイキングコースを歩きながら、可憐な花々を探してみよう。

●エゾエンゴサク
❀ 4月～5月
🐾桃岩展望台コース、礼文林道

○ミズバショウ
❀ 4月下旬～5月中旬
🐾久種湖畔

●ミヤマオダマキ
❀ 5月～6月
🐾礼文林道コース

| 4月 | 5月 | 6月 | 7月 |

●レブンコザクラ
❀ 5月下旬～6月下旬
🐾桃岩展望台コース、礼文林道

○レブンアツモリソウ
❀ 6月
🐾レブンアツモリソウ群生地

●レブンハナシノブ
❀ 6月～7月上旬
🐾桃岩展望台コース、礼文林道

■この時期に見られるほかの花々

●ザゼンソウ❀4月～5月🐾久種湖畔
●キバナノアマナ❀4月～5月🐾久種湖畔
●フキノトウ❀4月～5月🐾礼文島全域
●イワベンケイ❀5月～6月🐾桃岩展望台コース
○エゾノハクサンイチゲ❀5月中旬～6月中旬🐾桃

岩展望台コース、礼文林道コース
●サクラソウモドキ❀6月～7月上旬🐾礼文林道
●レブンシオガマ❀6月～7月🐾礼文島全域
●チシマフウロ❀6月中旬～7月中旬🐾桃岩展望台
　コース、礼文林道コース

凡例

●●●○●花の色／名称 ─── ［ 例年の目安を表記しています。気候条件によって変化するので、現地の状況は観光課等に問い合わせてください ］
❀開花時期 ───
🐾見るためのおすすめハイキングコース ─── ［ p.208-209の地図に各コースのルートが載っています ］

花図鑑

●レブンキンバイソウ
✿ 6月上旬～7月下旬
🔭 桃岩展望台コース

○レブンウスユキソウ
✿ 6月中旬～8月下旬
🔭 桃岩展望台コース、礼文林道

●レブンソウ
✿ 6月下旬～8月下旬
🔭 桃岩展望台コース

| 6月 | 7月 | 8月 | 9月 |

○チシママンテマ
✿ 6月下旬～7月中旬
🔭 礼文林道コース

○エゾウメバチソウ
✿ 7月～8月
🔭 桃岩展望台コース、礼文林道コース

●エゾリンドウ
✿ 8月～9月
🔭 礼文林道コース

■この時期に見られるほかの花々

○オオカサモチ ✿6月～7月 🔭桃岩展望台コース
●アナマスミレ ✿6月 🔭8時間コース
●チシマゲンゲ ✿6月下旬～8月 🔭礼文林道コース
●エゾカンゾウ ✿6月下旬～7月 🔭桃岩展望台コース、礼文林道コース
●ヒオウギアヤメ ✿6月下旬～7月 🔭桃岩展望台コース
●イブキトラノオ ✿6月下旬～8月 🔭桃岩展望台コース

●エゾスカシユリ ✿6月下旬～7月中旬 🔭桃岩展望台コース、礼文林道コース
●タカネナデシコ ✿7月～8月 🔭礼文林道コース
●イブキジャコウソウ ✿7月～8月 🔭礼文林道コース
●ツリガネニンジン ✿8月～9月 🔭礼文林道コース、桃岩展望台コース
●エゾカワラナデシコ ✿8月～9月 🔭岬めぐりコース
●チシマリンドウ ✿8月～9月 🔭桃岩展望台コース

※p.208-209の地図にも花の情報が載っています。あわせて参考にしてください。

※貴重な高山植物を保護するために、花は決して持ち帰らないでください。また遊歩道以外への立ち入りもやめましょう。

215

北のカナリアパーク

きたのかなりあぱーく

地図p.209-L
香深港FTから🚌知床行きバスで8分、♀終点下車
🚶20分

映画『北のカナリアたち』のロケ地を整備した公園が、2013年7月にオープン。ロケセットの「麗端小学校岬分校」が撮影当時のまま保存されている。体験交流施設もあり、雄大な利尻富士が見渡せる。

☎0163-86-1001(礼文島観光協会)
📍礼文町香深字知床　🕐9:00～17:00
🈺11～4月　💴無料　🅿10台

礼文町高山植物園

れぶんちょうこうざんしょくぶつえん

地図p.208-B
香深FT港から🚗30分

礼文島に自生する高山植物に関する資料を豊富に展示する、花のビジターセンター。高山植物を観察できる花壇やロックガーデンンなどがある。トレッキングの前に草花に関する予備知識を深めておこう。

☎0163-87-2941　📍礼文町船泊
🕐9:00～16:30　🈺10～4月、9月の日曜
💴310円　🅿10台

すめ。新鮮なウニ料理も味わいたい。

☎0163-86-2130
📍礼文町大字香深村字
　トンナイ入舟
🕐11:00～21:30L.O.
🈺不定(7～8月は無休)
💴食事1000円～　🅿4台

香深／炉端料理

炉ばた ちどり

ろばた ちどり

地図p.209-L
香深港FTから🚶3分

ホッケのちゃんちゃん焼き（900円）が名物。脂がのったホッケの腹を開き、8種類の調味料をブレンドした味噌ダレときざみネギをのせて、目の前の炭火でじっくり焼く。ピンク色の身が白くなってきたら食べ頃だ。ご飯や味噌汁が付いた定食（1400円）もある。ワタを抜いたイカにゲソと味噌を入れて炭火で焼くイカの鉄砲焼き（900円）もおす

なので鮮度満点。なかでも人気が、礼文産のバフンウニをふんだんにのせたうに丼（4380円）。ただし5月下旬から9月中旬頃までの限定メニュー。ほかに新鮮さいっぱいの海鮮丼やいくら丼も。

☎0163-86-1228
📍礼文町香深字トンナイ558-1
🕐11:00～15:00、17:00～21:00
　（冬期は夜のみ）　🈺5月～
　10月15までの第2・4火曜よる
　営業のみ休　💴海鮮丼3870
　円、寿司8貫1840円　🅿あり

香深／食堂

海鮮処かふか

かいせんどころかふか

地図p.209-L
香深港FTから🚶5分

海岸通り、町役場近くにある食堂は、香深漁協の直営店

香深／みやげ

ナカヤマ商店

なかやましょうてん

地図p.209-L
香深港FTからすぐ

礼文おみやげセンター内にある海産物の店。主人に相談

すれば、品質やとれた場所によって価格もさまざまな利尻昆布を、各自の目的に応じて見極めてくれる。香深産の天然昆布は100g1200円〜（季節により変動あり）。

☎ 0163-86-1291
♥ 礼文町大字香深村字ワウシ
　香深フェリーターミナル前
🕐 8:00〜17:00(10〜4月は
　中休みあり)
🈵 無休
🅿 近隣にあり

香深／みやげ

中島商店
なかじましょうてん

地図p.209-L
香深港FTからすぐ

　礼文名産のエゾバフンウニの一夜漬け「磯にしき」を製造直売。60g3000円前後。

☎ 0163-86-2161
♥ 礼文町大字香深村字ワウシ
　香深フェリーターミナル前
　礼文おみやげセンター内
🕐 8:00〜18:00
🈵 無休(売店は4月中旬〜
　10月中旬のみの営業)
🅿 近隣にあり

スコトン岬／みやげ

島の人 礼文島本店
しまのひと れぶんとうほんてん

地図p.208-A
♀スコトン岬からすぐ

　礼文島をはじめとする、北海道の新鮮で旬な食品を提供するブランド「島の人」の直営店が、2013年全面改装オープン。飲食スペースやテラスを併設しており、利尻昆布が入った「昆布ソフトクリーム」（400円）をぜひ味わいたい。また、エゾバフンウニの島生うに丸ごと丼（3990円）は絶品。

☎ 0163-87-2198
♥ 礼文町船泊字スコトン
🕐 7:00〜17:00
🈵 11〜3月
🅿 20台

宿泊ガイド

ネイチャーインはな心	☎0163-86-1648／地図：p.209-L／1万円〜(1泊2食付き・2名1室) ●利尻富士の全景やコンブ漁、ウニ漁などを眼前で楽しめる宿。
礼文島プチホテル コリンシアン	☎0163-87-3001／地図：p.208-B／2万3200円〜(1泊2食付き) ●海と緑を望む瀟洒な洋館が目印。営業は4月20日〜10月20日。
ペンションう〜に〜	☎0163-86-1541／地図：p.209-L／1万2650円〜(1泊2食付き) ●夕食は魚介類がメインの洋食風フルコース。手作りデザートも好評。
旅館かもめ荘	☎0163-86-1873／地図：p.209-L／9900円〜(1泊2食付き) ●全8室の小さな宿。女将の温かなもてなしも魅力。
民宿 海憧 かいどう	☎0163-87-2717／地図：p.208-B／9500円〜(1泊2食付き) ●4時間、8時間コースの拠点に最適。男女別相部屋もある(年齢制限あり)。
ホテル礼文	☎0163-86-1990／地図：p.209-L／1万6500円〜(1泊2食付き) ●地上7階建てのホテル。利尻島を望む露天風呂付きの展望大浴場もある。
花れぶん	☎0163-86-1666／地図：p.209-L／1万9800円〜(1泊2食付き) ●ホテル礼文の別館で、客室はもちろん、食事処やお風呂も充実している旅館。
旅館 桜井	☎0163-86-1030／地図：p.209-L／1万2100円〜(1泊2食付き) ●海に面した近代和風旅館。和室を中心に全27室。いずれもバス・トイレ付き。
フィールドイン 星観荘	☎0163-87-2818／地図：p.208-A／7000円〜(1泊2食付き)　●ユース形式の男女別相部屋。オーナーや旅人との語らいが楽しい。11月〜4月中旬休業。

長い年月が育んだ、かけがえのない自然

サロベツ原野の大自然に触れる

1974（昭和49）年、利尻島、礼文島とともに「利尻礼文サロベツ国立公園」に指定されたサロベツ原野。広大なエリアに湿地帯が広がり、珍しい多くの花や植物、野生動物も生育、生息している。

ツメナガセキレイ

空からサロベツ湿原の全景を望む

サロベツ湿原の成り立ち

日本最大の高層湿原

　サロベツ原野（2万ha）の中心にあるのは、日本3大湿原の1つ「サロベツ湿原（6700ha）」。サロベツのような寒い地域では、植物が枯れても完全に腐らずに堆積していき、泥炭となる。サロベツ湿原は約6千年以上前から、泥炭が1年に1mmずつ積み重なり、形成されてきた。通常は高山帯で見られる「高層湿原」が平地にも関わらず大面積で広がっているのが特徴で、高層湿原として日本一の規模を誇っている。湿原は貴重で傷つきやすい大地のため、一度破壊されてしまうと決して元に戻らない。訪れる

利尻富士も望める名山台展望台にある、利尻出身の作詞家・時雨音羽の「天塩川」歌碑

写真提供：認定NPO法人サロベツ・エコ・ネットワーク

↑植物を観察しながら湿原の真ん中を歩こう

際はマナーを守った観察を心がけたい。

100種類以上の花々と野鳥たちの楽園

　花の季節は5月上旬のミズバショウにはじまり、6月下旬のエゾカンゾウ、8〜9月のミヤマアキノキリンソウまで途切れずに続く。また、ラムサール条約に登録されているサロベツは、夏はノビタキなどの小鳥たちで賑わい、春と秋にはガンやハクチョウなどが数多く飛来。冬になるとオジロワシやオオワシを見ることができる。

サロベツ湿原センター

手つかずの大自然を感じる

　湿原の魅力を楽しめるのはサロベツ湿原センターへ。映像やパネル展示で湿原の成り立ちや生息する動植物の紹介をしているほか、湿原内を巡る1周1kmの木道が整備されており、季節の花々や野鳥たちを間近に観察できる。晴れた日には湿原の彼方に日本

サロベツ湿原への行き方

POINT 　東京からは稚内空港への直行便が便利。空港連絡バス（600円）でJR稚内駅まで行き、普通列車で約40分（1130円）でJR豊富（とよとみ）駅へ。旭川からは、特急「宗谷」または「サロベツ」で約3時間（7260円）で豊富駅へ。豊富駅からは、沿岸バス（豊富営業所 ☎0162-82-2234）稚咲内（わかさかない）第2行きで9分、☗サロベツ湿原センター前下車（390円）。どちらも接続はよくないので、必ず事前に計画を立てておきたい。自然の中をのんびり行きたい人には、豊富駅前からレンタサイクル（豊富町観光情報センター ☎0162-82-2100／1時間300円〜）も利用できる。地元ガイドが案内する木道ガイドツアーも好評（要予約／有料）。

百名山の利尻山を望むことができ、360度の地平線を見渡せる広大な景観が楽しめる。通年で開館しているので、初秋は湿原植物が色付く草紅葉（草紅葉）、晩秋は黄金色に輝く大地、そして、冬は真っ白な大雪原をスノーシューで散策と、お花以外の季節も自然の美しさを存分に感じられる。

●サロベツ湿原センター　☎0162-82-3232
5〜10月は9：00〜17：00（ただし6・7月は8：30〜17：30）、無休。11〜4月は10：00〜16：00、月曜休（祝日の場合は翌日休）。入館無料。

● サロベツ湿原で見られる花たち

	5月	6月	7月	8月	9月
ワタスゲ（4月下旬〜6月上旬）					
タテヤマリンドウ（5月中旬〜6月中旬）					
ヒメシャクナゲ（5月下旬〜6月下旬）					
ホロムイイチゴ（6月上旬〜7月上旬）					
エゾカンゾウ（6月中旬〜7月上旬）					
ツルコケモモ（6月下旬〜7月下旬）					
モウセンゴケ（7月上旬〜8月中旬）					
ドクゼリ（7月中旬〜8月中旬）					
ウメバチソウ（7月下旬〜8月中旬）					
タチギボウシ（8月中旬〜9月上旬）					
エゾリンドウ（8月中旬〜9月下旬）					
ミヤマアキノキリンソウ（8月中旬〜9月下旬）					

※天候などによって、開花時期が変わることもあります。

スコトン岬
トド島
金田ノ岬
礼文空港（休止中）
礼文 P.206
礼文岳 ▲490
礼文町
208-209
礼文水道

ハートランドフェリー
ハートランドフェリー

A
富士岬
利尻空港
利尻富士町
ペシ岬
沓形岬
利尻山 ▲1721
利尻町
P.196
利尻
198-199

利尻水道

利尻礼文サロベツ国立公園

コルサコフへ
北海道サハリン航路
宗谷岬
ノシャップ岬
宗谷湾
稚内 P.186
わっかない
声問岬
みなみわっかない
稚内空港
238
187

B
宗谷丘陵
猿払

抜海岬
ばっかい
ゆうち
かぶとぬま

上サロベツ原野
サロベツ原野 P.218
豊富町
とよとみ
P.218 サロベツ湿原●
豊富温泉
ペンケ沼

しもぬま
幌延町
ほろの
イソサンヌ

みなみほろのべ
282
40
どいかんべつ
ぬかなん
てしお
天塩町
うたない
ロクシナイ
なかがわ
中川
てしお
なかた

E

遠別町
F
富士見

日 本 海

ロマン街道しょさんべつ
しょさんべつ天文台
初山別村

天売島
焼尻島
羽幌町
羽幌沿海フェリー
暑寒別天売焼尻国定公園

282

ぽっと・はぼろ

羽幌町
ピッシリ山 ▲1032
風Wとままえ
苫前町

J

おびら鰊番屋
旧花田家番屋
239
霧立峠

森と湖の里ほろかない
282
小平町埋蔵文化財資料館
留萌へ
M 小平町
幌加内へ

220

オホーツク海

C　　　　　　　　　　D

ベニヤ原生花園

浜頓別町
北オホーツクはまとんべつ

神威岬
目梨泊岬

中頓別町

ウスタイベ岬
ウスタイベ千畳岩
枝幸町

ネシリ

マリーンアイランド岡島

天北峠

G　　　　　　　　　H

おといねっぷ
おといねっぷ

音威子府村
さっくる

てしおがわおんせん

おんねない

びふか温泉
びふか

はつの

美深町　びふか
ちえぶん

美深峠

名寄ピヤシリスキー場
なよろ温泉
にっしん

音稲府岬

おうむ　雄武町

日ノ出岬

興部町
おこっぺ

沙留岬

239

流氷観光砕氷船「ガリンコ号II」

名寄市
なよろ

紋別　P.182

木の里☆なよろ

ひがしふうれん

にしおこっぺ花夢

西興部村

氷海展望塔オホーツクタワー
オホーツク紋別
オホーツク流氷科学センターGIZA
オホーツク紋別空港

ふうれん

K　　　　　　　　L

宗谷本線

みずほ
たよろ

下川町

札久留峠

コムケ

学田峠

239

士別市

滝上町　香りの里たきのうえ

273

剣淵町
けんぶち

士別剣淵IC

サロマ湖・網走

本の里
んぶち

天塩峠

上士別峠

藻瀬狩山
926

道央自動車道

岩尾内湖

上紋峠

上原峠

わっさむ

上川へ

金八峠

まるせっぷ

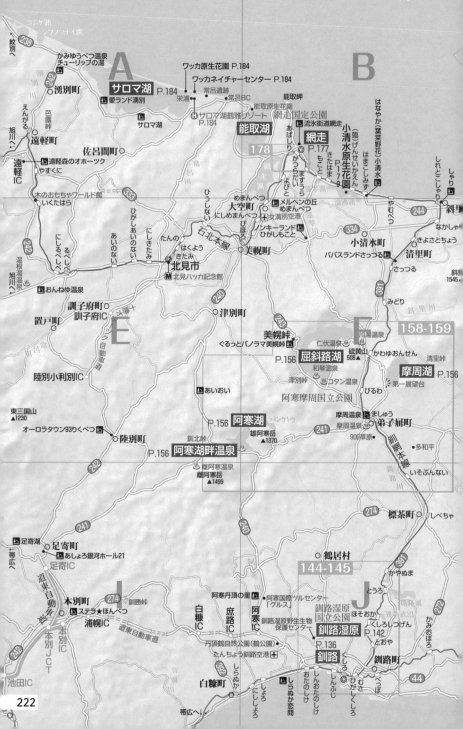

オホーツク海

コムケ湖
シブノツナイ湖

紋別へ

238

かみゆうべつ温泉
チューリップの湯

ワッカ原生花園 P.184
ワッカネイチャーセンター P.184

242

湧別町

湧別川

A

サロマ湖 P.184

愛ランド湧別

栄浦

常呂遺跡

常呂BC

能取岬

網走国定公園

はなやか（葉菜野花）小清水

B

芭露峠

えんがる

遠軽町

佐呂間町

サロマ湖

サロマ湖鶴雅リゾート
P.184

能取湖

能取原生花園
女満別空港網走

小清水原生花園
P.179

(鱒)げんせいかえん
はまこしみず

旭川へ

遠軽
IC

遠軽森のオホーツク
やすくに

334

あばしり
網走 P.177
かつらだい

よびと

178

ますうら

やむべつ

しれとこしゃり

しゃり

木のおもちゃワールド館
いくだはら

333

ひうしない

めまんべつ

メルヘンの丘
めまんべつ

なかしゃ

244

斜里

にしるべしべ

るべしべ

あいのない

にしきたみ

きたみ

大空町
にしめまんべつ
びほろ

ソンキーランド
ひがしもこと

334

きよさとちょう

清里町

にしるべしべ

温根湯温泉
旭川へ

242

おんねゆ温泉

にしきたみ

はくよう

石北本線

美幌町

北見市

北見ハッカ記念館

ババスランドさっつる

小清水町

さっつる

斜里岳
1545▲

みどり

訓子府町
訓子府IC

置戸町

E

240

津別町

美幌峠

ぐるっとパノラマ美幌峠
P.156

川湯温泉

硫黄山
508▲
かわゆおんせん

屈斜路湖
P.156

和琴温泉

津別峠

コタン温泉

清里峠

びらわ

158-159

摩周湖 P.156

第一展望台

陸別小利別IC

あいおい

阿寒摩周国立公園

摩周温泉
ましゅう

東三国山
▲1230

オーロラタウン93りくべつ

陸別町

阿寒湖 P.156

パンケトウ

雄阿寒岳
▲1370

241

摩周温泉

900草原

弟子屈町

多和平

釧路本線

いそぶしない

釧北峠

釧北峠

P.156

阿寒湖畔温泉

雌阿寒温泉
雌阿寒岳
▲1499

241

274

標茶町

しべちゃ

足寄湖

足寄町

あしょろ銀河ホール21

帯広へ

道東自動車道

240

阿寒

鶴居村

144-145

かやぬま

391

とうろ

足寄IC

本別町

ステラ★ほんべつ

浦幌IC

J

274

釧勝峠

道東自動車道

阿寒丹頂の里

阿寒国際ツルセンター
「グルス」

釧路湿原
国立公園

ほそおか

くしろしつげん

とうろ

272

かみおほろ

本別IC
本別JCT

白糠町

白糠
IC

庶路
IC

阿寒
IC

釧路湿原野生生物
保護センター

釧路湿原 P.142

丹頂鶴自然公園（鶴公園）

釧路町

くろしつげん

とおや

242

田田IC

白糠町

たんちょう釧路空港

392

しらぬか

釧路 P.136

しんおたのしけ

しらぬか恋問

むさ

しんぶし

ひがしくしろ

おたのしけ

べつ

しんぶし

にしにしっぽ

44

かみおほろ

帯広へ

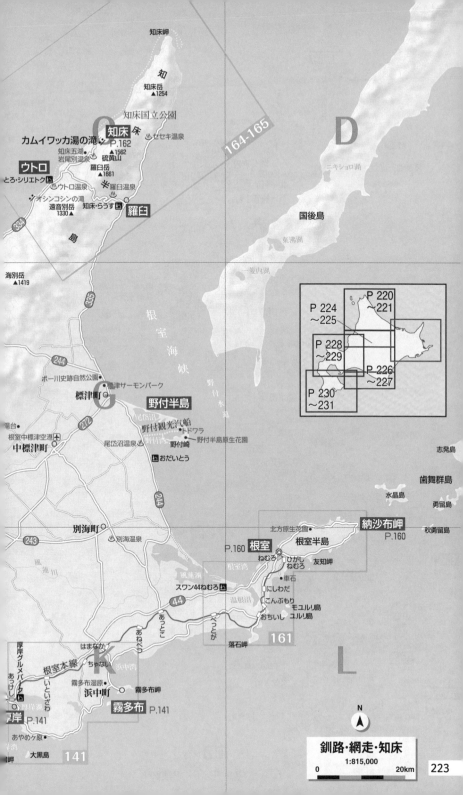

知床岬

知

知床岳
▲1254

知床国立公園

カムイワッカ湯の滝   知床 P.162   セセキ温泉

ウトロ   知床五湖   ▲1562
とろ・シリエトク   岩尾別温泉   硫黄山
ウトロ温泉   羅臼岳
オシンコシンの滝   ▲1661   羅臼温泉
遠音別岳   知床・らうす
1330▲   羅臼

島

海別岳
▲1419

164-165

D

ニキショロ湖

国後島   東沸湖

菱内湖

根室海峡

ポー川史跡自然公園
244   標津サーモンパーク
標津町   G   野付半島
野付観光汽船
トドワラ
野付崎   野付半島原生花園
中標津町   尾岱沼温泉   野付水道
根室中標津空港   272   おだいとう
湯台

P 220
～221
P 224
～225
P 228
～229
P 226
～227
P 230
～231

志発島

歯舞群島

水晶島   勇留島

別海町   北方原生花園   納沙布岬
243   243   P.160
別海温泉   P.160 根室   根室半島   秋勇留島
ねむろ   ひがし   友知岬
スワン44ねむろ   ねむろ   車石
風蓮川   温根沼   にしわだ
あっとこ   こんぶもり   モユルリ島
おちいし   ユルリ島
44   べっとが
落石岬   161   L
根室本線   あっとこ
はまなか   厚岸グルメパーク   ちゃない   浜中湾
あっけし   霧多布湿原   霧多布岬
いといさわ   浜中町
厚岸 P.141   霧多布 P.141
あやめケ原   N

大黒島   141

釧路・網走・知床
1:815,000
0   20km

日本海

稚内へ→
小平町
M 小平町埋蔵文化財資料館

美深へ→　名寄・稚内へ→
幌加内町　犬牛別峠
わっさむ　和寒IC
旭川峠
和寒町

留萌
留萌IC
るもい
神居岩温泉
カムイエト岬

A

増毛町
暑寒別天売焼尻国定公園
暑寒別岳
▲1492
雨竜沼湿原
日方岬

おおわだ
ふじやま
とうげした
えびしま
まっぷ
いしかりぬまた
沼田町
きたちっぷべつ
秩父別町　ちっぷべつ
北竜町
鐘の鳴るまち・ちっぷ
妹背牛町　もせうし

サンフラワー北竜公園
田園の里うりゅう
雨竜町
川の科学館 M
滝川市
えべつ
たきかわ
滝川IC
新十津川町
砂川SAスマートIC　砂川SA
砂川市　すながわ

幌加内峠
幌加内峠

鷹治野水池

深川市
ふかがわ
深川留萌自動車道
深川IC
深川JCT
赤平市
あかびら
もしり
歌志内市
上砂川町
うたしないチロルの湯

B

比布JCT
比布大雪PA
旭川北IC
あさひかわ
旭川鷹栖IC
鷹栖町
にしごりょう
にしみずほ
にしかぐら

比布町
びっぷ
いかうし
とうま
当麻町
さくらおか
旭山動物園
旭川「道草館」
東神楽町
東川町
ひがしかぐら

旭川 119
にしこりょう
びえい「丘のくら」
びえい
美瑛 P.98
びばしい　びえい
富良野線　白金ビルケ
上富良野　白金温泉
吹上温泉
十勝岳温泉

つるぬま
浦臼町
函館本線
奈井江
ハウスヤルビ
奈井江町
茶志内PA
ちゃしない

F

芦別温泉
スタープラザ芦別
芦別市
かみあしべつ
のかなん
滝里ダム
(臨)ラベンダー
ばたけ
なかふらの
島の下温泉
富良野スキー場
中富良野町
かくでん
ふらの
富良野 P.98
100-101

石狩市
ほっかいどういうりょうだいがく
奈井江砂川IC
ないえ
月形町
美唄市
びばい
こうじゅない
あいねのむ
E
しんしのつ
新篠津村
いわみざわ
かみほろむい
三笠
三笠IC
三笠市
岩見沢市
岩見沢IC
美唄温泉
美唄IC

湯の元温泉
芦別岳
▲1726
やまべ
南富良野町
しもかなやま
ひがし
しかごえ
かなやま
金山ダム
金山峠
かなやま

石狩「あいろーど厚田」

36-37
札幌北IC
江別市
えべつ
江別西IC
江別東IC
くりさわ
栗山町
夕張岳
▲1668
星野リゾート
湯の沢温泉
トマム P.6
占冠PA
自然体感しむかっぷ

札幌 P.12
のぼろ
野幌PA
南幌町
なんぽろ
しんさっぽろ
かみのっぽろ
室蘭本線
長沼町
由仁町
ふるさん
夕張 P.68
68
大夕張ダム
夕張メロード
石勝線

占冠村
しむかっぷ

J

北広島IC
輪厚スマート
IC・PA
花ロードえにわ
恵庭市
サッポロビール
サーモンパーク千歳
サケのふるさと
千歳水族館 P.62

北広島市
千歳線
しまっぷ
めぐみの
千歳東IC
おいわけ
由仁PA
あびらD51ステーション

しんゆうばり
夕張
IC
道東自動車道
むかわ穂別町
樹海ロード日高
赤岩青巌峡
日高峠

63
千歳 P.63
P.62 支笏湖温泉
支笏湖
樽前山
▲1041
苫小牧西IC
樽前SA
にしおか
苫小牧

道央自動車道
苫小牧東IC
ぬまのはた
苫東道路
日高本線
日高 P.70
二風谷ダム

しんちとせくうこう
新千歳空港
ノーザンホースパーク
はやきた
安平町
鶴の湯温泉
とまさ
ウトナイ湖
厚真町
むかわ町
はまたうら
むかわ町
平取町

224

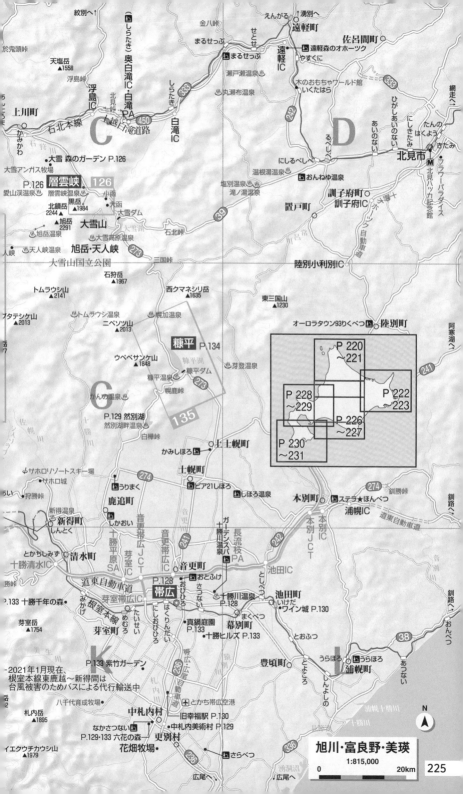

紋別へ↑

えんがる　湧別へ↑

奥白滝IC・白滝PA
（しらたき）
しらたき
金八峠
まるせっぷ
せとせ
遠軽町
遠軽IC
遠軽森のオホーツク
やすくに

佐呂間町

網走へ↑
於鬼頭峠
天塩岳 ▲1558
浮島峠
浮島IC
北見峠
奥白滝IC・白滝道路
450
白滝IC
まるせっぷ
瀬戸瀬温泉
木のおもちゃワールド館
いくたはら
242
333
にしあいおい
ひがしあいおい
きたみ

C　石北本線
上川町
かみかわ
石狩川
D
北見市
北見ハッカ記念館
フラワーパラダイス

大雪 森のガーデン P.126
大雪アンガス牧場
温根湯温泉
おんねゆ温泉

P.126 層雲峡 126
愛山渓温泉
39
塩別温泉
滝ノ湯温泉
置戸町
訓子府町
訓子府IC
オホーツク自動車道

層雲峡温泉
小函
黒岳▲1984
北鎮岳 2244▲
大函
大雪ダム
旭岳▲2291
大雪山

石北峠

旭岳温泉
旭岳・天人峡
大雪高原温泉

人峡　天人峡温泉
旭岳・天人峡
273
三国峠
陸別小利別IC

大雪山国立公園
石狩岳 ▲1967
東三国山 ▲1230

トムラウシ山 ▲2141
西クマネシリ岳 ▲1635

オーロラタウン93りくべつ
陸別町
241
阿寒湖へ↑

ブタテシケ山 ▲2013
ニペソツ山 ▲2013
幌加温泉

P 220 ～221

G
ウペペサンケ山 ▲1848
糠平 P.134
糠平湖
芽登温泉

P 228 ～229
P 222 223

P.129 然別湖
糠平温泉
糠平ダム
幌鹿峠

P 226 ～227

かんの温泉
135
然別湖畔温泉
白樺峠

P 230 ～231

サホロリゾートスキー場
上士幌町
かみしほろ

サホロ
狩勝峠
274
士幌町
本別町
ステラ★ほんべつ
釧路へ↑

新得温泉
うりまく
ピア21しほろ
しほろ温泉
本別IC
本別JCT
浦幌IC
道東自動車道

新得町
しんとく
鹿追町
しかおい
274
勝峠
とかちしみず
音更帯広JCT
音更帯広IC
ガーデンスパ
十勝川温泉
長流枝PA
242
池田IC
釧路へ↑

十勝清水IC
清水町
十勝平原SA
芽室IC
音更IC
池田町
いけだ
ワイン城 P.130

P.133 十勝千年の森
道東自動車道
帯広 P.128
帯広
おびひろ
さつない
十勝川温泉 P.128
まくべつ
とおふつ

みかげ
根室本線
芽室帯広IC
にしおびひろ
真鍋庭園 P.133
幕別町

芽室岳 ▲1754
芽室町
めむろ
はくりんだい
とかち帯広空港
十勝ヒルズ P.133
豊頃町
うらほろ
38
浦幌町
うらほろ

-2021年1月現在、
根室本線東鹿越～新得間は
台風被害のためバスによる代行輸送中

美生川
札内岳 ▲1895
P.133 紫竹ガーデン
236

八千代育成牧場
中札内村
旧幸福駅 P.130
中札内美術村 P.129
とかち帯広空港
しんよしの

イエクウチカウシ山 ▲1979
なかさつない
P.129・133 六花の森
更別村
花畑牧場
236
さらべつ
浦幌十勝川
十勝川

広尾へ↑
広尾へ↑
236

N

旭川・富良野・美瑛
1:815,000
0　　　　　　20km

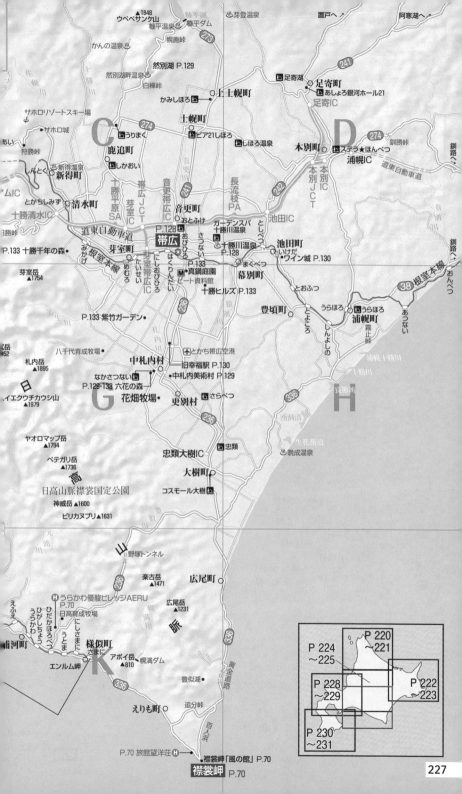

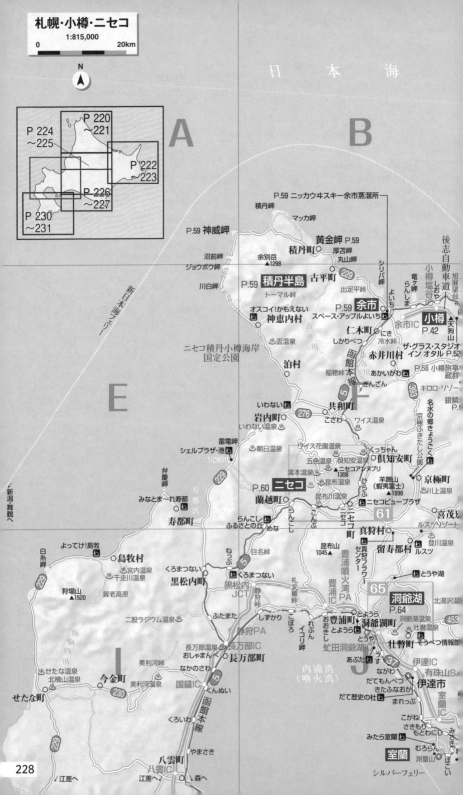

札幌・小樽・ニセコ
1:815,000
0   20km

N

P 220〜221
P 224〜225
P 222〜223
P 226〜227
P 230〜231

A   B

日 本 海

P.59 ニッカウヰスキー余市蒸溜所

積丹岬
マッカ岬
黄金岬 P.59
P.59 神威岬
積丹町
沼前岬
余別岳 ▲1298
厚苫岬
丸山岬
ジョウボウ岬
古平町
シリパ岬
川白岬
積丹半島
P.59
トーマル峠
よいち
後志自動車道
旭展望台
天狗山
小樽塩谷
竜ケ崎
しおや
おしょろ
オスコイ!かもえない
神恵内村
P.59 余市
スペース・アップルよいち
余市
いちに
余市IC
小樽
P.42
天狗山
▲

ニセコ積丹小樽海岸
国定公園
盃温泉
仁木町
しかりべつ
冷水峠
ザ・グラス・スタジオ
イン オタル P.52
泊村
赤井川村
あかいがわ
P.58 小樽旅亭
蔵群
稲穂峠
函館本線
ぎんざん
キロロ・リゾート
銀鱗
P.

いわない
共和町
こさわ
名水の郷きょうごく
京極ふきだし公園

岩内町
276
ワイス温泉
くっちゃん

いわない温泉
朝日温泉
ワイス花園温泉
倶知安町
京極町

雷電岬
シェルプラザ・港
五色温泉
倶知安温泉
羊蹄山（蝦夷富士）
▲1898
川上温泉

弁慶岬
湯本温泉
ニセコアンヌプリ ▲1308
ひらふ

みなとま〜れ寿都
P.60 ニセコ
昆布温泉
ニセコビュープラザ
喜茂別町

寿都町
蘭越町
昆布川温泉
61
ルスツリゾート

らんこし
ふるさとの丘
めな
こんぶ
ニセコ町
真狩村
留寿都村
ルスツ
登川温泉

よってけ!島牧
昆布山
1045▲
真狩フラワー
センター
とうや湖

白糸岬
島牧村
くろまつない
豊浦噴火湾
65
洞爺湖
P.64
北湯沢温泉

宮内温泉
千走川温泉
黒松内町
礼文華峠
豊浦
IC
洞爺湖温泉
453

狩場山
▲1520
賀老高原
魚松内
JCT
しずかり
こぼろ
とようら
豊浦町
とようら
洞爺湖町
壮瞥温泉
そうべつ情報館

ふたまた
れぶん
イコリ岬
とうや
虻田洞爺湖
あぶた
壮瞥町
伊達IC

二股ラジウム温泉
狩狩PA
あぶた
だてもんべつ
きたふなおか
有珠山 P.

せたな温泉
長万部温泉
おしゃまんべ
長万部IC
内浦湾
（噴火湾）
だて歴史の杜
まれっぷ
伊達市
室蘭
IC

北桧山温泉
今金町
美利河峠
美利河温泉
なかのさわ
長万部町
こがね
みさき
ぽい

せたな町
280
国縫IC
くんぬい
さきもり
もとわに
みたら室蘭

くろいわ
函館本線
みなと
室蘭
測量山
むろらん
ぼこい

229
八雲町
やまさき
八雲IC
江差へ
森
シルバーフェリー

228

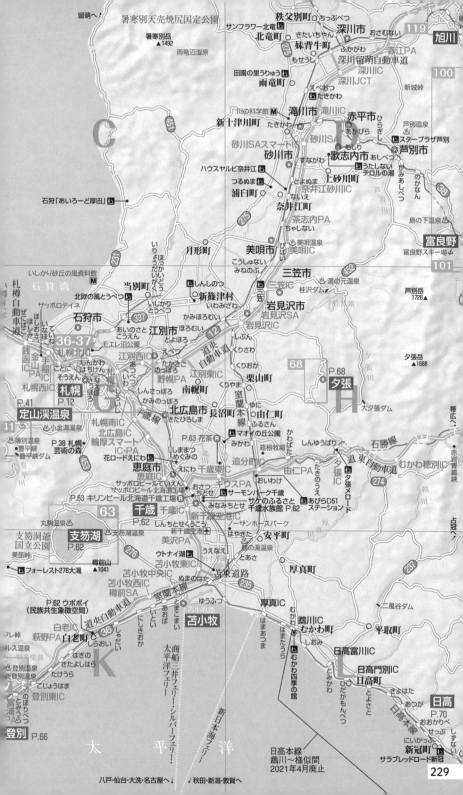

暑寒別天売焼尻国定公園
留萌へ↑

秋父別町 ちっぷべつ
深川市 おさむない

サンフラワー北竜
北竜町 きたいちゃん
妹背牛町 ふかがわ

深川留萌自動車道
深川JCT

音江PA

新城峠

119
旭川
100

暑寒別岳 ▲1492
雨竜沼湿原

田園の里うりゅう
雨竜町 えべおつ たきかわ

北の科学館
滝川市 滝川IC
新十津川町 たきかわIC
砂川SAスマートIC
砂川市 すながわ
ハウスヤルビ奈井江
つるぬま とよぬま
浦臼町 ないえ

赤平市 あかびら
スタープラザ芦別
芦別市

歌志内市 あしべつ
うたしない チロルの湯
上砂川町 かみすながわ

奈井江砂川IC
奈井江町
茶志内PA
ちゃしない

芦別温泉
かみあしべつ

のかなん あしべつ

富良野
101

島の下温泉

月形町 つきがた
美唄市 びばい
こうしゅない
みねのぶ

美唄温泉
美唄IC

三笠市
桂沢ダム

湯の元温泉

富良野スキー場

芦別岳 ▲1726

いしかり砂丘の風資料館
石狩湾
札樽自動車道 ぜにばこ ほしみ

札樽自動車道
銭函IC 金山PA
札幌西IC

当別町 とうべつ
北欧の風とうべつ
あいのさと
こうえん

しんしのつ
新篠津村 いわみざわ
かみほろむい
ほろむい

江別市 とよほろ

岩見沢市
岩見沢SA
岩見沢IC
三笠IC
しぶん
くりさわ
くりおか

夕張岳 ▲1668

68
P.68
夕張

大夕張ダム

帯広へ↓

赤岩青巌峡

石狩市
札幌北IC
モエレ沼公園
札幌IC

36-37
札幌

江別IC
江別東IC
南幌町
室蘭本線
栗山町

P.41
定山渓温泉

P.12
札幌

北広島市 きたひろしま
長沼町 本線
由仁町
マオイの丘公園
箱根牧場

石勝線
しんゆうばり
むかわ穂別IC

道東自動車道

274

札幌南IC
北広島IC
輪厚スマートIC・PA
花ロードえにわ
P.38 札幌芸術の森

恵庭市
恵庭IC

サッポロビール千歳
サッポロビール北海道工場
P.63 キリンビール北海道千歳工場

追分町
由仁PA

夕張IC

支笏洞爺国立公園

63
支笏湖
P.62

千歳
千歳IC
P.62

キウスPA
サーモンパーク千歳
サケのふるさと
千歳水族館 P.62
あびらD51ステーション

丸駒温泉
支笏湖温泉

新千歳空港IC
新千歳空港
しんちとせくうこう
ノーザンホースパーク

樽前山 ▲1041

美沢PA

ウトナイ湖
苫小牧東IC

安平町
安平
鶴の湯温泉

支笏湖P.62
美笛峠
フォーレスト276大滝

苫小牧中央IC
苫小牧西IC
樽前SA

P.62 ウポポイ
（民族共生象徴空間）

室蘭本線

厚真町

厚真IC
むかわIC
むかわ町

二風谷ダム

平取町

室蘭本線
白老IC 白老町
萩野PA

苫小牧

道央自動車道

日高富川IC

日高門別IC
日高町

P.62 ウポポイ
（民族共生象徴空間）

登別温泉
近登別温泉
登別東IC

太
平
洋

商船三井フェリー・シルバーフェリー！
太平洋フェリー

新日本海フェリー

登別 P.66

日高本線
鵡川～様似間
2021年4月廃止

新冠町
サラブレッドロード新冠

日高
P.70

八戸・仙台・大洗・名古屋へ↓
秋田・新潟・敦賀へ↓

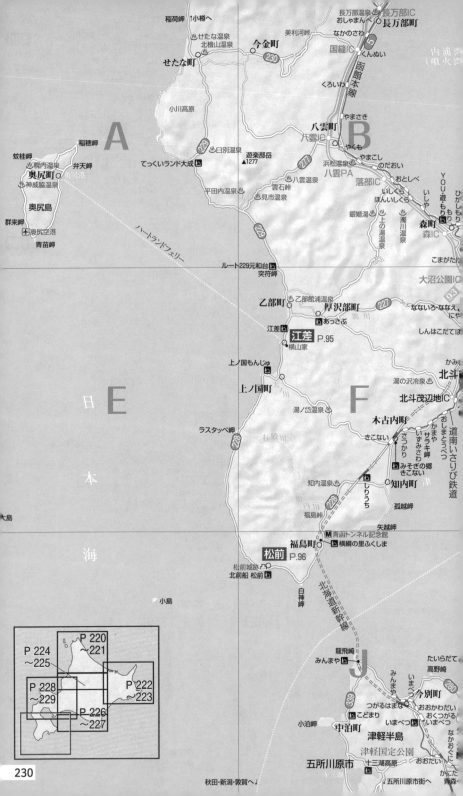

稲荷岬　・小樽へ

長万部温泉　長万部IC
おしゃまんべ　長万部町

せたな温泉　今金町　美利河峠　なかのさわ
北檜山温泉　国縫IC　くんぬい
せたな町　230　函館本線　くろいわ

小川高原

A　日別温泉　八雲町　B　やくも
てっくいランド大成　遊楽部岳　八雲IC　やまさき　のだおい
▲1277　浜松温泉　やまこし
平田内温泉　八雲温泉　八雲PA　いしくら　おとしべ
雲石峠　銀婚湯　ほんいしくら
見市温泉　上の湯温泉　落部IC
瀬川温泉　森町　YOU遊もり
ひがしもり　もり
ルート229元和台　229　森IC
突符岬　こまがたけ
こまがたに
乙部館浦温泉　大沼公園
乙部町　厚沢部町　221　93
江差　あっさぶ　F　ないろ・ななえ・
江差　P.95　にや
横山家　しんはこだてほ

上ノ国もんじゅ　北斗
上ノ国町　湯の沢冷泉　北斗茂辺地IC
かみ
かまとうべつ
ラスタッペ岬　228　湯ノ岱温泉　おしまとうべつ
石戸川　木古内町　サラキ岬
きこない　いずみさわ
さつかり　道南いさりび鉄道
みそぎの郷　おしまとうべつ
きこない
知内温泉　しりうち　知内町　孤越岬
しりうち　矢越岬
福島峠
青函トンネル記念館
松前　福島町　横綱の里ふくしま
松前　P.96
松前城跡
北前船　松前
白神岬

日　E　228　石
本
海
小島

龍飛崎　J　たいらだて
みんまや　高野崎
みんまや
みんまや
つがるはまな　おおかわだい
J　こどまり　つがるはまな　おくつがる
中泊町　いまべつ　いまべつ
小泊岬　津軽半島　なかさとだい
津軽国定公園　かにた
五所川原市　十三湖高原　おおだい
五所川原市街へ　青森

ハートランドフェリー

奥尻町
蚊柱岬　稲穂岬
神威脇温泉　弁天岬
奥尻島
群来岬
奥尻空港
青苗岬

大島

P 220
〜221
P 224
〜225
P 228
〜229　P 222
〜223
P 226
〜227

230

秋田・新潟・敦賀へ

函館・松前・大沼
1:815,000
0　　　　　　20km

●P220〜231の地図の作成に当たっては、国土地理院長の承認を得て、同院発行の数値地図50mメッシュ（標高）を使用したものである。
（承認番号　平12総使、第19号）
●P202〜203の鳥瞰図とP170〜171のイラストの作成にあたっては、DAN杉本氏制作の『カシミール3D』を使用しました。

231

旅の準備のアドバイス

北海道への行き方

　北海道へのアプローチは空路が基本。玄関口となる新千歳空港へは、本州の主要都市から直行便が運航。そこを起点にして、鉄道を利用して道内の各都市へアクセスする。函館・旭川・帯広・釧路・女満別・稚内へは、出発地によっては直行便の利用も。航空料金はLCC以外の運賃を記載。

札幌へ	東京から	✈	羽田→札幌（新千歳）	⏱1時間30〜40分　¥2万2700円〜3万8200円（会社ごとに異なる）　♪全日空0570-029-222／日本航空0570-025-071／スカイマーク0570-039-283／エア・ドゥ0120-057-333　●早期割引だと6960円〜
		🚄	東京→札幌	北海道新幹線「はやぶさ」+特急「北斗」　⏱最速7時間44分　¥2万7760円（指定席）　♪JR東日本050-2016-1600　●新函館北斗駅乗換。1日8本
	名古屋から	✈	中部→新千歳	⏱1時間40〜50分　¥2万2900円〜4万2700円　♪全日空0570-029-222／日本航空0570-025-071／スカイマーク0570-039-283／エア・ドゥ0120-057-333／ジェットスター0570-550-538　●LCC・早期割引だと4180円〜
	大阪から	✈	関空→新千歳	⏱1時間50〜55分　¥4万6300円〜5万4700円（会社ごとに異なる）　♪全日空0570-029-222／日本航空0570-025-071／ピーチ0570-001-292／ジェットスター0570-550-538　●LCC・早期割引だと4790円〜。伊丹発も13便
	福岡から	✈	福岡→新千歳	⏱2時間10〜20分　¥2万7400円〜5万8400円（会社ごとに異なる）　♪全日空0570-029-222／日本航空0570-025-071／スカイマーク0570-039-283／ピーチ0570-001-292　●LCC・早期割引だと5390円〜
函館へ	東京から	✈	羽田→函館	⏱1時間20〜25分　¥2万7700円〜3万7600円（会社ごとに異なる）　♪全日空0570-029-222／日本航空0570-025-071／エア・ドゥ0120-057-333　●早期割引だと8290円〜
		🚄	東京→函館	北海道新幹線「はやぶさ」+はこだてライナー　⏱最速4時間26分　¥2万3760円　♪JR東日本050-2016-1600　●新函館北斗駅で函館行きの「はこだてライナー」に乗り継ぐ。「はやぶさ」は1〜2時間に1本運行
	名古屋から	✈	中部→函館	⏱1時間25〜30分　¥3万6700円〜4万1900円　♪全日空0570-029-222／エア・ドゥ0120-057-333　●早期割引だと8290円〜。1日1〜2便
	大阪から	✈	伊丹→函館	⏱1時間35分　¥4万2100円〜4万6100円　♪全日空0570-029-222／日本航空0570-025-071　●早期割引だと1万60円〜。1日2〜3便
旭川へ	東京から	✈	羽田→旭川	⏱1時間35〜45分　¥3万5600円〜4万6600円（会社ごとに異なる）　♪全日空0570-029-222／日本航空0570-025-071／エア・ドゥ0120-057-333　●早期割引だと7990円〜

目的地	出発地	交通	内容
旭川へ	名古屋から	✈ 中部→旭川	⏱1時間45分　￥4万4000円～4万8100円 ☎全日空0570-029-222 ●早期割引だと1万140円～。1日1便
	大阪から	✈🚆 関空→新千歳→旭川	航空便＋JR快速・特急　⏱乗継時間込みで約5時間30分 ￥新千歳空港～旭川は6010円　※関空～新千歳は左頁を参照。 ●旭川空港への直行便はなく、新千歳空港からJRの特急・快速に乗り継ぐ
帯広へ	東京から	✈ 羽田→帯広	⏱1時間30～35分　￥3万4600円～4万5400円（会社ごとに異なる） ☎全日空0570-029-222／日本航空0570-025-071／エア・ドゥ0120-057-333　●早期割引だと7990円～
釧路へ	東京から	✈ 羽田→釧路	⏱1時間35～40分　￥3万5200円～4万6100円（会社により異なる） ☎全日空0570-029-222　日本航空0570-025-071　エア・ドゥ0120-057-333　●早期割引だと7790円～
	大阪から	✈ 関空→釧路	⏱2時間　￥5490円～5万4300円 ☎ピーチ0570-001-292　☎全日空0570-029-222 ●1日1便
網走（女満別）へ	東京から	✈ 羽田→女満別	⏱1時間45分　￥3万7400円～4万8500円（会社ごとに異なる） ☎全日空0570-029-222／日本航空0570-025-071／エア・ドゥ0120-057-333　●早期割引だと8690円～
	名古屋から	✈ 中部→女満別	⏱1時間50分　￥5万1800円～ ☎全日空0570-029-222 ●早期割引だと1万1240円～。1日1便
稚内へ	東京から	✈ 羽田→稚内	⏱1時間55分　￥4万4000円～5万600円 ☎全日空0570-029-222 ●1日1便、早期割引だと1万3290円～
船でのアクセス	首都圏から	🚢 大洗→苫小牧	商船三井フェリー　⏱19時間15分　￥1万740円～（ツーリストクラス） ☎商船三井フェリー0120-489850　●大洗を19:45発で翌13:30苫小牧着、同1:45発で翌19:45着の2便。運休日あり
	新潟から	🚢 新潟→小樽	新日本海フェリー　⏱16時間15～30分　￥7200円（2等）　☎新日本海フェリー03-5532-1101　●火～日曜が12:00発→4:30着、月～土曜が17:00発→9:15着。首都圏からクルマで関越道を経由しての利用も

■北海道へ、そのほかの空路

　空路による北海道へのアクセスは上記のほか、新千歳空港へは青森、花巻、秋田、山形、仙台、福島、成田、茨城、新潟、富山、小松、松本、静岡、神戸、広島、岡山、沖縄からの便が運航している。羽田からは根室中標津、オホーツク紋別への便も運行。これ以外にも、夏期などに臨時便が各地に運航するので確認を。

■フリーツアーか、個別予約か

　北海道への2～3泊程度の旅程の場合、旅行会社や航空会社が扱っているフリーツアー（往復の航空券と宿泊施設のみがセットの旅行商品）が、個別に予約するのに比べて割安となっている。一方で夏季などの繁忙期の場合はツアーの価格が上がるため、逆に個別に手配するほうが割安の場合がある。

　北海道への航路は全日空（ANA）、日本航空（JAL）のほか、行き先によってはスカイマーク（SKY）、エア・ドゥ（ADO）やLCCのジェットスター（JJP）、ピーチ（APJ）も運航。それぞれで早期購入割引も適用されており、出発日などの条件によって値段が変動する。各社のホームページのほか、「スカイチケット」「航空券ドットネット」などの比較サイトを確認のうえ、手配するのがおすすめだ。

北海道内の交通・札幌から移動する

北海道内の各都市や観光地へ向かう際、公共交通は電車かバスの利用となる。JRは各種割引切符（p.235も参照）をうまく利用すると、かなり割安になる。行き先によってはJRは直通列車がなく、乗り換えのないバスが便利な場合も。バスは路線によっては夜行も運行している。

以下に札幌から各都市へ、バスと鉄道それぞれのアクセスを挙げてみたので、比較検討のうえ利用しよう。

札幌から

函館へ

札幌→函館
JR特急「北斗」 ①最速3時間29分 ￥9440円
♪JR北海道011-222-7111
●1日12往復。乗車券往復割引切符を使えば、特急利用で片道8100円

札幌→函館
高速バス「高速はこだて号（予約制）」 ①5時間30～35分 ￥4900円
♪北海道中央バス0570-200-600（札幌ターミナル）
●1日7往復、ほか夜行1往復。時間がJRの倍かかる分、料金は半分

小樽へ

札幌→小樽
JR快速・各駅停車 ①31～55分 ￥750円
♪JR北海道011-222-7111 ●5～20分ごとの運行。新千歳空港から直通の快速「エアポート」も30分に1本の運行

札幌→小樽
高速バス「高速おたる号」 ①1時間2～8分 ￥680円
♪北海道中央バス0570-200-600（札幌ターミナル） ●5～10分ごとの運行。往復だと1270円。小樽駅へは円山または北大経由の2ルート

富良野へ

札幌→富良野
JR特急＋富良野線 ①2時間41分～3時間8分 ￥5900円
♪JR北海道011-222-7111 ●夏季の臨時列車を除くと直通はなく、旭川で富良野線に乗り換える。接続便は10便

札幌→富良野
高速バス「高速ふらの号」 ①2時間55分 ￥2500円
♪北海道中央バス0570-200-600（札幌ターミナル）
●1日7往復。往復だと4720円。乗り換えなしの直通なので便利

旭川へ

札幌→旭川
JR特急「カムイ」「ライラック」「オホーツク」など
①1時間25分～36分 ￥5220円 ♪JR北海道011-222-7111
●特急は1日計27往復。Sきっぷで往復5550円

札幌→旭川
高速バス「高速あさひかわ号」 ①2時間25分 ￥2300円
♪北海道中央バス0570-200-600（札幌ターミナル） ●往復だと4350円。30分ごとの運行。JRより1時間長くかかるが、2920円安い

釧路へ

札幌→釧路
JR特急「おおぞら」 ①最速4時間2分 ￥9990円
♪JR北海道011-222-7111 ●1日6往復。S乗車券往復割引きっぷを使えば、特急利用で片道8965円

札幌→釧路
高速バス「スターライト釧路号（予約制）」 ①5時間10分 ￥5880円
♪北海道中央バス0570-200-0600
●1日5往復、うち夜行便が1往復。往復で1万690円

網走へ

札幌→網走
特急「オホーツク」 ①5時間22～30分 ￥1万540円
♪JR北海道011-222-7111
●1日2往復。Rきっぷで往復1万7500円

札幌→網走
高速バス「ドリーミントオホーツク号（予約制）」 ①6時間20分
￥6800円 ♪北海道中央バス0570-200-600（札幌ターミナル）
●1日9往復、うち夜行1往復、往復で1万2800円

JR のおトクな切符

■Sきっぷ

北海道の都市間の往復に、特急列車の普通車自由席が利用できる往復割引切符。札幌〜岩見沢、滝川、旭川、留萌、名寄、旭川〜稚内、北見、網走など、区間が設定されているので要確認。

■Rきっぷ

北海道の都市間の往復に、特急列車の普通車指定席が利用できる往復割引切符。札幌〜遠軽・北見・音威子府・稚内・網走など、区間が設定されているので要確認。

■旭山動物園アクセスきっぷ＆ 旭山動物園きっぷ

出発駅から旭川までの往復に特急列車普通車自由席が利用でき、旭川駅から旭山動物園までの往復のバス代がセットになっている切符。旭山動物園きっぷはさらに、旭山動物園の入園料もセットになっている。

> ＜旭山動物園アクセスきっぷ＞
> ◉札幌から5840円
> ＜旭山動物園きっぷ＞
> ◷4日間有効
> ◉札幌から6740円
> ※休園日により販売しない期間あり

■北海道フリーパス

北海道内の在来線特急の自由席とJRバ

ス（一部除く）が7日間乗り降り自由なきっぷ。普通車の指定席も6回まで利用できる。4/27〜5/6、8/11〜20、年末年始は使えない。

> ◷7日間有効 ◉2万7430円

■小樽フリーきっぷ

出発駅から小樽までの往復運賃に加え、小樽〜小樽築港の間が乗り降り自由。さらに北海道中央バスのおたる市内線1日バス乗車券の引換券がセットになっている。

> ◷1日間有効。通年販売
> ◉札幌から2160円

■一日散歩きっぷ

土・日曜・祝日に使えるフリーパス。札幌、小樽、富良野、夕張、室蘭などを含めた道央圏用。このほかに旭川、富良野、名寄などを含めた道北一日散歩きっぷもある。

> ◷1日間有効 ◉2540円

TEKU TEKU COLUMN

飛行機とセットでお得な旅が

ANA、ピーチ、エアロドゥの利用者限定のフリーパス切符が便利。ひがし北海道フリーパスSP9800円と、きた北海道フリーパス1万3150円、きた北海道フリーパスSP9800円、ひがし北海道フリーパスSP9800円があり、エリア内の特急列車の自由席が「きた」で4日、「ひがし」で5日間乗り放題となる。「SP」が付くフリーパスはピーチとエアロドゥ、付かないフリーパスはANAの利用者が購入できる。詳細は☎011-222-7111で。

北海道への旅は のんびり優雅にフェリーの利用も

フェリーでのアクセスの魅力は、くつろぎながらの船旅が楽しめること。茨城県の大洗と苫小牧を結ぶ、商船三井フェリーの「さんふらわあ」は、レストランや展望浴場、ラウンジが設けられ、往復をゆったりと過ごせる。夏休みなどの繁忙期は早めの予約が必要。

レンタカーを利用する

広大な北海道を自由自在に旅するなら、ところどころでレンタカーを借りると効率がいい。主要な駅の周辺には必ずレンタカーの営業所があるので、プランニングにとりいれてみよう。

■レンタカー会社を利用する

各社とも、レンタカーの予約に際し、ネット予約によるオンライン割引を設定しているところが多い。早期割引によっては10〜40％も安くなることもある。ただし7〜8月のハイシーズンは通常より割高になったり、走行距離に応じて料金加算される制度の会社もある。下の表などを参考に、各社の料金やサービスを比較しておくことが大切だ。

また北海道の場合、特定のエリア内なら乗り捨て無料のサービスを行っている会社が多い。例えば、旭川空港で借りて富良野駅で乗り捨てる場合は、同一ブロックになるので乗り捨て料は無料。ブロックは各社により、設定が異なるので、利用する際には必ず確認を。

■レール＆レンタカーを利用する

JRと駅レンタカーの組み合わせなら、「レール＆レンタカー」の利用が便利だ。JRを通算201km以上利用し、最初にJRを101km以上利用して駅レンタカーのある駅へ行くのが条件。同一行程で旅行する人すべてのJR運賃が2割引、特急や急行料金が1割引になる。例えば、新千歳空港から旭川へJRで移動、旭川からレンタカーで富良野や美瑛をめぐり、旭川から札幌などへJRを利用するような旅程が条件を満たせる。

乗り捨て可能な範囲は出発営業所から50km以内は無料（北海道は別料金）、それ以外は有料。北海道と本州との乗り捨てはできない。また年末年始やGW、8/10〜19にはJRの運賃・特急料金は割引にならず、7〜8月出発の場合は北海道季節料金が適用される。
☎0800-888-4892

レンタカー各社の条件比較

会社名	トヨタ レンタカー	日産レンタカー	ニッポン レンタカー	オリックス レンタカー
電話	予約センター ☎0800-7000-111	予約センター ☎0120-00-4123	国内予約センター ☎0800-500-0919	予約センター ☎0120-30-5543
URL	https://rent.toyota.co.jp	https://nissan-rentacar.com/	https://www.nipponrentacar.co.jp/	https://car.orix.co.jp/
同一エリア内乗り捨てサービス	○	○	○	○
会員制度（入会金）	トヨタレンタカーメンバー（入会無料）	23 ボーナスクラブ（入会無料）	スーパーレッドメンバー（330円。インターネット登録は無料）	プライムメンバーズクラブ（入会無料）
会員割引	10〜20％ マイル還元あり	5〜30％ ポイント還元あり	5〜10％ マルイ・ポイント還元あり	5〜15％（WEB利用で＋5％）マイル・ポイント還元あり
HP予約	○	○	○	○

定期観光バスを利用する

公共交通の不便な北海道をめぐるなら、定期観光バスの利用も便利。列車や路線バスの待ち時間を気にしないのが魅力だ。以下にエリアごとの必見ポイントをめぐる王道コースと、季節限定などのこだわりコースをセレクト。目的や予算でチョイスしてみよう。

ほとんどのコースが事前予約制で、空席があれば当日予約でも乗車できる場合がある。

●掲載のデータは2020年のもの。運行期間やコース、料金は変更になる場合があります。食事代や乗り物代、施設利用料などが別途負担のコースもあるので、事前に各社へ確認を。
※T=ターミナル、BT=バスターミナルの略。斜字は降車のみ

●札幌・小樽　北海道中央バス ☎0570-200-600（札幌T）　☎0134-25-3333（小樽T）

コース名	観光コース	運行期間	所要時間	料金
札幌観光もりだくさん 札幌1日コース 昼夕2食付、夕食付、昼食付、食事なしの4プランから選択	札幌駅前BT（9:25）→中央卸売市場場外市場（買物・自由散策）（45分）→白い恋人パーク（70分）→すすきのラーメン横丁（昼食）（45分）→羊ヶ丘展望台→藻岩山ロープウェイ→大倉山ジャンプ場→時計台（昼食付・食事なし客のみ）→札幌駅前BT（昼食付・食事なし客のみ）（18:05）→サッポロビール園（夕食）→時計台→札幌駅前BT（19:55）	4/27〜10/31（8/10〜8/13を除く）	8時間40分／10時間30分	2食付8900円 夕食付8100円 昼食付6600円 食事なし5700円
小樽ベイストーリー	札幌駅前BT（9:15）→小樽駅前BT（10:05）→小樽バイン→小樽運河ターミナル→グランドパーク小樽（昼食）→ウイングベイ小樽→田中酒造亀甲蔵→北一硝子・小樽オルゴール堂・北菓楼→天狗山ロープウェイ（11/5〜20はグラススタジオ・イン・オタルに変更）→小樽駅前BT（17:10/16:50）→時計台着（18:15/17:55）→札幌駅前BT着（18:30/18:10）	4/22〜7/14、8/11〜10/31	8時間45分〜9時間5分	5400円〜6300円

●函館市内めぐり　北都交通函館支店 ☎0138-57-4000

コース名	観光コース	運行期間	所要時間	料金
函館満喫号1日（通常）コース 元町や五稜郭など市内を一周	湯の川各ホテル（7:45〜8:05）→ラビスタ函館ベイ→函館駅前BT（8:45）→五稜郭公園→トラピスチヌ修道院→元町ベイエリア（車窓）→函館朝市（昼食）→摩周丸→坂本龍馬記念館→元町教会群→ラビスタ函館ベイ→函館駅前BT（15:20）→湯の川各ホテル→函館空港（16:05）	10/1〜3/31	5時間45分	6800円

●富良野・美瑛　北海道中央バス ☎0570-200-600（札幌）

コース名	観光コース	運行期間	所要時間	料金
ふらのラベンダーストーリー 富良野・美瑛の素顔に急接近	札幌駅前BT（9:00）→新富良野プリンス（昼食）・風のガーデン、ニングルテラス（自由見学）→ファーム富田（散策）→四季彩の丘（散策）→パッチワークの路→サッポロファクトリー（途中下車可）→時計台（途中下車可）→札幌駅前BT（19:30）	6/27〜8/6	10時間30分	7300円

●釧路・摩周・阿寒エリア　阿寒バス ☎0154-37-2221

コース名	観光コース	運行期間	所要時間	料金
ピリカ号 道東三湖〜摩周湖・屈斜路湖・阿寒湖〜を巡る1日コース	釧路駅前BT（8:00）→釧路湿原北斗展望台→摩周湖第1展望台→硫黄山→屈斜路湖畔（砂湯）→阿寒湖温泉（自由食事、途中下車可）（120分）→釧路空港（16:10）→釧路駅前BT（16:50）→釧路プリンスホテル（16:55）	4/25〜11/8	8時間55分	4600円

さくいん

さくいん

ブルーカイド

てくてく歩き

制作スタッフ

取材・執筆・編集	藤井良治　倉地 譲　加藤拡子 平岡 潤　市来四郎　本間公子 （有限会社 モーヴ社） 鮫島信子　大谷みさ子
編集協力	株式会社 千秋社 舟橋新作 髙砂雄吾（有限会社ハイフォン）
写真	後藤昌美（エムジーフォト） 槇村太郎 木下清隆 小浦方仁
カバーデザイン	寄藤文平＋鈴木千佳子（文平銀座）
イラスト （カバー＋てくちゃん）	鈴木千佳子
本文デザイン設計	浜名信次（BEACH）
本文デザイン	澤田直子
本文イラスト	勝間田しげる 岡本倫幸
イラストマップ	橘田幸雄
地図制作	株式会社 千秋社 オゾングラフィックス 佐藤 裕
Special Thanks to	北海道観光振興機構 札幌市文化財課 函館市観光部 美瑛町観光協会　ふらの観光協会 帯広市商工観光部観光課 釧路市産業振興部観光振興室 利尻富士町産業振興課商工観光係 礼文町産業課 NPOひがし大雪アーチ橋友の会

ブルーガイド てくてく歩き 1
北海道（ほっかいどう）

2021年3月20日 第10版第1刷発行

編　集	ブルーガイド編集部
発行者	岩野裕一
印刷・製本所	大日本印刷株式会社
DTP	株式会社千秋社
発行所	株式会社実業之日本社 〒107-0062 東京都港区南青山5-4-30 CoSTUME NATIONAL Aoyama Complex 2F
電話	編集・広告　03-6809-0452 販売　　　　03-6809-0495 https://www.j-n.co.jp/